Tivadar Soros
Maskerade

Tivadar Soros

Maskerade

Die Memoiren
eines Überlebenskünstlers

Vorworte von
Paul und George Soros

Herausgegeben von
Humphrey Tonkin

Aus dem Englischen von
Holger Fliessbach

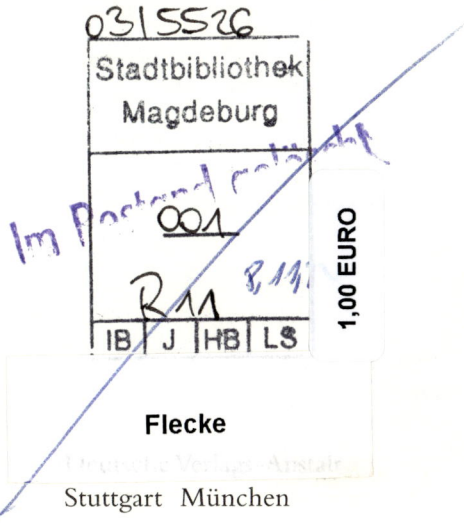

Deutsche Verlags-Anstalt

Stuttgart München

Bibliografische Information Der Deutschen Bibliothek
Die Deutsche Bibliothek verzeichnet diese Publikation
in der Deutschen Nationalbibliografie; detaillierte
bibliografische Daten sind im Internet über
<http://dnb.ddb.de> abrufbar.

Zuerst veröffentlicht auf Esperanto 1965 von J. Régulo.
Die der deutschen Übersetzung zugrundeliegende,
von Humphrey Tonkin erstellte englische Fassung
erschien 2000 bei Canongate Books Ltd., Edinburgh.

Die Photos drucken wir mit freundlicher Genehmigung
der Familie Soros und von Associated Press
(»Kriegsschäden in Budapest«)

Inhalt

Vorwort

von Paul Soros

Mein Vater Tivadar Soros war immer ein ungewöhnlicher und origineller Mensch. Er besaß ein treffliches Urteilsvermögen, das sich auf ein tiefes Verständnis der Welt und der Natur des Menschen gründete. »Es ist erstaunlich, wie gut die Menschen das Leiden anderer ertragen können«, war eine seiner typischen Bemerkungen, die mir im Gedächtnis haften blieben. Sein Wertesystem, das Urteil darüber, was im Leben wichtig ist und was nicht, die Fähigkeit, die Dinge zu sehen, wie sie sind, nicht wie sie zu sein scheinen, verdankte er nicht bürgerlichen Glaubensüberzeugungen, Konventionen oder Bestrebungen, sondern seinen Überlebenserfahrungen während der russischen Revolution, als entflohener Kriegsgefangener im Ersten Weltkrieg.

Ich habe beobachtet, daß der Mensch oft beim Bridge- oder Tennisspielen, oder wenn es um Geld geht, seine wahre Natur und Persönlichkeit offenbart. Die öffentliche Maske der hohen moralischen Maßstäbe, hochherzig und zuvorkommend, zeigt Risse, und man erhascht einen Blick darauf, wie der Betreffende wirklich beschaffen ist.

Die in diesem Buch beschriebene Zeit war aufschlußreicher als eine Bridgepartie, weil der Einsatz höher war – es ging wirklich um Leben und Tod. Ich hoffe, der Leser wird denselben Eindruck gewinnen, den ich als Beteiligter hatte: Gleichgültig wie verrückt oder wie bedrohlich die Welt und die Gesellschaft ist, oder wie schwierig die Umstände sein mögen, ein verantwortungsbewußter Mensch muß versuchen, die Situation zu meistern, er darf nicht wie ein Schaf hinterhertrotten, sondern muß selbst die Richtung seines Geschicks bestimmen. Das hat mein Vater getan. Es gelang ihm, zivilisiert und menschlich zu bleiben, ohne vor Angst oder Haß zu kapitulieren, seine Würde und Gelassenheit zu wahren und für seine Familie und gefährdete Mitmenschen das Beste zu tun.

1956 floh er aus Ungarn und schlug sich in die Vereinigten Staaten durch. Dort beschloß er, ein Buch über seine Erfahrungen in der Zeit des Holocaust zu schreiben, so wie er es mit seinen früheren Abenteuern in Rußland getan hatte. Unter dem Titel *Maskerado* erschien es 1965 auf Esperanto, einer Sprache, die mein Vater im Ersten Weltkrieg erlernt hatte. 1998 stieß meine Schwiegertochter, die Schriftstellerin Flora Fraser, zufällig auf das in Familienbesitz befindliche Exemplar einer sehr ungelenken Übersetzung von *Maskerado* ins Englische. Sie war von der Geschichte meines Vaters sehr angetan und konnte sich den Reiz einer englischsprachigen Veröffentlichung ausmalen. Ihre unermüdlichen editorischen Bemühungen führten zur Zusammenarbeit mit Professor Dr. Humphrey Tonkin von der Universität Hartford (Connecticut). Er hat jetzt eine gewandtere Übersetzung von *Maskerado* ins Englische vorgelegt, die Geschichte um fesselnde Hintergrundkommentare bereichert und damit dem Buch meines Vaters zu neuem Leben und einem breiteren Publikum verholfen.

In der Zeit, die mein Vater beschreibt, war ich achtzehn – alt genug, um zu begreifen, jung genug, um zu lernen. Ich hatte das Glück zu überleben und zweifle nicht, daß dies die prägenden Erfahrungen waren, die mein ganzes weiteres Leben beeinflußt haben.

Vorwort

von George Soros

Ich kann mich zu diesem Buch nicht objektiv verhalten. Es behandelt die entscheidende Entwicklungsphase meines Lebens und wurde von meinem Vater geschrieben, der damals der wichtigste Mensch in meinem Leben war. Es ruft Erinnerungen zurück, die sich meinem Gedächtnis scharf eingeprägt haben – schärfer als alles, was mir seither geschehen ist.

Die Deutschen besetzten Ungarn am 19. März 1944. Am 12. Januar 1945 wurden wir von den Russen befreit. In diesen zehn Monaten lebten wir in ständiger Todesgefahr. Mehr als die Hälfte der in Ungarn lebenden Juden und vielleicht ein Drittel der in Budapest lebenden Juden kamen in dieser Zeit um. Ich und meine Familie überlebten. Außerdem half mein Vater sehr vielen anderen Menschen auf vielfältigste Weise. Es war seine beste Zeit. Nie habe ich ihn so hart arbeiten sehen. Als Rechtsanwalt hatte er sich immer etwas darauf zugute gehalten, so wenig wie möglich zu arbeiten. Als sein später wichtigster Mandant, der Grundbesitzer Okányi Schwartz, mit dem Gedanken spielte, ihn zu engagieren, riet man ihm davon ab, mit der Begründung, mein Vater verbringe die meiste Zeit des Tages im Schwimmbad, auf der Eisbahn oder im Café. Er pflegte seine Kanzlei von zu Hause aus zu führen, und daß in seinem Wartezimmer Leute saßen, kam nur selten vor. Als wir aber während der deutschen Besatzung zu viert in einem gemieteten Raum in der Vásár utca hausten, in den man nur durch das Badezimmer gelangte, war dieses Bad oft überfüllt mit Menschen, die gerne warteten, um bei meinem Vater Rat zu suchen.

Es klingt frivol, aber diese zehn Monate waren die glücklichsten meines Lebens. Ich war vierzehn Jahre alt. Wir schwebten in großer Gefahr, aber mein Vater schien die Lage im Griff zu haben. Ich kannte diese Gefahren, denn mein Vater verwandte viel Zeit darauf, sie mir auseinanderzusetzen; aber im Grunde meines Herzens glaubte ich nicht, daß mir etwas geschehen könnte. Wir wurden von bösen Mächten verfolgt und standen natürlich auf der Seite der Engel, weil man uns zu Unrecht nachstellte; außerdem versuchten wir, nicht nur uns selbst zu retten, sondern auch andere. Wir waren im Nachteil, und doch schienen wir die Oberhand zu haben. Was konnte ein Vierzehnjähriger mehr verlangen? Wir führten ein abenteuerliches Leben und hatten Spaß miteinander. Ich glaube, daß einiges von dieser Stimmung in dem Buch durchscheint, doch war mein Vater viel zu bescheiden, um mit den vielen Menschen zu prahlen, denen er geholfen hatte.

Mein Vater war ausnehmend gut gerüstet, mit der deutschen Besatzung fertig zu werden, weil er in seinem Leben eine ähnliche Erfahrung schon einmal durchgemacht hatte. Im Ersten Weltkrieg war er aus einem Kriegsgefangenenlager in Sibirien geflohen und in die Wirren der russischen Revolution geraten. Er lernte, in einer Situation zu überleben, in der die normalen Regeln nicht gelten. Diese Erfahrung veränderte ihn. Begonnen hatte er als ehrgeiziger junger Mann, der es in der Welt zu etwas bringen wollte. Im Kriegsgefangenenlager hatte er eine Wandzeitung namens *Die Planke* gegründet, die ihn so populär machte, daß er zum Gefangenensprecher gewählt wurde. Als in einem Nachbarlager einige Kriegsgefangene entwichen waren, ließ der Lagerkommandant zur Vergeltung den Gefangenensprecher hinrichten. Da wurde meinem Vater klar, daß es nicht immer bekömmlich ist, prominent zu sein. Anstatt sein Schicksal geduldig abzuwarten, beschloß er, einen Ausbruch vorzubereiten. Er wählte dazu Gefangene mit geeigneten Fertigkeiten aus: Köche, Zimmerleute usw. Er selbst brachte sein Führungstalent ein. Er rühmte sich nicht, selbst irgend etwas zu tun. Der Plan sah vor, das Gebirge zu überqueren, ein Floß zu bauen und sich damit zum Meer treiben zu lassen. Er hatte nur einen Haken: Alle Flüsse Sibiriens münden ins Nördliche Eismeer. Die Flüchtlinge trieben mehrere Wochen auf ihrem Floß dahin, bevor sie merkten, daß sie immer weiter nach Norden gerieten. Dann brauchten sie mehrere weitere Monate, um sich durch die Taiga zurück nach Süden zu kämpfen. In der Zwischenzeit war die russische Revolution ausgebrochen, und es gab neue Kämpfe. Die Roten brachten jeden um, der gemeinsame Sache mit den Weißen gemacht hatte, und umgekehrt. Das war die Zeit, als eine Brigade von entflohenen tschechischen Kriegsgefangenen in einem gepanzerten Zug die Transsibirische Eisenbahn unsicher machte. Nach vielen Abenteuern gelang es meinem Vater, sich von Sibirien nach Moskau durchzuschlagen. Er erzählte diese Abenteuer in einem ähnlichen Buch wie diesem mit dem Titel *Modern Robinsons* (*Crusoes in Siberia*).

Von diesen Abenteuern kehrte mein Vater als ein anderer zurück. Sein früherer Ehrgeiz war verflogen. Er war froh, noch am Leben zu sein, und wollte nur noch das Leben genießen. Er lebte gerne gut, aber er wollte keine Reichtümer anhäufen. Materiellen Besitz betrachtete er als Ballast, der einen beschwerte, ja unter Umständen das Leben kosten konnte. Mein Vater war der einzige Mensch, den ich kannte, der seine Vermögenswerte systematisch dekumulierte, nicht akkumulierte. Die Lücke zwischen seinen Einkünften als Rechtsanwalt und unserem recht komfortablen Lebensstil deckte er durch Immobilienverkäufe. Infolgedessen hatte er im Krieg nicht mehr viel zu verlieren. »Das einzige Kapital, auf das ich mich verlassen kann, ist mein Kopf«, pflegte er zu scherzen – in dem Wort »Kapital« steckt ja auch das lateinische Wort für »Kopf«.

Gerne verbrachte er die Zeit mit seinen Kindern. Als kleiner Junge pflegte ich ihn nachmittags im Café zu besuchen, wo er mich dann mit einem Stück Schokoladentorte bewirtete. Später gingen wir fast jeden Tag gemeinsam zum Schwimmen, Rudern oder Schlittschuhlaufen. Ich erwartete ihn nach der Schule am Schwimmbad, und hinterher saßen wir beisammen, und er erzählte mir ein Kapitel aus seinen Abenteuern im Ersten Weltkrieg. Auf diese Weise machte ich mir seine Lebenseinstellung zu eigen, was mir später gute Dienste geleistet hat. Ich habe die Kunst des Überlebens von einem großen Meister gelernt.

Meine Mutter war ein ganz anderer Charakter. Das geht aus dem Buch deutlich hervor. Ich habe sie beide sehr geliebt. Zwar versuchte ich, dem Vater nachzueifern, aber mit meiner Mutter verband mich größere Nähe. Ich habe beide verinnerlicht. Da sie so verschieden waren, haben beider Seelen mein Leben lang in meiner Brust gewohnt und miteinander gerungen – aber das ist eine andere Geschichte.

Hier soll mein Vater für sich selbst sprechen.

Kapitel 1

Ein Kapitel Geschichte
und Geographie

Das Leben ist schön – voller Abwechslung und Abenteuer. Nur muß man das Glück auf seiner Seite haben. Im September 1939 gab der englische Premierminister Neville Chamberlain bekannt, daß sein Land Deutschland den Krieg erklärt habe. Ich lauschte seinen Worten am Rundfunkgerät, zusammen mit einigen Freunden. »Jetzt hat die Menschheit fünfundzwanzig Prozent ihres Wertes eingebüßt«, meinte einer von ihnen, »aber das Leben eines Juden wird keinen Pfifferling mehr wert sein.«

Wir nahmen die düstere Prophezeiung pflichtschuldigst zur Kenntnis, aber das Leben ging weiter. Die Männer arbeiteten und vergnügten sich; die Frauen besuchten ihre Schönheitssalons, tauschten Klatsch mit ihren Freundinnen aus und gebaren Kinder.

Doch das Menetekel stand an der Wand, mochten wir auch Schwierigkeiten haben, es zu entziffern.

Ein Jahr vorher, 1938, hatte mich ein jüdischer Rechtsanwalt aufgesucht, der nach der Annexion Österreichs durch Hitler aus seiner Heimat geflohen war. Er bat mich um Hilfe. Da er mir leid tat, gab ich ihm 300 Pengő, was für mich eine ziemlich große Summe war (damals rund 30 Dollar), zumal meine Finanzen sich ständig am Rand des Besorgniserregenden bewegten.

Der Österreicher nahm das Geld, doch anstatt sich zu bedanken, sagte er: »Lieber Herr Kollege, Sie geben Ihr Geld her, als würde es Ihnen für alle Zeiten gehören.«

Erst später, als Juden nicht nur ihr Vermögen, sondern auch ihr Leben verloren, wurde mir die bittere Wahrheit seiner Bemerkung ganz bewußt.

Als Hitler in Österreich einmarschierte, wurde Ungarn der

unmittelbare Nachbar Deutschlands und damit der unmittelbare Nachbar des Nationalsozialismus. Da diese geographische Lage unabänderlich feststand, war Ungarn praktisch gezwungen, sich als Verbündeter und Freund der Deutschen zu gerieren, zumal angesichts der deutschen Theorie vom »Lebensraum« – einer Vorstellung, die im wesentlichen besagte, daß Deutschland das uneingeschränkte Recht besaß, Territorien in Osteuropa zu besetzen, wenn dadurch ein besseres Leben für das deutsche Volk gesichert werden konnte. Die Theorie vom Lebensraum machte nackte Gewalt zum Prinzip des Handelns in Osteuropa. Aufgrund seiner Nähe zu Deutschland wurde Ungarn dessen erster Satellitenstaat.

Aber der Pistolenschuß, der dem Leben des damaligen ungarischen Ministerpräsidenten Graf Pál Teleki von Szék ein Ende setzte, machte der ganzen Welt klar, daß die Neigung zu Deutschland keine Herzensangelegenheit der Ungarn war, sondern eine aus der Not geborene Verpflichtung. Teleki nahm sich das Leben, weil er in tiefen Konflikten steckte. Als Politiker mußte er den Deutschen schöntun, während er als Mensch die häßlichen Winkelzüge, die eine solche Politik verlangte, nicht tolerieren konnte. 1940 unterzeichnete er einen »Pakt der ewigen Freundschaft« mit Jugoslawien; drei Wochen später mußte er untätig zusehen, wie Hitler seine Truppen durch Ungarn marschieren ließ, um seinen neuen Verbündeten niederzuwerfen. Teleki, so könnte man sagen, handelte als der vornehme Aristokrat, der er immer war: In seiner Familie gab es viele Beispiele für Konflikte, die durch Selbstmord gelöst worden waren.

Die Nähe zu Deutschland und dazu Hitlers Antisemitismus brachten die ungarischen Juden in eine geradezu verzweifelte Lage. Bereits 1939 wurde das erste »Judengesetz« erlassen – ein offener Verstoß gegen den demokratischen Grundsatz der Gleichheit aller vor dem Gesetz. In den freien Berufen wurden Judenquoten eingeführt, und kein Unternehmen durfte mehr in jüdischem Alleinbesitz sein. Das »Judengesetz« war jedoch nicht auf Wirtschaftliches beschränkt: Es verfügte auch, daß nur Juden, deren Familien schon vor 1914 in Ungarn ansässig waren, die ungarische Staatsangehörigkeit beanspruchen konnten. Jeder, der die Staatsangehörigkeit nach 1914 erworben hatte, sollte sie automatisch verlieren. Diese Personen konnten also aus Ungarn vertrieben werden. Zwar war nur eine begrenzte Anzahl von Menschen von dieser Regelung betroffen, aber das Leben ihrer Familien war ruiniert, auch wenn sie seit Jahrhunderten in Ungarn ansässig gewesen waren. Es setzte ein Ansturm auf Dokumente ein, weil jedermann beweisen wollte, daß er schon seit langem ungarischer Staatsangehöriger war. Aber wie konnte man es beweisen? Vor dem Inkrafttreten jenes Gesetzes hatte sich niemand um einen Staatsangehörigkeitsnachweis bemüht, da für die meisten Zwecke der Nachweis genügte, in Ungarn wohnhaft zu sein, und jeder, der weitere Nachweise benötigte, sie sich binnen ein oder zwei Tagen bei der zuständigen Behörde ausstellen lassen konnte. Jetzt dauerte es plötzlich Monate, ja sogar Jahre, bevor ein x-beliebiges Dokument ausgestellt wurde. Es war Stufe 1 in dem beginnenden Nervenkrieg zwischen der Regierung und den Juden.

Ab 1940 kursierten Berichte, wonach mehr als zehntausend Menschen mit »zweifelhafter« Staatsangehörigkeit verhaftet und nach Polen deportiert worden waren, das damals unter deutscher Besatzung stand. Die meisten dieser Menschen wurden von den Deutschen bei Kamenez-Podolski in den Fluß getrieben und einfach erschossen. Man hörte zwar immer häufiger von Massenerschießungen, Zwangsarbeit und jüdischem Widerstand im Warschauer Ghetto, aber wir zogen es vor, all dem keinen Glauben zu schenken. Persönlich verschont von solchen Katastrophen, fühlten wir uns irgendwie über sie erhaben. Unsere letzte Verteidigungslinie bestand darin, einfach nicht zu glauben, daß solche Barbareien wirklich geschahen.

1941 ... 1942 ... 1943 ... Die Kriegsjahre vergingen langsam. Die militärische Lage der Deutschen verschlechterte sich zusehends, und jeden Tag rechneten wir mit dem Zusammenbruch des Dritten Reiches. Wie der Optimist, der vom Dach des Wolkenkratzers fällt, sagten wir uns »bisher ist alles gutgegangen«, als wir am zweiten Stockwerk vorbeikamen ...

Der 19. März 1944. Ein Tag wie jeder andere. Schönes Wetter. Es war etwas kühl, aber ein herzerwärmender Hauch von Frühling lag in der Morgenluft. Ich saß in einem Café, an einem Tisch mit hübschem Blick nach draußen. Das Frühstück stand appetitlich bereit, wie immer. Aber einen Unterschied gab es doch: Als der Kellner mir die Morgenzeitung brachte, flüsterte er: »Wissen Sie schon? Die Deutschen haben die Macht übernommen.«

Ich wußte es noch nicht. Seit Jahren hatte das Damoklesschwert der Besatzung über uns geschwebt – eigentlich schon so lange, daß wir gar nicht mehr daran dachten. Die Nachricht kam für mich völlig überraschend.

Genau um dieses Resultat zu vermeiden, hatte die ungarische Regierung den Deutschen jeden Wunsch von den Augen abgelesen. Damals war Miklós Kállay Ministerpräsident, der Sproß einer alten ungarischen Familie, die in der Geschichte Ungarns oft auftaucht. Die Familie war sogar so bekannt und volkstümlich, daß ein Tanz nach ihr benannt worden ist, der Kállay-Twostep: zwei Schritte nach rechts, zwei Schritte nach links und dazwischen viel Ringelreihen im Kreis. Der Tanz entsprach der Politik des Ministerpräsidenten: Auf der einen Seite entsandte er Sonderbevollmächtigte und Diplomaten, um die Alliierten davon zu überzeugen, daß er bei der erstbesten Gelegenheit auf ihre Seite wechseln werde; auf der anderen Seite suchte er Hitler zu überzeugen, daß er der beste aller Freunde und sein treuer Diener sei – überhaupt der beste Verbündete, den Hitler je gehabt habe. Politische Notwendigkeiten zwangen Kállay, den Deutschen immer mehr Vorteile einzuräumen, um seine Zuverlässigkeit zu beweisen, bis er schließlich geneigt war, fast alles zu tun, um sie zufriedenzustellen, wenn er ihnen nur die Notwendigkeit ersparte, sein Land zu besetzen. Immerhin war es keine gute Politik, aus einem befreundeten Land ein besetztes zu machen: Dieses Gebot der politischen Klugheit verstanden die Deutschen so gut wie jeder andere. Aber ihre militärische Lage verschlechterte sich. Am 18. März, dem Tag vor der Besetzung, hatte die BBC den Stand der Dinge so zusammengefaßt:

Die Russen stehen an der rumänischen Grenze. Zehn deutsche Divisionen sind aufgerieben. In der Ukraine geht die Einkreisung und Beseitigung deutscher Truppen weiter. Die amerikanische Luftwaffe hat Bombenangriffe auf Deutschland geflogen.

In der Meldung hieß es jedoch weiter:

Nicht nur ist die militärische Stellung Deutschlands an der Ostfront radikal geschwächt; auch die künftige Bündnistreue der deutschen Satellitenstaaten in Osteuropa steht jetzt mehr und mehr in Frage.

Genau dieses Problem führte zu dem Entschluß, Ungarn zu besetzen. Der deutsche Generalstab erkannte klar, daß Ungarn nach einem Abfall von Deutschland in der einzigartigen Lage wäre, die deutsche Armee auf dem Balkan zu vernichten, weil es den Nachschub für die deutschen Truppen nicht nur in Rumänien, sondern auf der gesamten Balkanhalbinsel – in Jugoslawien, Bulgarien und Griechenland – abschneiden konnte. Hitler hatte bereits aus dem Verrat Italiens bittere Lehren gezogen und wollte einen ähnlichen Rückschlag wenigstens aufschieben, wenn er ihn schon nicht verhindern konnte.

Am späten Abend des 18. März 1944 handelte er.

Es gab keinen sichtbaren Widerstand. Reichsverweser Horthy war – vorgeblich zu Gesprächen mit Hitler – samt seinen Ministern und dem Chef des Generalstabs nach Deutschland zitiert worden und stand daher nicht zur Verfügung, um Anordnungen zu treffen. Viele der zurückbleibenden hochrangigen Offiziere und Beamten waren Sympathisanten der Deutschen.

Hitler legte seine Überraschungscoups gewöhnlich auf das Wochenende. Die Besetzung Ungarns fand Samstagnacht statt. Die Sonntagszeitungen waren schon gedruckt, weitere Ausgaben würden erst am Montag erscheinen. Ohne Zeitungen schwirrte die Stadt von Gerüchten.

»Hitler hat Horthy verhaften lassen... Die Gerüchte über Horthys Verhaftung sind falsch... Die Deutschen haben Horthy einen Zug für die Rückreise verweigert… Hauptpostamt, Rundfunksender und Polizei sind bereits in deutscher Hand… Zahlreiche bekannte Persönlichkeiten sind verhaftet worden.« So lauteten die Gerüchte, aber von den Deutschen war in der Stadt nichts zu sehen. Die Sonne lachte vom Himmel, offenbar uneingedenk des historischen Charakters dieser Stunde; die Straßen der Innenstadt schlummerten im Frieden des Sonntagmorgens. Ich hatte gehört, daß die Burg in Buda, in der Horthy seine Residenz hatte, für das Publikum geschlossen worden war, aber als ich mich auf den Weg nach Buda machte, um nachzusehen, standen vor der Burg ungarische Soldaten Wache, wie immer. Erst nach einer Weile fiel mir ein winziger deutscher Panzer auf, der mit grüner und gelber Tarnfarbe gestrichen war. Es schien, als habe dieses zerbeulte kleine Fahrzeug Budapest im Alleingang erobert.

Im Laufe des Vormittags kamen die Menschen aus ihren Häusern, um wie jeden Sonntag durch die Straßen zu schlendern, aber ihre Gesichter verrieten Ratlosigkeit. Sowohl die Juden als auch die Fortschrittlicheren unter den Nichtjuden, zum Beispiel Sozialisten, waren voller Ungewißheit und böser Vorahnungen. Sie tuschelten verzweifelt, unfähig, die Lage einzuschätzen, wie gestrandete Fische. Hitlers Drohungen gegen die Juden waren zu ernst, als daß man sie auf die leichte Schulter nehmen konnte. Wie klug hatten jene gehandelt, die vernünftigerweise schon längst geflohen waren, als noch Zeit dazu war!

Bis zu diesem Tag war mir das Leben als ein einziges großes Abenteuer erschienen.

Als der Erste Weltkrieg ausbrach, war ich gerade zwanzig Jahre alt. Ich wollte sofort an die Front und meldete mich freiwillig, obwohl ich noch Student war und das Studium nicht abgeschlossen hatte. Ich tat es nicht aus patriotischer Begeisterung, sondern weil ich befürchtete, der Krieg könnte zu früh zu Ende sein. Ich war mir sogar sicher, daß dies der letzte Weltkrieg sein würde: Wenn ich ihn vorbeigehen ließ, würde ich eine einmalige Gelegenheit verpassen.

Ich riskierte mein Leben nicht nur auf die gewöhnliche,

durch den Krieg bedingte Art, sondern auch in anderer Hinsicht, oft ganz unnötigerweise. Als Offizier erhielt ich von Zeit zu Zeit Sonderbefehle. Einmal übertrug man mir das Kommando über etwas, das mir als »Trichterangriff« beschrieben wurde. Was es damit auf sich hatte, sollte ich bald erfahren. Nur rund dreißig Meter trennten die Fronten voneinander. Die Technik bestand darin, einen Tunnel von hinreichender Länge und Tiefe zu bohren und dann mit Sprengstoff zu füllen. Dummerweise benutzten die Russen auf der anderen Seite dieselbe Technik. Da jede Seite befürchtete, der Gegner könne seinen Tunnel als erster in die Luft jagen, neigten beide Seiten dazu, sich zu übereilen. Infolgedessen war das Gelände mit Trichtern übersät. Die Angst verschaffte unserem Alltagsleben eine gewisse zusätzliche Erregung.

Dann war da der Tag, als ich als Befehlshaber eines kleinen Frontabschnitts den Befehl bekam, einen Soldaten aus dem Schützengraben nach vorn zu schicken, um zu erkunden, was der Feind tat. Nach meiner Meinung war der Befehl blödsinnig: Wir konnten das Weiße in den Augen der Russen erkennen, und es war unmöglich, zu ebener Erde irgend etwas Neues zu entdecken. Aber als Soldat wußte ich: Befehl ist Befehl. Ich las meinen Leuten die Instruktionen vor.

»Wer möchte sich freiwillig melden?«

Ein langer, schmächtiger Soldat trat vor. Wir wechselten einige Worte.

»Sie können nicht gehen«, entschied ich.

»Warum denn nicht?« fragte er furchtsam und überrascht.

»Weil Sie Angst haben. Ich sehe doch, wie Sie schlottern.«

Das konnte er kaum abstreiten.

»Aber Herr Offizier, lassen Sie mich um Gottes willen gehen! Ich bin nur Damenschneider, aber ich möchte Maler sein. Ich kann gut zeichnen. Diese Rohheit und Brutalität des gewöhnlichen Soldatenlebens halte ich nicht mehr aus. Wenn meine Mission Erfolg hat, werde ich doch befördert, nicht wahr? Bitte geben Sie mir eine Chance.«

Ich habe ein weiches Herz. Ich ließ ihn gehen.

Er legte sich auf den Bauch und robbte vorwärts. Nach kaum fünf oder sechs Metern wurde er von einer Kugel getroffen und blieb reglos liegen.

»Wer meldet sich freiwillig, um unseren Kameraden zurückzuholen?«

Betretenes Schweigen. Niemand meldete sich.

»Erwartet ihr, daß ich es tue?«

Eine dumme Frage. Und keine Antwort. In Sekundenschnelle mußte ich mich entscheiden. Leider zu spät dämmerte mir, daß es besser ist, seinen Leuten Befehle zu erteilen, als Fragen zu stellen. Aber für einen Befehl war es jetzt zu spät: Ich mußte irgend etwas tun. So legte ich mich rasch auf den Bauch und robbte zu meinem verwundeten Kameraden. Es dauerte nur wenige Minuten, dann hatte ich ihn zu unseren Schützengräben zurückgeschleift, aber mittlerweile war er an dem Kopfschuß gestorben.

Das Abenteuer eines Soldaten bedeutet nicht viel, wenn nicht der Held am Leben ist, es zu erzählen; Tote erzählen keine Geschichten. Es gab viele andere Gelegenheiten in meinem Leben, wo ich, ohne groß nachzudenken, ein unvernünftiges Risiko einging oder mich auf ein unwahrscheinliches Abenteuer einließ, zum Beispiel meine Flucht aus einem Kriegsgefangenenlager in Sibirien und meine Rückkehr durch ein von der Revolution zerrissenes Rußland – eine Reise, die zwei Jahre dauerte und eine einzige Kette von unglaublichen Zwischenfällen war.

Aber die Zeit war vergangen. Ich war jetzt fünfzig Jahre alt, hatte Frau und zwei Söhne und war nicht geneigt, mein Leben zu riskieren, und erst recht nicht das ihre. Trotzdem wußte ich, daß es mit meiner friedlichen, bürgerlichen Existenz vorbei war. Ein neues Abenteuer begann, auch wenn ich mich nicht mehr mit der Sorglosigkeit meiner Jugend darauf einlassen konnte. Eine Furcht packte mich, wie ich sie nie gekannt hatte. Ich wollte nicht, daß meine Familie mich für ängstlich oder defätistisch hielt, doch mußte ich ihr so behutsam wie möglich die Natur der Gefahr erklären, in der wir alle schwebten: Sie war anders als jede Gefahr, die wir bisher kennengelernt hatten.

Zu der regelmäßigen sonntäglichen Bridgepartie trafen sich die üblichen Gäste. Vielleicht ging es ihnen weniger um das Spiel als darum, die bestürzenden Ereignisse des Tages zu diskutieren – Informationen zu sammeln und Aufmunterung zu erhalten. Man war allgemein empört darüber, daß Armee und Polizei keinerlei Widerstand geleistet hatten, und übte viel Kritik an Horthy. Die Leute meinten, er hätte lieber zurücktreten sollen, als diese Demütigung hinzunehmen. Während wir spielten, kam die Nachricht, daß verschiedene prominente Politiker, Journalisten und Sozialisten festgenommen und polnische Flüchtlinge inhaftiert worden waren.

Ein Neuankömmling brachte aufgeregt eine weitere Neuigkeit mit. »Habt ihr schon die Sache mit Bajcsy-Zsilinszky gehört? Die Deutschen wollten ihn eigentlich nur festnehmen, aber als die Soldaten an die Tür klopften, wollte er nicht öffnen. Sie brachen die Tür mit einer Maschinengewehrsalve auf, und Zsilinszky schoß zurück. Dann haben sie ihn getötet.«

Wir waren schockiert über diese Geschichte, weil Zsilinszky, der dem Parlament angehörte, als unversöhnlicher Gegner Hitlers bekannt war.

Gegen Abend stieß noch ein Arzt zu der Runde.

»Stimmt diese Geschichte mit Zsilinszky?« wollten wir wissen.

»Leider ja. Ich habe selbst den Autopsiebericht gesehen.«

Angesichts dieser Gewißheit war an der Nachricht nicht zu rütteln. Erst später fanden wir heraus, daß der Arzt uns belogen hatte: Zsilinszky wurde definitiv erst neun Monate später in der Haftanstalt Sopron-Kőhida hingerichtet.

Die Bridgepartie ging früher zu Ende als sonst. Jetzt war jeder wieder allein.

Als ich nach Hause kam, machte ich das Radiogerät an, wie immer, wenn ich nichts Dringendes zu erledigen hatte. Es gab nichts Besonderes, wie an einem ganz normalen Tag. Radio Budapest brachte leichte Musik, und irgendwo kam eine Mozartoper. Ich stellte den Londoner Sender ein und lauschte den Nachrichten in mehreren Sprachen. Die Besetzung Ungarns war die Hauptmeldung – aber im Radio klang es wie jede andere x-beliebige Nachricht. Ich hatte den Eindruck, daß kein Radio die wirkliche Nachricht bringen konnte – das Todesurteil für Millionen Juden. Dann kam eine Botschaft, die mich unmittelbar mit der Wirklichkeit konfrontierte. Es war Präsident Roosevelt, der an das ungarische Volk appellierte, alles in seinen Kräften Stehende zu tun, um den Juden zu helfen, die jetzt, unter deutscher Besatzung, dem Tod ins Auge sahen. Es war eine bewegende, menschliche Aussage – die erste Geste der Menschlichkeit, die ich an diesem Tag bemerkte. (Sechzehn Jahre später suchte ich in der *New York Times*, einer der seriösesten Zeitungen der Welt, vergeblich nach dieser Ansprache; man sagte mir, daß Sendungen der »Voice of America« niemals in den Vereinigten Staaten selbst veröffentlicht wurden.)

Ich machte das Radio aus. Allein saßen meine Frau und ich in der Stille der Nacht. Die Kinder schliefen schon, das Mädchen hatte seinen freien Tag. Das Schweigen war beunruhigend. Früher war mir unsere gemütliche Wohnung immer als Zufluchtsort vor dem Wirrwarr der Welt erschienen; plötzlich aber kam sie mir wie eine Falle vor. Sie war so schlecht geschnitten! Es gab nur einen einzigen Ausgang, aber weder eine rückwärtige Wendeltreppe noch irgendwelche Geheimtüren noch ein unterirdisches Verlies. Wo sollten wir uns verstecken, wenn sie mitten in der Nacht kamen, um uns zu holen? Ich untersuchte die Örtlichkeiten sorgfältig, wie ich es nie zuvor getan hatte. Dabei machte ich eine überraschende Entdeckung: Das Eßzimmer hatte eine doppelte Decke, und der Zwischenraum war groß genug, um uns alle aufzunehmen. Wir konnten einige Kisten vor den Zugang schieben, so daß man uns nicht bemerken würde. Aber unsere Betten würden warm sein, und das würde uns verraten. Und was sollten wir mit unserem Mädchen machen? Sollten wir sie ins Vertrauen ziehen? Oder sie entlassen? Meine Frau konnte sich ein Leben ohne Haushaltshilfe fast nicht vorstellen. Aber selbst wenn wir das Mächen entließen, gab es noch das Problem des Hausverwalters. Nein, im Haus selbst konnten wir uns nicht verstecken. Und was das Untertauchen betraf: Wenn sie uns doch fanden und verhafteten, wollte ich nicht schmählich aus einem Versteck herausgezerrt werden, sondern den Häschern wie ein Mann entgegentreten. Schließlich hatten wir nichts Unrechtes getan. Daß wir von jüdischen Eltern geboren worden waren, konnte man schwerlich als Verbrechen bezeichnen. Abgesehen davon war es nicht sehr wahrscheinlich, daß die Deutschen uns bereits in ihrer ersten Nacht in der Stadt holen würden. Wie kam ich auf die Idee, daß wir so wichtig wären?

So verwarf ich alle Gedanken ans Untertauchen und streckte mich auf der seidenen Steppdecke aus, die sorgsam über unser Bett gebreitet war. Das Radio dicht neben mir verband mich mit der Welt. Ich suchte die Senderskala nach den wichtigsten Stationen ab: London, Moskau, Paris, Berlin, Tanger. Es gab nichts Neues. So ging ich schlafen, als sei nichts geschehen – als sei dies ein Tag wie jeder andere gewesen.

Kapitel 2

Erste Begegnung mit
den Deutschen

Der erste Tag war voller böser Vorahnungen. Aber das herrliche Frühlingswetter täuschte über die düsteren Zukunftsaussichten hinweg.

Dann kam der zweite Tag.

Gleich am Morgen läutete das Telefon. Es war meine Schwiegermutter.

»Du weißt doch, daß bei mir diese zwei Mädchen aus der Provinz wohnen. Gestern sind sie unruhig geworden und haben beschlossen, lieber nach Hause zu fahren. Sie sind noch am Abend zum Bahnhof gegangen, um die Abfahrtszeiten festzustellen. Jetzt sind sie schon die ganze Nacht fort und haben noch immer kein Lebenszeichen gegeben. Könntest du bitte alles tun, was du kannst, um sie zu finden? Ich mache mir wirklich Sorgen um sie.«

Ich versprach, mich um die Mädchen zu kümmern. Was sollte ich sonst auch sagen? Eine Minute später läutete das Telefon schon wieder. Diesmal war es meine Schwägerin. Die Deutschen hatten meinen Bruder Zoltán mitten in der Stadt auf der Straße verhaftet und in die Synagoge gesperrt. In dem Gotteshaus hatte er ein Telefon entdeckt und seine Frau um Hilfe gebeten. Er hatte keine Ahnung, was sie mit ihm vorhatten.

»Bitte hol ihn da raus!«

»Ich werde mein Bestes tun«, versprach ich. Um elf kam ein Freund meines älteren Sohnes Paul vorbei. Er hatte eigentlich an diesem Tag die Schule schwänzen wollen, hatte dann aber Gewissensbisse bekommen und war später doch hingegangen, nur um festzustellen, daß die Schule für diesen Tag geschlossen war. Dabei erfuhr er auch, daß die Deutschen mehrere Jungen zwischen sechzehn und achtzehn Jahren mitgenommen hatten.

Er wollte nur vorbeischauen, ob Paul zu Hause war. Nein, Paul war noch nicht zu Hause.

Die Deutschen fingen an, mir auf die Nerven zu fallen. Was war zu tun? Was konnte ich gegen sie tun? Ihnen den Krieg erklären? Meine Ohnmacht machte mich wütend, auch wenn ich bemüht war, es mir nicht anmerken zu lassen. Es ist nämlich so, daß ich immer in Wut gerate, wenn etwas geschieht, das ich ändern möchte, aber offenbar nicht ändern kann. Obwohl in Wirklichkeit bisher nichts Schlimmes geschehen war, begann meine Frau schon, mich vorwurfsvoll anzusehen. Vor ihrem geistigen Auge sah sie ihren schmächtigen Sohn, wie er von unbarmherzigen SS-Männern auf staubigen Wegen davongeführt wurde. Sie sah mich an, als könnte ich den Lauf der Welt ändern, wenn ich mich nur gehörig anstrengte.

»Du kümmerst dich um gar nichts. Du sitzt bloß da und hörst Radio. Es geht hier um das Leben deines Sohnes!«

Ohne große innere Überzeugung tat ich, was ich konnte, und rief vier oder fünf Leute an, Bekannte und Fremde. Ich versuchte alles, was man telefonisch versuchen konnte. Ich rief den Vorsitzenden der Jüdischen Gemeinde an und unter anderem einen Bauunternehmer, Mitglied der Pfeilkreuzler-Partei, der in der Nähe der Schule wohnte. (Die ungarischen Nationalsozialisten hießen Pfeilkreuzler, das ungarische Pendant zur NSDAP war die Pfeilkreuzler-Partei.)

Der Freund meines Sohnes verfolgte schweigend meine erfolglosen Bemühungen; plötzlich hellte sich seine Miene auf, und er sagte: »Vielleicht ist Paul Tischtennis spielen gegangen. Bleiben Sie am Telefon! Ich fahr' mal schnell mit dem Fahrrad rüber.«

Ein paar Minuten später läutete das Telefon. Es war unser verlorenes Schaf. »Die Schule war um zehn aus«, erklärte er, »dann bin ich zu unserem üblichen Tischtennisplatz gegangen.«

Ich schimpfte nicht einmal. Eigentlich hatte die ganze Episode etwas Symbolisches. Vielleicht war die ganze deutsche Pest nichts weiter als eine Art Alptraum? Die Nachricht, daß auch mein eingesperrter Bruder Zoltán wieder zu Hause war, bestärkte mich in meinem wiedergefundenen Optimismus. Zoltán war ein frommer, gottesfürchtiger Mensch, der an die Macht und Stärke Gottes glaubte und treu alle Gebote der jüdischen Religion befolgte. Als er eingesperrt war, wandte er sich an Gott um Hilfe. Als observanter Jude kannte er genau den Grundriß der Synagoge. Sobald er seine Gedanken wieder gesammelt hatte, fiel ihm ein, daß das Gebäude einen Nebenausgang zu einer Seitenstraße hatte – was die Deutschen vermutlich nicht wußten –, und so steuerte er leise auf diese andere Tür zu. Er hörte ein Hämmern. Ängstlich wartete er – bis er merkte, daß das, was da hämmerte, einfach sein Herz war. Er ging die Treppe hinunter und lief zu der anderen Tür, die unverschlossen und unbewacht war. Deutsche waren nicht zu sehen. Er war in Sicherheit. Ohne weiteren Zwischenfall gelangte er nach Hause, wo er dem Herrn für seine Errettung dankte.

Das System der deutschen Besatzung wurde in den nächsten paar Tagen klarer. Die Deutschen differenzierten. In Wirklichkeit wurde nicht unterschiedslos jeder »festgenommen«. Jeder, dem zuzutrauen war, daß er sich an einer Widerstandsbewegung beteiligte, wurde in »Schutzhaft« genommen. Linke Journalisten, Oppositionspolitiker und Gewerkschaftsfunktionäre verschwanden einfach. Zeitungen, die nicht nationalsozialistisch ausgerichtet waren, stellten »freiwillig« ihr Erscheinen ein. Die, die übrig blieben, erklärten in glühenden Worten ihre Liebe zu den Deutschen und ihren Haß auf die Juden.

Man bildete eine neue deutschfreundliche Regierung unter Döme Sztójay, dem früheren ungarischen Botschafter in Berlin. Aus Protest gaben fünfzehn Abgeordnete ihren Sitz im Parlament auf. Die Deutschen hatten jetzt zwar das Heft fest in der Hand, hielten sich aber im Hintergrund. Sie verfügten über genügend ungarische Helfershelfer, die ihnen Informationen und Ideen zuspielten. Eine wahre Verleumdungsepidemie erfaßte das Land, und Tausende von Menschen wurden bei den Deutschen denunziert.

Außer einigen hundert bekennenden Liberalen oder Sozialisten waren natürlich die Juden das Hauptziel. Sie waren zahlreich und kontrollierten nach wie vor einen großen Teil des Volksvermögens. Aber anfangs verlief die Judenverfolgung planlos und unorganisiert. Die ersten, die gefaßt wurden, waren Menschen, die versuchten, die Stadt zu verlassen: Bahnhöfe und Fernstraßen wurden von deutschen Patrouillen überwacht. Die Festgenommenen wurden an unbekannte Orte verbracht. Dokumenten schenkten die Patrouillen nicht allzu viel Beachtung: Sie nahmen einfach jeden fest, der jüdisch oder sonstwie verdächtig aussah. Dabei wurden auch viele nichtjüdische Personen aufgegriffen – sie konnte man später noch aussortieren. An den Endstationen der vorstädtischen Straßenbahnen wurde jeder, der jüdisch aussah, festgenommen und ins nächste Gefängnis gesteckt, mit dem Erfolg, daß die Gefängnisse bald überfüllt waren. Deutsche Soldaten drangen in jüdische Häuser ein und nahmen sich, was ihnen gefiel. Besonders begehrt waren Rundfunkgeräte, Schreibmaschinen und Koffer.

Im Haus einer Freundin waren die Deutschen gerade dabei, einen Teppich zu stehlen, als einer von ihnen das Klavier bemerkte.

»Wer spielt darauf?«

»Die Dame des Hauses.«

Manche deutschen Soldaten waren von sentimentaler Gemütsverfassung. »Können Sie Lieder von Schumann spielen?«

»Ja.«

»Also – worauf warten Sie noch?«

Die verängstigte Frau setzte sich wortlos ans Klavier. Der Soldat lauschte verzückt und vergaß ganz den gestohlenen, noch unter den Arm geklemmten Teppich.

Manchmal erlaubten sich die Deutschen dumme Scherze. Eine Gruppe deutscher Soldaten fragte einmal einen Hausverwalter, welche Wohnungen von Juden bewohnt seien, und suchten dann eine dieser Wohnungen auf. Einer der Soldaten, ein launiger Typ mit blondem Haar, führte das große Wort.

»Entschuldigen Sie bitte, wenn ich Sie störe, aber es ist etwas sehr Unangenehmes vorgefallen. Wir haben vor dem Haus die Leiche eines deutschen Soldaten entdeckt; er ist ermordet worden. Es gibt Fußspuren, die in diese Wohnung führen. Wir müssen Sie leider mit ins Präsidium nehmen.«

Die Juden konnten dieser Art von Humor nichts abgewinnen. Sie waren viel zu verängstigt.

»Wie können Sie uns so etwas unterstellen! Wir haben die Wohnung seit Tagen nicht verlassen.«

»Das glaube ich Ihnen gerne«, sagte der blonde Soldat höflich, »aber Befehl ist Befehl. Für uns ist ein Befehl etwas Heiliges; ihn nicht auszuführen bedeutet den Tod. Es ist wirklich jammerschade, weil noch nie ein Jude aus dem Präsidium wieder freigekommen ist, ob er unschuldig war oder nicht. – Aber wir lassen ja mit uns reden; wir sind bereit, bei Ihnen eine Ausnahme zu machen, wenn Sie bereit sind, uns dafür zu entschädigen. Aber es muß schon eine ordentliche Entschädigung sein. Vergessen Sie nicht, daß wir hier unser Leben aufs Spiel setzen!«

Nach einigem Feilschen einigte man sich auf eine Summe, und die Soldaten steckten das Geld ein. Sie entschuldigten sich noch einmal für die Störung und wollten schon gehen, als die Frau plötzlich merkte, daß sie keinen Pfennig Geld mehr hatte, um Lebensmittel einzukaufen. Der Deutsche reichte ihr galant einen der größeren Scheine zurück, die er soeben in Empfang genommen hatte.

»Gnädige Frau«, sagte er mit einer Verbeugung, »wie könnte ich einer Dame einen Wunsch abschlagen?«

Kapitel 3

Der Judenrat

Als die systematische Verfolgung der Juden begann, wurde sie nicht von den Deutschen und auch nicht von ihren ungarischen Lakaien ins Werk gesetzt, sondern – frappierenderweise – von den Juden selbst. Mit als erstes richteten die Deutschen einen sogenannten Judenrat ein, der aus den Spitzen der jüdischen Gemeinde bestand. Die Mitglieder des Judenrats wurden für die Durchsetzung der diversen deutschen Maßnahmen gegen die jüdische Bevölkerung persönlich haftbar gemacht. Zur Belohnung waren sie selbst, ihre Familien und alle, die ihnen zuarbeiteten, von diesen Restriktionen ausgenommen – jedenfalls am Anfang.

Die Deutschen hatten dieses »glänzende« System zu Beginn des Zweiten Weltkriegs erfunden und bereits in anderen besetzten Ländern mit beachtlichem Erfolg praktiziert. Der Judenrat führte die deutschen Wünsche viel gewissenhafter aus, als es die Deutschen selbst je hätten tun können. Es gab nichts, was die deutsche Seite verlangt und der Judenrat nicht im Handumdrehen, ohne eine Sekunde zu zögern, geleistet hätte. Natürlich riskierten die Mitglieder des Judenrats ihre eigene Haut: Wenn sie nicht willfährig waren, waren sie die ersten, die bestraft wurden; wenn sie aber den Forderungen entsprachen, waren sie in Sicherheit – oder glaubten wenigstens, es zu sein. Ernst, fast verzweifelt appellierten sie an die jüdische Gemeinde, den Anordnungen der Deutschen Folge zu leisten. Da sie angesehene Bürger waren, hatte ihr Wort Gewicht. Mit Erfolg redeten sie sich ein, daß sie den Deutschen nicht aus selbstsüchtigen Motiven zu Diensten waren, sondern im Interesse der jüdischen Gemeinde: So lange die Juden sich freiwillig fügten, würde man ihre Drangsalierung in Grenzen halten können. Nichts hätte den Plänen der Deutschen mehr entgegenkommen können; sie sparten sich Mühe und Kosten, selbst ihre Befehle durchzusetzen. Es war ein meisterlicher Schachzug.

Die Zentrale des Judenrats in der Síp-Straße wurde zu einem Zentrum emsiger Betriebsamkeit. Jeder Jude, dem Unbill widerfahren war, eilte sogleich in die Síp-Straße, um, wenn möglich, für Abhilfe zu sorgen: Da gab es Menschen, die aus ihren Wohnungen vertrieben worden waren, Menschen, die ein verschwundenes Familienmitglied aufzuspüren suchten, Menschen, die ausgeraubt worden waren, Menschen, die medizinische Hilfe oder Geld benötigten, und Menschen, die sich einfach nur in der Zentrale herumtrieben, weil sie hier Schutz zu finden hofften. Der Judenrat wurde von Leuten belagert, die nach einer administrativen Tätigkeit Ausschau hielten, in der Hoffnung, als Beschäftigte im Judenrat selber in den Genuß irgendeiner Ausnahmeregelung zu kommen. Binnen Tagen schwoll der Judenrat zu einer gewaltigen Bürokratie an.

Da Juden nicht mehr in die Schule gehen und ihre Lehrer sie nicht mehr unterrichten durften, hatten sie Weisung, sich in der Zentrale des Judenrats zu melden. Die Kinder wurden als Kuriere unter der Aufsicht ihrer Lehrer eingesetzt. Auch mein jüngerer Sohn George wurde Kurier. Am zweiten Tag der deutschen Besatzung kam er erst abends um sieben nach Hause.

»Was hast du denn den ganzen Tag gemacht?«

»Die meiste Zeit nichts. Aber heute nachmittag habe ich einen Packen mit Benachrichtigungen bekommen, die ich zu verschiedenen Adressen bringen sollte.«

»Hast du gelesen, was drin stand?«

»Ja. Ich habe sogar eine mitgebracht.«

Er reichte mir ein kleines Stück Papier, auf dem mit Maschine geschrieben stand:

VORLADUNG

Sie werden ersucht, sich morgen früh um 9 Uhr im Rabbinerseminar in der Rökk-Szilárd-Straße einzufinden. Bitte bringen Sie eine Decke sowie Verpflegung für zwei Tage mit.

DER JUDENRAT

»Weißt du, was das bedeutet?« fragte ich George.

»Ich kann es erraten«, erwiderte er mit großem Ernst. »Sie sollen interniert werden.«

Kinder sind oft gut im Raten. Ich fragte mich, ob George wußte, was »internieren« bedeutete. War meinem Sohn klar, daß man diese Menschen nach Deutschland deportieren und sehr wahrscheinlich ermorden würde? Ich schämte mich so sehr der Welt, in die er durch mein Zutun hineingeboren worden war, daß ich es vorzog, ihn nicht aufzuklären.

»Der Judenrat hat nicht das Recht, den Leuten solche Anweisungen zu geben«, erklärte ich George. »Du wirst dort nicht mehr arbeiten.«

»Ich hab' doch den Leuten, bei denen ich war, gesagt, daß sie sich nicht drum kümmern sollen!« erwiderte er, offensichtlich enttäuscht, daß er dort nicht mehr arbeiten durfte. Seine Karriere als Kurier hatte begonnen, ihm Spaß zu machen: Es war alles ein großes Abenteuer.

»Was für Leute sind das auf deiner Liste?« fragte ich ihn.

»Rechtsanwälte. Alle, deren Name mit B und C anfängt.«

Als Rechtsanwalt fand ich das sehr aufschlußreich. Binnen weniger Tage sickerte durch, daß alle einigermaßen prominenten Anwälte zur Internierung vorgeladen wurden – in alphabetischer Reihenfolge.

Ich hatte zwar meinem Sohn verboten, weiter für den Judenrat tätig zu sein, aber der Rat arbeitete auch ohne ihn fleißig und mit Begeisterung weiter. Ende der Woche war man beim Buchstaben G angelangt. Da mein eigener Name mit S anfängt, glaubte ich, noch ein wenig Zeit zu haben.

Ich fragte mich, ob ich auf der Liste stand. Zum Glück hatte ich mich selbst nie zu den hochbezahlten Anwälten gerechnet; deshalb bestand die Wahrscheinlichkeit, daß sie mich angesichts ihrer Auswahlkriterien ausgelassen hatten. Meine Frau jedoch, weniger von Logik als von Angst geleitet, war überzeugt, daß mein Name auf der Liste stehen müsse. Ich war nie besonders ehrgeizig gewesen und hatte mir deshalb viel Schelte von meiner Frau gefallen lassen müssen, die – vielleicht aus einer gewissen Eitelkeit heraus – nicht der einzige Mensch auf Erden sein wollte, der eine hohe Meinung von mir hatte. Mit den Jahren versuchte ich, meine angeborene Trägheit mit einer eigens für diesen Zweck entwickelten Philosophie zu rechtfertigen: Es zahlt sich nicht aus, prominent zu sein. Man wird mit seinen Ideen oder Ansichten identifiziert, und wenn diese Ideen unter Beschuß geraten, muß man entweder seine Ansichten oder sich selbst opfern. Da ich nicht den Wunsch hatte, Märtyrer zu werden, hielt ich mich lieber im Hintergrund. Ich erzählte meiner Frau immer wieder, wie ich als Kriegsgefangener in Sibirien im Ersten Weltkrieg eine Kampagne zur Verbesserung der Lebensbedingungen im Lager angeführt hatte. Als unsere Bemühungen erfolgreich waren, bot mir der für die Lageraufsicht zuständige Major den offiziellen Posten eines »Gefangenensprechers« an. Der Posten war mit verschiedenen kleinen Vergünstigungen verbunden und stellte das Maximum dessen dar, was ein Kriegsgefangener erreichen konnte.

Ich lehnte ab, weil ich das Angebot als Bestechung empfand.

Kurze Zeit später gab es eine neue Welle der Unruhe im Lager, die in Gewalttätigkeiten ausartete, und der Gefangenensprecher wurde als abschreckendes Beispiel für die Männer hingerichtet.

Diese Geschichte erfüllte meine Frau und auch mich immer wieder mit Zufriedenheit, weil sie besagte, daß ich nur darum im bürgerlichen Leben nicht prominent wurde, weil ich es nicht versucht hatte. Wenn mein Name jetzt nicht auf der Liste stand, wäre meine Philosophie für alle Zeiten bestätigt.

Ich war jedoch so oder so gesonnen, der Vorladung, falls ich denn eine bekam, nicht Folge zu leisten. Sollten sie kommen und mich holen, wenn sie konnten – ich hatte nicht die Absicht, es ihnen leicht zu machen.

Bei Gesprächen mit meinen Anwaltsfreunden fand ich keinen einzigen, der sich zu widersetzen gedachte. Ich mußte daran denken, wie ich einige Jahre zuvor Swift and Armour besucht hatte, eins der großen Schlachthäuser Chicagos. Vor dem Gebäude war ein riesiges Areal, auf dem Tausende von Rindern eingepfercht waren. Mein Führer zeigte mir, wie die Seiten zum Eingang des Schlachthauses hin immer enger wurden, wo es eine Klappe gab, die kaum noch einen Meter breit war. Sobald die Klappe geöffnet wurde, drängelten alle Rinder nach vorn, bis die erschöpften Tiere einzeln durch das Tor und in das Schlachthaus liefen, wo sie auf eine riesige Drehscheibe traten. Die Arbeiter ketteten jedes Tier an der Drehscheibe fest, betäubten es mit einem Hammerschlag und schickten es auf einem Förderband in den Tod, um Platz für das nächste Tier zu schaffen.

Meine Freunde waren dabei, aus eigenem Antrieb ins Schlachthaus zu gehen. Man mußte sie nicht antreiben: Sie nahmen die Straßenbahn. Nach dem Krieg wurde in der Anwaltskammer eine Marmortafel mit den Namen von über sechshundert jüdischen Anwälten enthüllt, die nach Vorladungen durch den Judenrat 1944 umgekommen waren. Viele von ihnen hätten durch Ignorieren der Vorladung den Ruhm des Märtyrertums vermeiden können.

Ich wurde keine Minute in meinem Entschluß schwankend, dem Aufruf nicht Folge zu leisten. Ich würde mich verstecken. Aber was wurde mit meiner Familie? Was würde geschehen, wenn die Deutschen nicht mich, sondern meine Frau oder meine zwei Söhne oder gar alle drei abholten? Es durfte keine halben Sachen geben, das war klar: Wir alle mußten Vorkehrungen treffen, um zu verschwinden.

Das war leichter gesagt als getan. Die bürgerliche Existenz fesselt uns mit tausend unsichtbaren Fäden. Die Wohnung, die Möbel, die Bilder an der Wand – alles an sich unbedeutend, aber die meisten Menschen können sich davon nicht trennen.

Erst jetzt verstand ich so richtig das lateinische Sprichwort »navigare necesse est, vivere non est necesse«: Schiffahrt ist notwendig, leben nicht. Im Augenblick schien die Wohnung wichtiger zu sein als das Leben.

Und was würde aus unserer Tante werden, die jeden Sonntag zu uns zum Mittagessen kam?

Es stellte sich aber heraus, daß vier Jahre beim Militär und lange Kriegsgefangenschaft mir eine Lehre eingebleut hatten, das Leben höher zu schätzen als alles andere. So fiel es mir ziemlich

lich leicht, mich von meiner materiellen bürgerlichen Existenz zu trennen.

Dann gab es da noch das moralische Problem, gegen das Gesetz zu verstoßen. Rechtsanwälte sind darauf geeicht, im Rahmen der bestehenden Rechtsordnung zu agieren. Man versucht zwar, das Recht für den eigenen Vorteil einzuspannen, aber sobald man das Gesetz übertritt, wird man zum Feind der Gesellschaft. Gleichwohl war mir als Anwalt der Grundsatz des Zwanges und des Selbstschutzes vertraut. Ich fühlte mich moralisch wie juristisch absolut berechtigt, dem Staat nicht zu gehorchen, wenn er mich unbegründeterweise bedrohte.

Ich hatte einmal mit dem Gedanken gespielt, ein Buch über die moralischen Grundlagen des Völkerrechts zu schreiben, mit dem Titel »Jeder ist verantwortlich«. Meiner Ansicht nach wird das internationale Zusammenleben so lange nicht gesunden, wie wir nicht von gängigen Vorstellungen über nationale Souveränität wegkommen. Angesichts der enormen technischen Fortschritte, die uns umgeben, müssen wir einsehen, daß derartige Konzepte überholt und moralisch unhaltbar sind: Wir müssen der absoluten Macht des einzelnen Staates Grenzen setzen. Nicht nur hat jeder Staat das *Recht*, sich in die inneren Angelegenheiten eines anderen Staates dann einzumischen, wenn dieser Staat elementare Menschenrechte verletzt; er hat auch die moralische *Verpflichtung* dazu. Wenn man davon ausgeht, daß Gesetze gewisse moralische Richtlinien verkörpern, muß es auch bestimmte elementare Grundsätze der Gerechtigkeit geben, gegen die zu verstoßen keinem Staat erlaubt werden darf. Und wenn gegen diese Prinzipien verstoßen wird, ist es die Pflicht der anderen Staaten, ihnen wieder Geltung zu verschaffen. Kein Staat hat das Recht, irgendeiner Gruppe seiner Staatsbürger die Bürgerrechte zu entziehen, sie wie Sklaven zu behandeln oder sie zu vernichten. Wir alle haben die Verpflichtung, den Hilflosen zu helfen, wenn ihre Menschenrechte mit Füßen getreten und wenn Greueltaten gegen sie verübt werden.

Und was für Staaten gilt, gilt auch für Individuen. Der Staatsbürger darf keine Ungerechtigkeit oder Willkür von dem Staat hinnehmen, dem er angehört. Wenn sein Leben durch eine ungerechte Handlung des Staates in Gefahr ist, ist er moralisch berechtigt, sich zur Wehr zu setzen. Er hat hierfür sogar eine gesetzliche Rechtfertigung im Grundsatz der Selbstverteidigung im extremen Notfall. Der große deutsche Dichter Friedrich von Schiller drückt es so aus:

> *Nein, eine Gränze hat Tyrannenmacht.*
> *Wenn der Gedrückte nirgends Recht kann finden,*
> *Wenn unerträglich wird die Last – greift er*
> *Hinauf getrosten Muthes in den Himmel*
> *Und holt herunter seine ew'gen Rechte,*
> *Die droben hangen unveräußerlich*
> *Und unzerbrechlich, wie die Sterne selbst –*

Das Buch über das Völkerrecht habe ich nie geschrieben, aber die Überlegungen dazu haben mein Denken geklärt. Ich empfand also keine Hemmungen, das Recht zu brechen. Für mich hatte das Recht an dem Tag aufgehört, moralisch bindend zu sein, als die Deutschen das Land besetzten. Das einzige, worauf es ankam, war, die nächsten paar Wochen zu überleben. Daß die deutsche Besatzung länger dauern könnte, kam mir überhaupt nicht in den Sinn.

In Zeiten der Gefahr besteht das größte Problem darin, die Menschen dazu zu bringen, daß sie sich zwischen verschiedenen unerfreulichen Alternativen entscheiden. Ich sah die Sache ganz klar: Wir würden die kommenden Monate nur durchstehen, wenn wir aufhörten, als Juden zu leben. Ich hörte mich um und versuchte, mir einen Eindruck zu verschaffen, wie andere Leute über diese Idee dachten und welche Hindernisse sie sahen. Besonders in Erinnerung ist mir eine Diskussion, die ich Anfang April im Haus meines Freundes, des Kinderarztes Dr. Radnóti, hatte.

Ein schwergewichtiger Fotograf, den wir unter dem Namen »Tubby« kannten, fragte plötzlich wie aus heiterem Himmel: »Haben Sie sich schon mal gefragt, was für ein Mensch dieser Hitler eigentlich ist? So als Person?«

»Was für ein Mensch wird einer schon sein, der auf den Gedanken verfallen konnte, eine ganze Rasse auszurotten, bloß weil sie ihm nicht paßt!« versetzte mein Freund Osi. »Er ist verrückt. Größenwahnsinnig.«

»Größenwahnsinnig ja«, sagte ein anderer. »Aber nicht wahnsinnig.«

Mein Freund, der Kinderarzt, der in solchen Fällen gerne griechische Philosophen zitierte, schaltete sich in die Debatte ein:

»In meinen Augen trifft die Weisheit der Griechen auch auf Hitler zu: ›Koros, hybris, ate: Hochmut kommt vor dem Fall.‹ Wie jeder Diktator ist er überheblich, grausam und vom Erfolg geblendet, aber zuletzt wird er das Schicksal aller Diktatoren teilen und in der Katastrophe enden.«

Ich konnte ihm nicht gänzlich beipflichten:

»Hitler weiß meines Erachtens selber, daß sein Erfolg nicht von Dauer sein kann. Schon zur Zeit seines größten Sieges, bei der Kapitulation Frankreichs, schwang in seinen Reden ein düsterer Unterton mit, eine dunkle Ahnung, daß die Dinge keinen guten Ausgang nehmen würden. Der ganze europäische Kontinent liegt ihm zu Füßen, wie er sich ausdrückt, aber er redet von seiner eigenen Niederlage: ›Ich werde nicht kapitulieren, nur fünf Minuten nach zwölf.‹ Wenn er selber nicht an seinen Endsieg glaubt, warum sollten andere daran glauben, und erst recht wir, die wir gewärtigen müssen, dabei zu Tode zu kommen?«

»Aber besteht nicht die Möglichkeit, daß Hitler seine Einstellung zu den Juden ändert? Oder daß die Westmächte ihn dazu zwingen?« fragte Tubby, immer auf der Suche nach Kompromissen.

»Der große Nachteil der Westmächte ist, daß sie nur in Zeiten äußerster Gefahr kooperieren, nämlich wenn ein Krieg ausbricht. Im Frieden wurschtelt jede Nation für sich allein.«

»Vielleicht wird ihn ja die weltweite öffentliche Meinung beeindrucken«, beharrte der Fotograf.

»Die Weltmeinung hat überhaupt kein Gewicht mehr. Gewiß

sind unsere Demokratien auf die öffentliche Meinung angewiesen, aber ihre Völker haben nicht gelernt, internationale Probleme für wichtiger zu halten als nationale. Um Hitler zu strafen und Einhalt zu gebieten, hätten die Westmächte schon 1934 eingreifen sollen, als in Deutschland die Judenverfolgung begann und jede interne Opposition gegen Hitler durch Exekutionskommandos zum Schweigen gebracht wurde, beginnend mit der Hinrichtung Schleichers und Röhms. Wenn die übrige Welt entschlossen genug gewesen wäre, diese Verhöhnung elementarer Grundsätze der Gerechtigkeit nicht zuzulassen, würde Hitler heute nicht Deutschland beherrschen! Aber der englische Premierminister Baldwin erklärte ja ungeniert, daß ›England nicht der Schutzmann Europas‹ sei. Die Demokratien haben sich geweigert, auch nur einen Finger zu rühren. Es hätte lediglich einer Polizeiaktion bedurft, aber sie scheuten ja sogar die minimalen Kosten, die das mit sich gebracht hätte. Die Folge ist, daß Großbritannien heute im vierten Kriegsjahr steht, gigantische Verluste erleidet und um sein Überleben kämpft. Hitlers Leitmotiv ist nicht Hochmut, sondern Wut. Und Wut ist ein schlechter Ratgeber. Gegen wen kann Hitler seine Wut richten? Gegen die Amerikaner? Gegen die Briten? Die muß er erst einmal niederringen, und das ist keine leichte Sache. Da ist es viel leichter, mit seiner Wut über die Juden und die Zigeuner und die bedauernswerten Kriegsgefangenen herzufallen. Die können sich nämlich nicht wehren. Wenn Sie glauben, daß Hitler jemals seine judenfeindliche Politik ändern könnte, leben Sie hinter dem Mond! Warum um alles in der Welt soll er denn Anteilnahme für die Juden empfinden, wenn er nicht einmal Anteilnahme für sein eigenes Volk empfindet? Er opfert doch die Blüte der deutschen Jugend für seine alptraumhaften Ziele. Wenn Hitler es nicht einmal fertigbringt, Mitleid mit der deutschen Jugend zu haben, warum, glauben Sie, sollte er dann Mitleid mit den Juden haben? Die Ausrottung der Juden ist der einzige Punkt in seinem politischen Programm, den er nach dem Prinzip des geringsten Widerstandes umsetzen kann. Und daher«, sagte ich abschließend, »haben wir nichts, was uns vor Hitlers Drohungen schützt; es gibt niemanden, an den wir uns wenden könnten; wir sind ganz auf uns allein gestellt. Wir müssen selbst kämpfen. Und da wir der Wut Hitlers nicht Paroli bieten können, müssen wir uns vor ihr verstecken.«

Ob ich den dicken Fotografen überzeugt habe, weiß ich nicht; aber jedenfalls habe ich mich selbst überzeugt.

Solche Gespräche hatten ihren Nutzen: Sie zeigten neue Perspektiven auf und lieferten mir Anregungen, Kristallisationspunkte für meine Pläne zu finden. Aber zumeist waren es doch nur Worte, Worte und abermals Worte.

Was zählt, ist nicht der Entschluß, sondern seine Umsetzung in die Tat.

Kapitel 4

Auf der Suche nach
einer Identität

Wir konnten in den kommenden Monaten nur am Leben bleiben, wenn wir als Christen lebten. Damit hatte ich mein Leitprinzip, aber das nächste Problem war, es in die Tat umzusetzen. Wir mußten unsere jetzige Identität aufgeben und praktisch in eine neue Haut schlüpfen. Aber wie? Und wo sollten wir anfangen?

Irgendwie würden wir uns neue Ausweispapiere besorgen, in eine neue Wohnung umziehen, mit neuem Namen ein neues Leben beginnen müssen.

Wenn ich über unser Überleben nachdachte, begrenzte ich meinen Horizont fürs erste auf fünf Personen: mich, meine zwei Söhne, meine Frau und meine Schwiegermutter, für die ich eine besondere Verantwortung empfand. Aber was wurde aus den Geschwistern? Aus Freunden? Mandanten? Den Freunden meiner Söhne? Ab wann kann ein Mensch sagen, er habe alles getan, was ihm möglich war? Die geringste Unterlassung kann tödliche Folgen haben.

Mein Plan war, mir Ausweispapiere von Christen zu besorgen, deren Identität mehr oder weniger der unseren entsprach. Ich begann damit, daß ich – wozu war ich Rechtsanwalt? – die Akten in meiner Kanzlei nach persönlichen Dokumenten durchstöberte, die ich gebrauchen konnte. Die Akten waren voll von solchen Papieren, da unsere ungarische Bürokratie bei sämtlichen Vorgängen die umfassendsten dokumentarischen Nachweise verlangte, ob sie nun im Einzelfall von Belang waren oder nicht. Einer der Gründe für diese unsinnige Forderung war, daß man sichergehen wollte, nicht einen Antragsteller vor sich zu haben, dessen Adern durch jüdisches Blut verunreinigt waren. Also genau die wasserdichten Belege, die ich benötigte!

Aufgeregt ging ich die Akten durch. Aber unter den vielen Angaben zur Person, die diese Dokumente enthielten, waren immer einige – Alter, Größe, Gewicht, Farbe der Augen, weiß der Himmel, was noch –, die nicht paßten. Die Menschen sind individueller, als wir vermuten.

Ich machte keine Anstalten, meine Pläne vor meinen Freunden geheimzuhalten – nicht zuletzt, weil ich glaubte, für die Überzeugung werben zu müssen, daß ein Leben mit falscher Identität der einzige Ausweg war. Gleichzeitig hoffte ich aber auch, Kontakte zu Gleichgesinnten zu finden. Aber niemand war offen zu mir. Für mich ist es das Natürlichste von der Welt zu sagen, was ich denke – so natürlich wie das Atmen. Ich lüge nicht gern – nicht aus moralischen Gründen, sondern weil das Lügen so viel Konzentration erfordert. Als Student habe ich das lateinische Sprichwort gelernt: »mendacem oportet esse memorem«, ein Lügner muß gedächtnisstark sein. Ich gebrauchte mein Gedächtnis lieber für andere Zwecke als das Vertuschen von Lügen. Doch in diesem Fall brachte die Offenheit, mit der ich andere über meine Pläne unterrichtete, nicht das erhoffte Resultat. Anstatt mir ihrerseits mit Offenheit zu begegnen, blieben die Menschen reserviert – wohl nicht aus Mangel an Aufrichtigkeit, sondern aus natürlichem Selbsterhaltungstrieb. Trotzdem gelang es mir hier und da, wertvolle Informationen zu sammeln, die mir halfen, mit beiden Beinen auf der Erde zu bleiben und alle romantischen Ideen fahrenzulassen.

So hatte ich, da ich die blinde Uniformgläubigkeit der Deutschen kannte, mit dem romantischen Gedanken gespielt, eine deutsche Offiziersuniform zu besorgen und mir ihre magischen Kräfte zunutze zu machen. Meine Freunde erklärten mir jedoch, daß meine Kenntnisse des deutschen Militärs nicht gut genug seien, um mit diesem Trick durchzukommen, und außerdem hätte diese Köpenickiade ja nicht das Überlebensproblem für meine Familie gelöst.

Mein anderer romantischer Plan war, nach Sowjetrußland zu fliehen. Mit diesem Gedanken spielte ich sogar eine ganze Weile; ich hielt ihn zumindest für durchführbar. Warum? Weil

Ungarn damals eine gemeinsame Grenze mit der Sowjetunion hatte und diese zwei Giganten, Deutschland und die Sowjetunion, miteinander in einem Ringen auf Leben und Tod lagen. Außerdem war Hitler eifrig damit beschäftigt, seinen Vernichtungsfeldzug gegen die Juden zu führen, so daß es kein Wunder war, wenn die Juden Hitler haßten. Logischerweise hätten also die Russen jüdische Flüchtlinge eigentlich mit offenen Armen aufnehmen müssen. Außerdem hatte ich den zusätzlichen Vorteil, daß ich fließend Russisch sprach. Aber was ich an Informationen über das unselige Schicksal von deutschen und spanischen Kommunisten einholen konnte, die sich nach Rußland durchgeschlagen hatten, überzeugte mich davon, daß man die Russen nicht nach logischen Gesichtspunkten beurteilen konnte.

Die Russen haben den politischen Zickzackkurs, der vor ihren Augen zwischen 1939 und 1941 gefahren wurde, niemals wirklich verstanden. Bis 1939 stellte ihnen die russische Propaganda Hitler als faschistischen Henker dar, der Kommunisten abschlachtete und dessen Hände rot von Blut waren. Dann wurde die Sowjetunion 1939 plötzlich Deutschlands Verbündeter. Als Hitler zwei Jahre später seine neuen Verbündeten überfiel, kam das wie ein Blitz aus heiterem Himmel. Russische Filme wie *Der Sieg von Berlin* zeigten den Krieg als ein Ereignis, das ohne Vorwarnung und unerklärlicherweise eingetreten war.

Später, als der Krieg zwischen den zwei Ländern schon ausgebrochen war, hörte ich oft russische Rundfunksendungen ab. Von Hitlers Antisemitismus vernahm ich dabei kein Wort. Ich habe keine Ahnung, warum gerade diese Information dem russischen Volk vorenthalten wurde. Vielleicht, weil Stalin selber Antisemit war?

Auch wenn es also einem Juden gelungen wäre, den Stacheldrahtzaun zu überwinden und russisches Territorium zu betreten, hätten die sowjetischen Soldaten ihm schwerlich geglaubt, daß er vor Hitler fliehen wollte. Da bekanntlich alle Juden Feiglinge waren und offenbar nicht den Mut hatten, einfach die deutsch-russische Frontlinie zu überqueren, hätten die Russen eher angenommen, daß es sich um einen Spion handeln müsse.

Spione aber werden nie mit Samthandschuhen angefaßt, sondern festgenommen und verprügelt. Außerdem wußte ich von Leuten, die Rußland bereist und in Rußland gelebt hatten, daß besonders Frauen der Gefahr ausgesetzt waren, belästigt und vergewaltigt zu werden. Alles in allem war es also wohl keine gute Idee, sich mit der Familie nach Rußland aufzumachen.

Während ich Vorkehrungen traf, um meiner Familie eine neue Identität zu verschaffen, beschäftigte mich zunehmend ein völlig anderer Plan: in einem Versteck unterzutauchen, bis die böse Zeit vorüber war. Die zwei Pläne schienen einander zu widersprechen: Warum untertauchen, wenn wir die nötigen Papiere hatten? Hatte mir die Angst schon den Verstand verwirrt? Wie auch immer, ich dachte viel darüber nach, wie man sich verstecken könnte und ob ich falsche Papiere überhaupt, oder vielleicht nur im äußersten Notfall, gebrauchen sollte. Tief in meinem Inneren war ich überzeugt, daß das Hitlerregime seine letzten Monate erlebte und in Kürze zusammenbrechen würde. Wir würden uns also nicht lange verstecken müssen.

Nach und nach erwiesen sich meine verschiedenen großartigen Pläne als undurchführbar, und es blieb nur ein einziger Ausweg übrig – mit falschen Dokumenten zu leben. Aber konnte ich es schaffen? Gab es nicht irgendwelche unvermeidlichen äußeren Kennzeichen, die einen Menschen als Juden verrieten – etwas Charakteristisches an einem jüdischen Gesicht, der traurige Schimmer der Augen, eine typische Bewegung oder Intonation?

In der ungarischen Literatur wurden Juden oft mit krummer Nase, gebeugtem Rücken und kehliger Sprache dargestellt. Bei manchen Autoren waren sie verschlagen und schmeichlerisch und redeten mit Händen und Füßen. Die jüdische Persönlichkeit machte im Laufe der Zeit natürlich Veränderungen durch, aber das literarische Stereotyp hielt sich hartnäckig. Vielleicht aus Trotz gegen dieses Stereotyp verlegten sich viele Juden auf Sport, trainierten ihre Muskeln und traten der Welt als harte Burschen entgegen. Die Ungarn waren oft Olympiasieger, und unter den Siegern waren etliche Juden, sogar in der ungarischen Leib- und Magen-Disziplin, dem Fechten. Leute von fortschrittlicher Gesinnung wie zum Beispiel Sozialisten machten natürlich keinen Unterschied zwischen Menschen mit jüdischem und Menschen mit christlichem Hintergrund.

Die plastische Chirurgie ermöglichte die Korrektur von krummen Nasen; was die »typisch jüdische« Intonation betraf, so waren gerade die zwei ungarischen Schauspieler Juden, die für die Reinheit ihrer Sprache berühmt waren, nämlich Kálmán Rózsahegyi und Irén Varsányi. Gemessen am Stereotyp vom Juden, gab es niemanden in unserer Familie, der jüdisch »aussah«. In dem Punkt hatten wir also nichts zu befürchten. In Wirklichkeit verhielt es sich so, daß es schwer war, einen Juden an seinem Äußeren zu erkennen, ausgenommen die orthodoxen Juden, die durch ihre ungewöhnliche Kleidung und Haartracht ihre Religion bekannten. Das war der Grund, weshalb die Behörden schließlich das Tragen eines gelben Sterns vorschrieben, um aller Welt vor Augen zu führen, wer Jude war und wer nicht. Der Stern sagte einfach: Dieser Mensch ist ein Jude, du darfst ihn ungestraft verprügeln und verfolgen.

Im Rückblick kommt es mir vor, als habe mein Entschluß, mit einer neuen Identität zu überleben, zu meinem Charakter und meiner Persönlichkeit gepaßt.

Zwei Vorfälle mögen veranschaulichen, warum ich diesen Eindruck habe. Ich erinnere mich an eine Begebenheit aus meiner Kindheit, als ich mich »tot stellte« und den Unschuldigen spielte, um einer Bestrafung zu entgehen. Ich war vier oder fünf Jahre alt. Meine Mutter hatte die Tür zur Speisekammer offengelassen, und so schlich ich hinein. Was für ein phantastischer Anblick bot sich da! Auf den Regalen standen reihenweise Gläser mit frisch eingemachtem Obst. Es war wie im Schatzhaus. Alles sah so verführerisch lecker aus! Aber meine Mutter konnte jeden Augenblick wiederkommen, und so war keine Zeit zum Überlegen. Ein Glas wirkte appetitlicher als das andere. Daher biß ich an allen Gläsern die Pergamentabdeckung auf, um am Inhalt wenigstens zu schlecken.

Es dauerte nicht lange, bis dieser Akt des Vandalismus entdeckt war und die Familie eine gründliche Suche nach dem Übeltäter einleitete. Ich mimte vollkommene Unschuld. Zwar verkrampfte sich mein Magen vor Angst, aber ich wußte ein unbeteiligtes Gesicht aufzusetzen und so zu tun, als ginge mich das Ganze nichts an. Meine größte Angst war, daß man irgendwie den Abdruck meiner Zähne mit den Zahnspuren auf den Gläsern vergleichen würde. Aber zum Glück hatten sich meine Eltern bald um andere Dinge zu kümmern.

Als Erwachsener schauspielerte ich zum ersten Mal mit Erfolg, als ich siebenundzwanzig oder achtundzwanzig Jahre alt war, allerdings unter ganz anderen Umständen. Im Sommer 1919 brach in Ungarn das kommunistische Regime unter Béla Kun zusammen. Auf die vier Monate seines »roten Terrors« folgte Horthys »weißer Terror«. Um diese Zeit war ich in einem russischen Kriegsgefangenenlager. Die Russen weigerten sich, die gefangengenommenen ungarischen Offiziere heimkehren zu lassen. Diese sollten vielmehr als Geiseln dienen, um die Ausschreitungen der ungarischen Behörden gegen ihre kommunistischen Gefangenen zu zügeln.

Österreichische Offiziere durften dagegen in Gruppen zu jeweils fünfhundert pro Woche heimkehren. Traurig sah ich ihnen nach. Nach sieben Jahren Krieg und Gefangenenlager brannte ich darauf, nach Hause zu kommen. Da fiel mir zufällig ein Baedeker über die österreichische Stadt Linz in die Hände. Das Buch enthielt viele Stadtpläne und Bilder. Ich studierte es aufmerksam und stellte mich dann dem Repatriierungsausschuß als Österreicher vor – Geburtsort Linz. Der Trick funktionierte: Ich beantwortete alle Fragen korrekt, und so wurde ich als österreichischer Offizier für den 14. August 1921 zur Entlassung eingeteilt.

Später wurde ich Rechtsanwalt und mußte oft in eine Rolle schlüpfen, um den Richter zu überzeugen. Mein bisheriges Leben ließ mich also hoffen, daß ich auch meine neue Rolle meistern würde. Der Entschluß war gefaßt: nun auf zu seiner Realisierung!

Kapitel 5

Etwas jüdische Philosophie

Bevor ich mit meiner Erzählung fortfahre, sollte ich vielleicht etwas über meinen jüdischen Hintergrund sagen, über die Art meiner Erziehung und die Umwelt, in der ich aufgewachsen bin.

Es gibt die unterschiedlichsten Juden. Religiös am aktivsten sind die Chassidim, die sich sogar anders kleiden als die übrigen Juden und dazu tendieren, die Observanz aller anderen, auch der Orthodoxen, als unzureichend abzulehnen. Die orthodoxen Juden sind nicht alle gleich: Man unterscheidet die Juden aus Mittel- und Osteuropa, die sogenannten Aschkenasim, von denen aus Westeuropa, den Sephardim. Dann gibt es natürlich noch die Reformjuden, die Freidenker und die Konvertiten. Wie in jeder Gemeinschaft, deren einendes Band hauptsächlich die Religion ist, gibt es verschiedene weitere Differenzierungen in den einzelnen Gruppen, etwa in bezug auf ihren Wohlstand, ihren Beruf, ihre Bildung, den Familienhintergrund und so fort.

Ich kann kaum mehr als vier bis fünf Jahre alt gewesen sein, als Nachbarn mich zu einem »Schweinsbraten« einluden. Ich nahm die Einladung an, obwohl ich mir unter dem Wort nichts Rechtes vorstellen konnte. Mit anderen Kindern aus unserem Dorf wohnte ich dem Schlachtfest bei. Alle lachten viel und amüsierten sich königlich, ja, ich hatte sogar den Eindruck, daß meine Anwesenheit zur Heiterkeit beitrug, obwohl ich nicht verstand, wieso. Mir war nicht klar, daß es observanten Juden verboten ist, Schweinefleisch zu essen.

Es gab eine katholische Kirche in unserer Nähe. Sechs oder sieben Stufen führten zum Haupteingang hinauf. Es machte mir Spaß, diese Stufen hinunterzuhüpfen, und ich war stolz, als ich endlich mutig genug war, von der obersten herabzuspringen.

Die christlichen Kinder schienen neidisch auf mein Bravour-
stück zu sein; denn ich hörte sie im Vorbeirennen »Hep! Hep!«
rufen. Ich hatte keine Ahnung, was das bedeuten sollte; mir war
nicht einmal klar, daß es überhaupt etwas Besonderes bedeutete. Erst viele Jahre später kam ich hinter die wahre Bedeutung.
Die Buchstaben HEP stehen für die lateinischen Worte »Hiero-
solyma est perdita«, Jerusalem ist verloren. Siebzig Jahre nach der
Geburt Christi hatten die Römer Jerusalem besetzt. Gut 1800
Jahre später diente diese Abkürzung in einem kleinen ungarischen Dorf noch immer dazu, Juden zu verhöhnen.

Außer an dieses Wort erinnere ich mich noch an einen Spott-
vers aus meiner Jugend. Gegen Ende des 19. Jahrhunderts hielt
ein berüchtigter Prozeß die Ungarn in Atem, die sogenannte
Blutbeschuldigung von Tiszaeszlár. Die Juden dieser Stadt wurden beschuldigt, ein christliches Mädchen ermordet und sein
Blut für rituelle Zwecke mißbraucht zu haben. Aus dieser Zeit
stammt das folgende Lied:

> *Hundert Juden frisch und munter*
> *Marschieren in die Höll' hinunter.*
> *Nathan führt das Pack,*
> *schultert seinen Sack.*
> *Hundert Juden frisch und munter…*

Ich verstand natürlich jedes Wort in diesem Lied, aber nicht,
warum die Juden in die Hölle marschierten. Wo war die Pointe?

Ich erinnere mich sehr deutlich an meinen Großvater, einen
Dorfkrämer. Eines Tages – ich kann kaum älter als neun gewesen sein – zeigte er mir seine Buchführung. Er unterhielt ein
Extra-Kassenbuch – nicht um bei der Steuer zu betrügen, sondern um genau sein Einkommen berechnen und den vom jüdischen Gesetz vorgeschriebenen Zehnten für wohltätige Zwecke
entrichten zu können.

Jeden Freitag forschte er in der Synagoge nach unbekannten
Gesichtern in der Gemeinde und lud zwei arme Juden zu sich
nach Hause ein. Besonders erfreut war er, wenn sich herausstellte,
daß die Gäste singen konnten. Dann sangen sie miteinander zum

Mittag- oder Abendessen jüdische Weisen und erzählten einander phantastische Geschichten.

In der Familie meines Großvaters gab es sieben Töchter, und jedes Jahr schien Hochzeit zu sein. Großvater nahm ein teures Darlehen nach dem anderen auf, um die Mitgift und die Kosten für die Hochzeit bezahlen zu können. Er engagierte die besten Vortragskünstler, damit sie seine Gäste mit ihren Liedern und witzigen Talmudinterpretationen erfreuten. Die Gäste kamen von weither und wohnten mitunter wochenlang bei ihm.

Ich versündigte mich gegen meinen Großvater, und seither plagt mich das Gewissen. Wir spielten oft Schach, und manchmal stibitzte ich ihm eine Figur, um meine Gewinnaussichten zu erhöhen.

Mein Vater war kein besonders religiöser Mensch, aber da er es vorzog, Konflikten im Dorf aus dem Weg zu gehen, befolgte er die religiösen Regeln. Er bestand darauf, daß ich die hebräischen Gebete lernte, tat dann aber so, als merke er nicht, daß ich sie niemals hersagte.

1919 kam, wie ich schon erwähnt habe, in Ungarn ein kommunistisches Regime an die Macht, das sich vier Monate behauptete. Sehr viele führende Vertreter dieses Regimes waren Juden, so daß eine Welle des Antisemitismus über das Land ging, als das Regime stürzte. Im Jahr darauf setzte die Regierung dann Maßnahmen in Kraft, um die Anzahl der Juden zu beschränken, die die Hochschule besuchten. Nach diesem Numerus clausus waren nur sechs Juden auf hundert Studenten zugelassen.

1921 kehrte ich aus der Kriegsgefangenschaft zurück; mittlerweile hatte sich diese Welle des Hasses gelegt, aber noch immer hingen wüste judenfeindliche Plakate an allen Ecken und Enden.

Immer wieder in meinem Leben ist es vorgekommen, daß ich mich in einer Gruppe von Menschen befand, in der jemand plötzlich anfing, die Juden zu beschimpfen. Wie reagiert man darauf? In meiner Jugend gab ich in solchen Situationen den Leuten zu verstehen, daß Ausdrücke wie »dreckiger Jude« wirklich nicht sein mußten. Manchmal setzte es dann eine Schlägerei, aus der ich nicht immer als Sieger hervorging. Wenn ich aber andererseits so tat, als hätte ich die Bemerkung überhört oder nicht auf mich bezogen, machte ich mir hinterher Vorwürfe, daß ich nicht den Mut gehabt hatte, meinen Mann zu stehen.

Ich tröstete mich mit einer jüdischen Geschichte, die mir diese inneren Konflikte bewältigen half. Sie geht so:

Kommt ein armer Jude zum Rabbi: »Ich habe Zores. Ich fahre mit meinem hoch beladenen Wagen die Straße entlang. Ein vornehmer Herr im Vierspänner kommt mir entgegen. ›Aus dem Weg, Jude!‹ ruft er mir von weitem zu. ›Herr, weicht Ihr mir aus! Ihr könnt selbst sehen, daß mein Wagen schwer bepackt ist.‹ So fährt er um mich herum, aber als er auf gleicher Höhe mit mir ist, schlägt er mir plötzlich die Peitsche ins Gesicht. Hatte ich recht, als ich ihn bat, mir auszuweichen?«

»Du hattest recht«, erwidert der Rabbi. »Aber für einen Juden genügt es nicht, Recht zu haben. Er muß auch Grips haben.«

Ich liebe den jüdischen Humor sehr. Es steckt viel Wahrheit in diesen Witzen: Sie sind oft geistreich, nachdenklich und tiefsinnig. Manchmal nehmen sie menschliche Schwächen aufs Korn, aber immer sind sie vergnüglich, wie zum Beispiel der folgende:

Ein Jude steht vor Gericht. Der Richter fragt: »Möchten Sie ein Schlußwort sprechen?«

»Ja. Ich bitte um einen altmodischen Richter.«

»Ich verstehe Sie nicht. Was heißt ›altmodischer Richter‹?«

»Wenn sich früher die Richter haben zurückgezogen zur Beratung, pflegten sie zu sagen: ›Er ist Jude, aber er hat recht.‹ Heute sagen sie: ›Er hat recht, aber er ist Jude.‹«

Und dann war da noch die Geschichte von dem Gerücht, daß Juden, die konvertieren, eine bevorzugte Behandlung genießen. Zwei Brüder beschließen, sich taufen zu lassen. Der ältere Bruder geht als erster hinein. Der jüngere Bruder wartet draußen. Nach einer langen Zeit taucht der ältere Bruder wieder auf.

»Na, wie war es?« fragt der jüngere Bruder.

Der ältere Bruder musterte den jüngeren von Kopf bis Fuß und sagt verächtlich: »Geht dich nichts an. Mit dreckigen Juden rede ich nicht.«

Hitler hat die Welt erobert. Er kommt nach Tokio, in die Hauptstadt Japans. Auf der ganzen Welt sind die Juden ausgerottet worden. Nur zwei sind übriggeblieben. Als Japaner verkleidet, wohnen sie dem Empfang bei. Es gibt eine große Feier, mit Feuerwerk und allem. Ein kleines Mädchen überreicht dem Führer einen Blumenstrauß. Sagt der eine Jude zum anderen: »Wirst sehen. Das ist der Augenblick, wo er wird stürzen und wird sich brechen den Hals!«

In meiner Jugend übte die Literatur einen großen Einfluß auf mich aus. Natürlich sprachen mich am meisten die Helden an, die bis zuletzt an ihren Idealen festhielten – Helden wie Jules Vernes Keraban der Unbeugsame, der über ganze Kontinente reist, um nicht den unrechtmäßigen Zoll am Bosporus entrichten zu müssen, oder Kleists Michael Kohlhaas, der ganz Deutschland in Aufruhr stürzt und sich schließlich selbst zum Herrscher aufwirft, weil er vor Gericht in einer relativ geringfügigen Sache ungerecht behandelt wurde, oder Tolstois Fürst Nechljudow aus dem Roman *Auferstehung*, der als Sühne für eine Jugendsünde – die Verführung eines Bauernmädchens – seinen Titel und sein Vermögen opfert.

Das waren meine idealen Helden. Wie sie reagierte ich höchst empfindlich auf die kleinste Ungerechtigkeit, die geringste bürokratische Anmaßung. Von Rechts wegen hätte ich mein halbes Leben hinter Gittern verbringen müssen – hätte ich nicht die Lektion gelernt, daß es für einen Juden nicht genügt, recht zu haben, sondern daß er auch Grips haben muß.

Als junger Rechtsanwalt hatte ich einmal den Fall, daß das Finanzministerium einem Mandanten eine bestimmte Summe Geldes nicht zurückerstatten wollte, die die Finanzbeamten unbefugterweise erhoben hatten. Alle meine Bemühungen waren umsonst; man versprach, das Geld zurückzuzahlen, aber nichts geschah. Ich wurde immer wütender. Schließlich schrieb ich dem Ministerium einen eingeschriebenen Brief, in dem ich höflich, aber nachdrücklich darum ersuchte, die Angelegenheit umgehend zu bereinigen, da ich andernfalls gezwungen sei, die notwendigen rechtlichen Schritte einzuleiten. Ich wußte natürlich genau, daß es keine »rechtlichen Schritte« gab, da man die höheren Instanzen der ungarischen Bürokratie nicht in Regreß nehmen konnte. Ich konnte mich nur noch »ans Salzamt wenden«, wie wir Ungarn einem notorischen Querulanten lachend empfehlen.

Aber mein Brief zeitigte Wirkungen. Er reizte die Bürokratie zum Handeln, allerdings nicht in der von mir beabsichtigten Richtung. Das Ministerium zeigte mich bei der Anwaltskammer an, weil ich »Drohungen ausgestoßen« hätte, um die Bereinigung der Angelegenheit zu erzwingen, und verlangte Disziplinarmaßnahmen gegen mich. Der Vorsitzende des Disziplinarausschusses sah sofort, daß ich niemanden bedroht hatte, wollte mich aber doch dazu bewegen, dem Ministerium mein »Bedauern« über den Brief auszudrücken. Die guten Beziehungen zwischen der Anwaltskammer und dem Finanzministerium verlangten das, wie er behauptete. (Rechtsanwälte genossen steuerliche Vergünstigungen.) Ich weigerte mich, klein beizugeben, da meines Erachtens meinem Mandanten ein realer Schaden entstanden war und ich nicht geneigt war, den gekränkten Eitelkeiten irgendwelcher Verwaltungsbeamten Vorschub zu leisten.

Ein Vorfall anderer Art ereignete sich 1939. Einige jüdische Kaufleute aus meiner Heimatstadt baten mich, Beschwerde einzulegen, da man ihnen die Steuern ohne Begründung erhöht und sie mit allen möglichen Bußgeldern belegt hatte. Sobald sie bei der nächsthöheren Instanz Einspruch einlegten, verdoppelte diese einfach die Bußgelder, anstatt Abhilfe zu schaffen. Die Männer baten mich dringend, ins Finanzministerium zu gehen und nach Möglichkeit das Problem zu lösen.

Der junge Beamte, an den ich verwiesen wurde, war ein ausgetrocknetes, flachsblondes Bürschchen mit ungewöhnlich hervorstechendem Adamsapfel. Er empfing mich mit ausgesuchter Höflichkeit, was mich jedoch nicht überraschte: Höflichkeit wurde im Ministerium großgeschrieben.

Nachdem er mich angehört hatte, gab mir der junge Mann den Rat, mich an einen gewissen Herrn Tóth zu wenden, den Finanzamtsvorsteher von Nyíregyháza.

»Finanzdirektor Tóth?« wiederholte ich. »Aber das ist genau der Transmissionsriemen, über den diese Ungerechtigkeiten gegen die Juden laufen.«

Zu meiner Verblüffung zeitigte diese Reaktion einen umwerfenden Effekt. Der junge Mann rang nach Worten; er bewegte den Mund, brachte aber kein Wort heraus. Schließlich verfiel er ins Stottern. Ich muß gestehen, daß es mich immer verlegen macht, wenn jemand stottert: Mir ist, als müßte ich mich selbst für sein Handicap entschuldigen. So war es auch in diesem Fall: Ich sprach weiter, so als hätte ich sein Stottern nicht bemerkt, um ihm eine peinliche Situation zu ersparen. Ich wechselte das Thema und sagte etwas Unverfängliches über seine Arbeit. Nach einer Weile konnte er wieder normal reden, aber ich traute meinen Ohren nicht, als ich hörte, was er sagte.

»Herr Rechtsanwalt, ich werde Ihre letzte Bemerkung offiziell zu Protokoll nehmen.«

Dieser armselige Stotterer, dem ich über seine Verlegenheit hatte hinweghelfen wollen, wollte also wirklich eine offizielle Beschwerde gegen mich einlegen!

»Moment mal«, erwiderte ich. »Im Augenblick bin ich zu beschäftigt für Protokolle.«

Und ohne seine Antwort abzuwarten, griff ich nach meiner Aktentasche und ging zur Tür.

»Auf Wiedersehen«, rief ich beim Weggehen und winkte ihm freundlich zu.

In jenen Jahren hätte ein solches Protokoll leicht zu ein oder zwei Jahren Haft führen können.

So war ich gelegentlich zu unkonventionellen Methoden gezwungen, um den Konsequenzen meines Verhaltens zu entgehen und mich einer immer reaktionärer werdenden Atmosphäre anzupassen. Mit einem Wort, meine Lebensphilosophie bildete sich im Haus meines Vaters und meines Großvaters, unter dem anregenden Einfluß des einen oder anderen Lehrers und fast aller Bücher, die ich gelesen habe.

Es gab Zeiten in meiner Jugend, in der mich am meisten die Fragen nach Gott und Religion, Menschheit und Universum beschäftigten. Am ausgeprägtesten war dieses Interesse, als ich dreizehn war, doch kehrte es auch in meinem späteren Leben in gewissen Abständen wieder. Mich fesselte nicht nur das Übernatürliche, sondern auch so manches Alltagsphänomen: der Wandel der Jahreszeiten, das Kommen des Frühlings, die Kraft des keimenden Samens, der Tau auf dem Gras, das Geheimnis des menschlichen Körpers. Ich versuchte die fremdartigen Kräfte zu verstehen, welche die Erde und die Planeten auf ihrer Bahn halten. Besonders faszinierte mich das Problem des Todes und des Lebens nach dem Tod. Erst später, als ich die Bibel und den Koran, die Bhagavadgîtâ und andere Bücher wie Papinis *Leben Jesu* und Martin Bubers *Jüdische Legenden* gelesen hatte, bildete ich mir eine präzisere Meinung über die Religion.

Ich kam zu dem Schluß, daß nicht nur Gott den Menschen nach seinem Bild erschaffen hat, sondern daß auch der Mensch sich Gott auf seine eigene, menschliche Weise vorstellt. Die anthropomorphe Natur Gottes ließ mich vor der organisierten Religion zurückschrecken. Ich war glücklicher, wenn ich mich um Menschen kümmern konnte, anstatt in Gottesdienste zu gehen. Verständnis, Menschenliebe, Toleranz, das waren die Tugenden, die ich kultivierte. Diese Toleranz kam mir schon sehr früh zupaß; denn meine Frau war eine schwärmerische Anhängerin von allen Arten religiöser Mystik.

Kapitel 6

Erste Experimente

Zuerst einmal mußte ich die notwendigen Dokumente auftreiben. Ich ging die Liste meiner christlichen Freunde, meiner Esperanto-Bekanntschaften und anderer durch, um Leute ausfindig zu machen, die mir vielleicht geeignete Papiere besorgen konnten. Einer meiner Esperantistenfreunde hatte chronische Geldsorgen. Weil die lange Fahrt zu ihm hinaus zu umständlich gewesen wäre, rief ich ihn an. Ich war ein strenger Verfechter des Kosten-Nutzen-Prinzips – das beste Ergebnis mit dem geringsten Aufwand zu erzielen.

»Hör mal, ich wüßte eine Möglichkeit, wie du leicht zu Geld kommst. Ich habe einen reichen Mandanten, der sich neue Ausweispapiere zulegen will. Ich habe gleich an dich gedacht. Es ist überhaupt kein Risiko damit verbunden. Bei der Polizei kannst du immer erzählen, daß du deine eigenen Papiere verloren hast. Es springen ein paar tausend Pengő dabei heraus. Überleg es dir mal.«

Er sagte, er wolle es sich überlegen, aber er rief nicht wieder an. Ich glaube nicht, daß es ihm an Mitgefühl mit den Juden und ihrer Notlage fehlte, denn er war ein großer Menschenfreund. Vielleicht war er nicht daran interessiert, sein Geld auf diese Art zu verdienen; oder er war verstimmt, weil ich als Redakteur der Esperanto-Literaturzeitschrift *Literatura Mondo* manchmal seine Beiträge gekürzt hatte.

Mehr Glück hatte ich bei einem linken Journalisten, mit dem ich ebenfalls befreundet war. Er haßte die Deutschen und alles, wofür sie standen. Ohne sich auch nur einen Augenblick zu besinnen, versprach er mir seine Ausweispapiere und die seiner Frau. Am nächsten Morgen in aller Frühe läutete das Telefon.

»Entschuldige, daß ich so früh anrufe: Ich konnte die ganze Nacht nicht schlafen. Ich habe einfach nicht den Mut dazu. Weißt du, ich werde auf Schritt und Tritt beobachtet. Niemand wird glauben, daß es ein Zufall ist, wenn sie dich mit meinen Papieren erwischen.«

Sofort war mir klar, daß ich nicht mehr auf ihn zählen konnte. Selbst wenn er mir jetzt seine Papiere gab, konnte er jederzeit in Panik geraten und sie zurückverlangen. Mut ist eine immaterielle Eigenschaft, die man entweder hat oder nicht hat. Wenn ein Feigling versucht, sich als Held zu gebärden, muß irgend etwas schiefgehen. Ich erklärte daher meinem Freund, daß er unter diesen Umständen unbedingt seine Papiere behalten solle, und dankte ihm für seine gute Absicht. Da ich Menschen bewundere, die mutig genug sind, zu sagen, daß sie keinen Mut haben, akzeptierte ich seine Entscheidung ohne Murren. Aber er hörte nicht auf, sich zu entschuldigen und sein Unvermögen zu bedauern, hilfsbedürftigen Menschen zu helfen, so daß am Ende ich es war, der ihn trösten mußte.

Ich fand mich mit diesen Fehlschlägen ab und versuchte es mit einigen Bekannten, die mir weniger nahestanden. Ich erinnerte mich eines immer gut aufgelegten Schornsteinfegers, der einmal im Monat in meine Kanzlei kam, um mir die Rechnung für die Reinigung der Kamine in den von mir verwalteten Gebäuden zu bringen. Er war ein so lustiger, rotbackiger Bursche, daß ich immer gern mit ihm schwatzte, wenn er kam. Einmal hatte er beiläufig erwähnt, daß er wegen irgendeiner politischen Sache einige Monate im Gefängnis gesessen habe. Vielleicht war er ja auf die jetzige Regierung nicht gut zu sprechen und daher bereit, mir zu helfen. Aber wie konnte ich ihn treffen? Ich suchte seine Adresse heraus und spazierte eine Weile jeden Morgen in der Nähe seiner Wohnung umher, in der Hoffnung, ihm »zufällig« zu begegnen. Eines Tages hatte ich Glück, und wir begrüßten uns, erfreut, einander zu sehen.

Nach dem üblichen Austausch der Förmlichkeiten fragte ich ihn: »Wären Sie bereit, mir in einer jüdischen Angelegenheit zu helfen?«

»Wie kann ich Ihnen helfen?« fragte er, einigermaßen erstaunt.

»Wären Sie bereit, mir Ihre Ausweispapiere zu überlassen?«

Wiederum erklärte ich ihm, wie meinem esperantistischen Freund, daß die Sache für ihn mit keinem Risiko verbunden sei.

»Dr. Soros, bitten Sie mich nicht so was! Einmal habe ich mir schon die Finger verbrannt.«

Wir schieden als Freunde. Er war ein anständiger, gutherziger Mensch, das konnte ich sehen. Trotzdem hinterließ die Szene bei mir einen bitteren Nachgeschmack.

Die Tage vergingen, aber ich kam nicht weiter. Jeden Abend, wenn ich meiner Frau von meinen Aktivitäten berichtete, wurde ihre Miene vorwurfsvoller. Das Problem war, daß sie und die Kinder zu viel Vertrauen in mich setzten und überzeugt waren, daß nur meine Trägheit und Nachlässigkeit mir einen Erfolg vereitelten. Sie sagten das nicht so deutlich, aber ich konnte spüren, daß sie so dachten.

Die Atmosphäre im Lande wurde mit jedem Tag erstickender. Immer öfter hörte man, daß Juden bestohlen oder verfolgt wurden oder spurlos verschwanden. Ich hatte gehofft, daß Reichsverweser Horthy versuchen werde, wenigstens einen Schein von ungarischer Souveränität zu wahren, aber diese Hoffnungen blieben unerfüllt. Angesichts der Ereignisse in Rumänien und Finnland war meiner Meinung nach die jüdische Frage wirklich ein sekundäres Problem, und die Deutschen würden nachgeben, wenn es nicht anders ging. Hätte Horthy seinen weiteren Verbleib im Amt davon abhängig gemacht, daß keine ungarischen Juden außer Landes deportiert wurden, hätten die Deutschen möglicherweise eingewilligt, um sich seine weitere Mitarbeit zu sichern. Aber er stellte keine solche Forderung. Die nationale Souveränität Ungarns war für ihn kein Thema mehr. Horthy gehörte zu jenen pedantischen Menschen, die (in gewissen Grenzen) ihre Pflicht tun, solange die Zeiten gut sind, aber nicht den Mut haben, Flagge zu zeigen, wenn es kritisch wird. Andere äußerten ihre Unzufriedenheit mit seiner Führung noch viel drastischer.

Für Horthy waren wir Juden »vogelfrei« geworden. Die ganze Tragweite dieses schönen Wortes war mir bisher nie bewußt geworden. Wer frei ist wie ein Vogel, ist auch Freiwild. Jeder darf einen Vogel abknallen, ihn vom Himmel herunterholen. Wir hatten keine Gesetze, die uns verteidigten. Ich habe noch nie von Vögeln gehört, die Rechtsmittel eingelegt hätten. Dasselbe galt für uns Juden – nur daß wir keine Flügel hatten.

Zwei Wochen nach der »Ankunft« der Deutschen, am 5. April 1944, trat eine Verordnung in Kraft, wonach alle Juden einen gelben Davidsstern auf dem Mantel zu tragen hatten. Es war ihnen verboten, öffentliche Plätze wie Parks, Restaurants oder Schwimmbäder zu besuchen. Sie durften keine Christen beschäftigen und auch keine Hausangestellten haben. Sie durften nicht einmal den öffentlichen Fernsprecher benutzen. Wer gegen diese Anordnungen verstieß, wurde deportiert. »Deportation« war für uns ein neues Wort: Niemand wußte genau, was es bedeutete. Aber in unserer Phantasie konnten wir uns allerhand schlimme Möglichkeiten ausmalen.

Ohne den Stern auf die Straße zu gehen war riskant. Aber an Werktagen war es auch gefährlich, ihn zu tragen; denn jederzeit war eine Kontrolle der Ausweispapiere möglich, und jeder, der keine Arbeit hatte, konnte sofort deportiert werden. Wenn es überhaupt eine Zeit gab, wo die Straßen sicher waren, dann der frühe Morgen, zwischen sechs Uhr, wenn die Fabrikarbeiter sich auf den Weg machten, und neun Uhr, wenn die Büros öffneten. In dieser Zeit waren Menschen, die mit dem gelben Stern unterwegs waren, vermutlich auf dem Weg zur Arbeit. Was mich betraf, so hatte ich bereits meine Anwaltspapiere, mein Siegel und die Schlüssel zur Kanzlei dem nichtjüdischen Anwalt aushändigen müssen, der mir zur Führung meiner Praxis zugeteilt worden war, so daß ich faktisch arbeitslos war.

An dem Tag, als die Verordnung mit dem gelben Stern in Kraft trat, schlug ich meinem jüngeren Sohn vor, etwas Feldforschung in der Straßenbahn zu treiben, um zu sehen, wie die Leute reagierten. Er war einverstanden, und so begannen wir auszukundschaften, was die öffentliche Meinung zu dieser brutalen Attacke auf die Menschenrechte sagte. Die Leute wirkten unwirscher als sonst, aber das mochte an der frühen Stunde liegen. Sie taten, als bemerkten sie nicht, daß manche Menschen einen gelben Stern am Mantel trugen. Ich vernahm nur eine einzige beleidigende Äußerung; jemand flüsterte seinem Nachbarn zu: »Hätte nie gedacht, daß dieses blonde Schweinchengesicht Jude ist.«

Angesichts der Pläne, die ich mit meiner Familie hatte, war es in gewisser Weise sogar gut, das zu hören.

Aber später stand mein Sohn versehentlich einem Fahrgast im Weg, der aus der überfüllten Straßenbahn aussteigen wollte.

»Mach dich hier nicht so breit, du Sohn eines Schweins!« schrie ihn der Fremde an.

Ich eilte meinem Sohn zu Hilfe: »Achte nicht auf ihn. Leute, die keine Manieren haben, können dich nicht beleidigen.«

Aber mein Sohn war nicht davon abzubringen, daß die Bemerkung eigentlich mich treffen sollte, nicht ihn. »Wer ist denn das Schwein, dessen Sohn ich sein soll?« fragte er mich.

Wir hatten eine kleine Auseinandersetzung darüber, ob die Bemerkung mehr auf ihn als Sohn oder auf mich als Vater gemünzt war. Aber generell waren wir zufrieden mit der Art, wie die Leute die Sache aufnahmen, und fuhren gutgelaunt nach Hause.

Bei einem meiner nächsten Morgenspaziergänge begegnete ich meinem alten Freund Sold. In der guten alten Zeit hatten wir uns regelmäßig im Café des »Ritz« oder des »Hungaria« zum Fünf-Uhr-Tee getroffen. Sold war immer ein leidenschaftlicher Tänzer und ich sein faszinierter Zuschauer gewesen. Als ich ihm von meinen Problemen und Plänen erzählte, merkte ich gleich, daß ich endlich einen wahren Helden vor mir hatte.

»Das ist kein Problem«, sagte er leichthin. »Kinderspiel. Ich habe ein paar christliche Freundinnen unter meinen Tanzpartnerinnen; die tun alles für mich.«

Ich ging unverzüglich auf das Angebot ein und erbat gleich einen Satz von fünf Dokumenten: Geburtsurkunde und Heiratsurkunde für mich sowie Geburtsurkunden und Heiratsurkunde der Eltern, alles für die unbedeutende Summe von 600 Pengő, damals etwa 20 Dollar. Dann verabredeten wir uns für den nächsten Tag bei mir zu Hause. Sold kam wie vereinbart und händigte mir die Dokumente aus. Das Alter und alle anderen besonderen Kennzeichen paßten sehr gut; der einzige Haken bestand darin, daß als Beruf »Lehrer und Chorleiter« angegeben war. Ich hatte meine Jugend auf dem Dorf verlebt und wußte daher, daß zu den kombinierten Aufgaben des Lehrers und Chorleiters nicht nur das Unterrichten in der Schule, sondern auch das Dirigieren des Kirchenchors gehörte. Das war ein ziemliches Problem: Ich wußte nicht, was besser war: einige Kirchenlieder zu lernen oder einen Chorleiter zu spielen, der von Taubheit befallen war. Beides schien keine besonders glückliche Idee zu sein.

Unser Kontakt dauerte an, und mir wurde klar, daß mein Freund Sold sich vielleicht als wahre Fundgrube erweisen würde. So konnte er abgestempelte Blanko-Meldeformulare besorgen. In Ungarn mußte jede Änderung des Wohnraums bei der Polizei gemeldet werden, die dann eine Bescheinigung über den neuen Aufenthaltsort ausstellte. Eine neue Adresse konnte man nur anmelden, wenn man gleichzeitig ein abgestempeltes Formular vorlegte, aus dem hervorging, daß man aus dem alten Wohnraum ausgezogen war. Der Weg zu einer falschen Aufenthaltsbescheinigung führte also über eine gefälschtes Meldeformular.

»Besorg mir hundert von diesen Formularen.«

»Das geht nicht! Hundert ist zuviel.«

»Das verstehe ich nicht. Wenn dein Freund bei der Polizei den Stempel beiseite schaffen kann, macht es doch keine große Mühe, hundert Formulare abzustempeln.« Ich machte mit der Faust einen Stempel, den ich auf dem Tisch auf- und niedersausen ließ. »Ich habe eine Menge Freunde. Ich brauche eine Menge Formulare. Bring mir wenigstens achtzig.«

Er schüttelte den Kopf.

»Dann sechzig.«

Dasselbe Kopfschütteln.

»Also vierzig – bring mir so viele, wie du kannst.«

Letzten Endes brachte er mir vier. Für jedes Formular verlangte er 5 Pengő, was so gut wie geschenkt war. Ich bat ihn inständig, mir mehr zu beschaffen, aber er sperrte sich. Statt dessen hatte er einen anderen Vorschlag. Über einen befreundeten Drucker konnte er eine Urkunde über die Mitgliedschaft im Heldenorden besorgen.

Der ungarische Heldenorden war im Anschluß an den Zusammenbruch des kommunistischen Béla-Kun-Regimes nach dem Ersten Weltkrieg gestiftet worden. Horthy gründete ihn als antikommunistische Organisation zu Ehren jener Rechtsextremisten, die ihm zur Macht verholfen hatten. Mit der Hilfe rechter Kreise im Parlament errichtete er ihn als Imitation eines mittelalterlichen Ritterordens – des einzigen, den es zu jener Zeit gab. Die Aufnahme in den Orden war als kompliziertes mittelalterliches Brimborium gestaltet und die Mitgliedschaft mit vielen Vergünstigungen, zum Beispiel Grundbesitz, verbunden. Selbstverständlich konnte kein Jude dieser privilegierten Kaste angehören.

»Die Urkunde ist auf Spezialpapier gedruckt«, sagte mein Freund. »Es ist sehr mühsam, das Papier zu bekommen und den Text zu setzen. Ich muß dich auch darauf aufmerksam machen, daß ich dir aus technischen Gründen kein geprägtes Siegel wie auf den Originalen beschaffen kann. Das Siegel muß in diesem Fall mit aufgedruckt werden.«

Geprägtes Siegel hin oder her, ich hatte eine Urkunde über die Mitgliedschaft im Heldenorden ohnedies noch nie zu Gesicht bekommen und hegte auch nicht die Absicht, mich einer solchen zu bedienen. Mit derartigen Dokumenten hatte ich einmal eine schlechte Erfahrung gemacht.

Ich lebte 1920, beim Sturz des kommunistischen Regimes in Ungarn, als entflohener Kriegsgefangener in Irkutsk. Die Stadt war jüngst in der Hand der Weißen gewesen. Ihr Anführer Koltschak hatte die Generalmobilmachung angeordnet, da die Rote Armee gegen die Stadt vorrückte. Einige Mitglieder der Irkutsker jüdischen Gemeinde waren bereit, alles in ihrer Macht Stehende zu tun, um nur nicht bei den antisemitischen Weißen dienen zu müssen. Sie hatten keine Lust, Soldat zu werden, zumal sie, vor die Wahl zwischen Weißen und Roten gestellt, die Roten als das kleinere der zwei Übel betrachteten. So zahlten sie viel Geld, um ihre Namen auf eine Liste setzen zu lassen, die bestätigte, daß sie Angehörige von Koltschaks Gegenspionage und daher vom Militärdienst befreit waren. Aber was geschah? Die Roten besiegten die Weißen, die Liste der Gegenspionage fiel ihnen in die Hände, und mit ihr die Namen der Juden. Doppelagenten waren natürlich für die Bolschewisten die allerschlimmsten Feinde. Vergeblich erklärten die unglücklichen Juden, daß zwar ihre Namen auf der Liste stünden, daß sie sich aber nie als Spione betätigt hätten. Gnadenlos wurde jeder einzelne von ihnen hingerichtet oder, wie die Russen sich ausdrückten, »liquidiert« (das Wort »hingerichtet« scheuten die Bolschewisten).

Meine Frau, unbelastet von derartigen Erinnerungen, empfahl mir, den Brüdern Barabás von den Urkunden zu erzählen. Diese Brüder – Verwandte meiner Frau – waren reiche Fabrikanten, die schon vor längerer Zeit zum Christentum übergetreten waren und ein aristokratisches Leben führten. Eine solche Urkunde würde zweifellos ihr Wohlgefallen erregen.

Meine Frau hatte recht. Ich erläuterte dem jüngeren Bruder, daß die Urkunden nicht perfekt seien, weil das richtige Siegel fehlte.

»Das ist nebensächlich. Für uns ist es einfach wichtig, eine Waffe in der Hand, oder besser gesagt: in der Tasche zu haben.«

Er beauftragte mich, Urkunden für ihn selbst und seinen Bruder zu besorgen, und schlug als Kaufpreis 10 000 Pengő vor. Ich war sprachlos, denn ich kannte die Brüder: Es waren fleißige und tüchtige Männer, aber sehr knauserig mit ihrem Geld, und sie drehten jeden Pfennig zweimal um, bevor sie ihn ausgaben. Nur allergrößte Sorge über ihre Zukunft konnte sie veranlassen, jetzt eine so hohe Summe für ein so zweifelhaftes, vielleicht gar wertloses Dokument zu bieten. Noch erstaunter war ich, als Sold erklärte, daß er für die Dokumente 1 000 Pengő haben wolle. Ich bestellte sie sofort und konnte kaum den Augenblick erwarten, wo ich meinem Mandanten mitteilen konnte, daß seine Dokumente bereitlägen. Barabás kam persönlich zu mir in die Wohnung, um sie abzuholen. Und jetzt war ich endgültig perplex: Er legte zwei Bündel Banknoten auf den Tisch, insgesamt 20 000 Pengő. Ich war so verblüfft, daß ich gleich ein Bündel zurückschob. Barabás erklärte, er sei davon ausgegangen, daß jede der Urkunden 10 000 Pengő koste. So verdiente ich statt 19 000 Pengő nur 9 000, aber auch diese Summe hielt mich lange über Wasser, ja von dem unerwarteten Geldsegen bestritten wir in den folgenden Monaten unseren Lebensunterhalt; denn andere Einkünfte hatte ich nicht.

Ich durfte zwar nicht mehr als Anwalt tätig sein, da allen Juden die Zulassung entzogen worden war, doch hatte die Regierung vergessen, Juden auch von der Grundstücksverwaltung auszuschließen. So war ich in dieser Funktion noch einige Wochen tätig. Eines der Häuser, um die ich mich kümmerte, war ein sechsstöckiges Gebäude, dessen oberste drei Stockwerke an den Freihafen Csepel vermietet waren. Eines Tages erhielt ich einen Anruf von dem Rechtsvertreter des Unternehmens; er war nicht nur Anwalt, sondern auch Parlamentsmitglied.

»Lieber Herr Kollege, warum sind unsere Büroräume nicht ordentlich geheizt?«

»Die Räumlichkeiten«, erwiderte ich, »werden nach den Bestimmungen beheizt. Nach den Bestimmungen haben wir wegen der Brennstoffknappheit nur maßvoll zu heizen. Zugelassen sind maximal sechzehn Grad Celsius.«

»Bitte sorgen Sie dafür, daß besser geheizt wird.«

»Ich werde für niemanden gegen das Gesetz verstoßen.«

»Sie reden gerade so, als ob die Briten schon da wären!«

Ich hatte keinen Grund, den Anrufer unhöflich zu behandeln, doch empfand ich eine gewisse unterdrückte Wut gegen alle Personen an höherer Stelle – ich hatte den Eindruck, daß sie alle mitschuldig waren an dem, was unserem Land widerfuhr. Ich hätte dem Anrufer nur zu versprechen brauchen, daß ich tun würde, was ich konnte, und die Angelegenheit wäre erledigt gewesen, zumal die Heizsaison fast zu Ende war. Aber ich schaltete auf stur und nahm kein Blatt vor den Mund. Dr. Téli war denn auch über meine Schärfe so erbost, daß er mich bei der Polizei anzeigte. Normalerweise waren solche Dinge nicht Angelegenheit der Polizei, aber es waren eben keine normalen Zeiten.

Einige Tage später erhielten mein Hausverwalter und ich eine polizeiliche Vorladung. Meine Frau war aufs höchste beunruhigt. Sie beschwor mich, nicht persönlich vor der Polizei zu erscheinen, sondern mich durch einen nichtjüdischen Anwalt vertreten zu lassen. Weithin herrschte die Überzeugung, daß jeder Jude, der eine Polizeiwache aufsuchte, sofort deportiert würde. Da solche Befürchtungen zirkulierten, ging kein Jude freiwillig auf eine Polizeiwache, so daß es keine Möglichkeit gab, die Theorie zu überprüfen. Ich versuchte, die Bedenken meiner Frau zu zerstreuen, indem ich ihr erklärte, daß diese Geschichten sich auf das Polizeipräsidium bezögen, während ich ja nur auf ein Revier bestellt worden sei, wo keine Gefahr herrsche. Sie hätten dort gar nicht die Räumlichkeiten, um mich einzusperren, selbst wenn sie es wollten. In Wirklichkeit fühlte ich mich den letzten Resten meiner Selbstachtung verpflichtet: Ich würde der Gefahr trotzen und persönlich auf die Wache gehen.

Der Hausverwalter begleitete mich. Ich wurde als erster hereinzitiert, während der Verwalter im vorderen Büro warten mußte. Ich tat mein Bestes, trotz meiner inneren Erregung gelassen zu wirken. Dr. Téli war schon da. Zweifellos hatten er und der Polizeihauptmann bereits besprochen, wie sie die Sache angehen wollten. Der Hauptmann, nach Alter und Rang überlegen, eröffnete das Gespräch betont neutral.

»Ich bin überzeugt, daß unser Freund hier, der Herr Rechtsanwalt, für das Heizen des Gebäudes nicht verantwortlich ist. Der Fehler liegt natürlich bei diesem dußligen Gebäudeverwalter, der nicht für die richtige Wärme zum richtigen Zeitpunkt sorgt.«

Trotz dieses neutralen und konzilianten Tons fühlte ich mich verpflichtet, die Verantwortung nicht auf fremde Schultern abwälzen zu lassen.

»Ich muß Ihnen sagen, daß der Hausverwalter ein äußerst gewissenhafter Mann ist. Die Anweisung zum Sparen kam von mir.«

Ich erläuterte, daß in dem Gebäude vierzig Menschen wohnten, abgesehen von denen, die in den Büros arbeiteten, und daß die Bestimmungen nicht genug Heizmaterial erlaubten, um das Gebäude sowohl tagsüber als auch nachts angemessen zu heizen.

Jetzt wurde der Verwalter hereingerufen. Das Benehmen des Polizeihauptmanns änderte sich. Er bediente sich des Tonfalls, den er seit Jahren einsetzte, um Leute einzuschüchtern.

»Ich warne Sie: Wenn Sie nicht ordnungsgemäß Ihre Pflicht tun, lasse ich Sie einsperren!«

»Aber Herr Hauptmann, ich mache meine Arbeit ordnungsgemäß! Wie mein Chef Ihnen sicher erklärt hat, müssen wir Tag und Nacht Wärme liefern und haben dafür einfach nicht genug Kohle.«

»Halten Sie den Mund! Ich will keine Entschuldigungen hören. Ich habe Sie gewarnt. Sie können jetzt gehen.«

Dann drehte sich der Hauptmann höflich zu mir um und bedankte sich dafür, daß ich mir die Mühe gemacht hatte vorbeizukommen.

Gemeinsam verließen der Verwalter und ich die Polizeiwache. Ich war erleichtert, daß man mich nicht dabehalten hatte. Er war verärgert, weil man ihm ungerechterweise gedroht hatte. Wir spazierten im Sonnenschein an der Donau entlang.

Ich brach als erster das Schweigen.

»Wissen Sie, es ist schon verrückt. Ich bin Jude, aber der Polizeibeamte und der Abgeordnete haben mich als ihresgleichen behandelt. Sie sind Nichtjude und werden schikaniert, weil Sie ›nur‹ der Hausverwalter sind.«

Ich musterte ihn, um festzustellen, wie er meine Worte aufnahm.

»Es war sehr nett von Ihnen, daß Sie mich verteidigt haben, Herr Rechtsanwalt.«

»Es tut mir leid, daß ich nicht entschiedener auftreten konnte, aber als Jude muß ich vorsichtig sein.«

»Was mit den Juden gemacht wird, ist eine Schande. Wenn ich irgend etwas für Sie tun kann – Sie können immer auf mich zählen.«

Ich warf ihm einen Blick zu und sah, daß er es ernst meinte. Er hatte sein Angebot spontan gemacht, aber offenbar dämmerte ihm, daß er mir wirklich helfen konnte. Ich spürte, daß sein Angebot echt und es nun an mir war, es anzunehmen.

»Wenn Sie es wirklich wollen, können Sie mir tatsächlich helfen. Sie können mir sogar sehr helfen.«

Sein Gesicht blieb regungslos, aber die Antwort kam ohne Zögern. »Meine Frau und ich werden alles tun, was Sie wollen. Sie haben in der Vergangenheit genug für uns getan.«

Ich wußte, worauf er anspielte. In Budapest war es damals üblich, daß Grundstücksverwalter die Hausmeisterposten in ihren Häusern gegen gutes Geld verkauften. Ich hatte diesem Verfahren nie etwas abgewinnen können, weil es mich zu abhängig von Hausverwaltern machte, die meinten, mich irgendwie in der Hand zu haben. Es kam mir wie Bestechung vor. Als Balázs gekommen war, um sich zu bewerben, hatte ich ihn genommen, weil er mir sympathisch gewesen war. Er hatte mir erklärt, daß er Mühe haben werde, das Geld für den Posten aufzutreiben, aber ich hatte ihn beruhigt und gesagt, daß er die Stelle auch ohne Geld bekommen werde.

Balázs war einige Jahre jünger als ich, doch war seine Frau etwa gleichaltrig mit meiner Frau, und sein einziger Sohn war fast am selben Tag zur Welt gekommen wie mein Ältester; die zwei Jungen waren denn auch befreundet. Ich erzählte ihm von meinem Plan, mit meiner Familie unter falschem Namen zu leben, und fragte ihn, ob er bereit sei, mir seine Familienpapiere zu überlassen. Daraufhin nahm er mich sofort in seine Wohnung mit und händigte mir alle Dokumente aus, die er finden konnte. Er nannte mir auch Details, dank deren ich die fehlenden Dokumente nachbestellen konnte, und so ließ ich mir jeweils zwei Kopien ausfertigen. Ich war überglücklich. Endlich hatte ich, was ich brauchte, um meinen Plan ins Werk zu setzen. So verfügte ich jetzt unter anderem über einen kompletten Satz

Dokumente für einen meiner Söhne und meine Frau. Um die Dokumente, die ich mitgenommen hatte, zu ersetzen, bestellte ich Kopien für Balázs.

Am selben Tag war mir das Glück noch ein zweites Mal hold. In meiner Wohnung besuchte mich, von meinem jüngeren Bruder geschickt, ein junger Mann aus meiner Heimatstadt Nyíregyháza und überreichte mir einen Aktenordner voller Papiere. Mein Bruder hatte sich die Papiere von einem alten Arbeitnehmer meines Vaters beschafft, der nach Alter und Statur Ähnlichkeit mit mir hatte. Ich erinnerte mich gut an den Mann: Wir waren als Schüler in dieselbe Klasse gegangen. Die Papiere waren ziemlich vollständig; sogar eine Entlassungsurkunde der Armee war dabei. Mein Bruder wollte, daß ich mit diesen Papieren zu ihm nach Nyíregyháza ziehe, weil er mich in einer Provinzstadt weniger exponiert glaubte. Er konnte nicht ahnen, daß wenige Tage später alle Juden von Nyíregyháza, auch er, in ein Ghetto gepfercht und bald darauf nach Auschwitz deportiert werden sollten.

Während ich mit dem jungen Mann sprach, der die Dokumente überbracht hatte, fiel mir sein großer Unternehmungsgeist auf. Er war offensichtlich Vertreter, ein Handlungsreisender, der die meiste Zeit in der Provinz herumreiste. Er war bereit, alles auszuprobieren, was ihm etwas Geld einbrachte. Als ich erwähnte, daß ich möglicherweise bald Helfer benötigen würde, und die gute Belohnung andeutete, die sie erwartete, schien er mehr als bereit, mir zu Diensten zu sein. Er meinte, er selbst sei zwar unter der Woche meist unterwegs, aber seiner Frau werde es eine Freude sein, meine Frau bei sich aufzunehmen.

Er war für mich ein Unbekannter, aber ich notierte mir seinen Namen und seine Adresse, und wir vereinbarten, daß wir uns an einem Wochenende treffen wollten, wenn er wieder in der Stadt war.

Nachdem er gegangen war, studierte ich gründlich die Dokumente und die Militärpapiere. Sie waren genau das, was ich benötigte. Aus Tivadar Soros wurde Elek Szabó, und ich beschloß, mir einen Schnurrbart wachsen zu lassen.

Nachdem ich uns die meisten unserer persönlichen Dokumente besorgt hatte, mußten wir überlegen, wer wann und wie untertauchen sollte. In meinen Augen war es keine gute Idee, wenn die Familie zusammenblieb. Besser war es, wenn wir getrennt, jeder für sich lebten. Wenn wir zusammenblieben, war die Gefahr viel größer, verraten oder entdeckt zu werden. Eine bessere Überlebenschance hatten wir, wenn jeder allein wohnte.

Am dringendsten mußte ich mich um meinen Sohn Paul kümmern, der schon auf seinen achtzehnten Geburtstag zuging. Er konnte jederzeit zum »Arbeitsdienst« eingezogen werden. Um Soldaten zu werden, waren Juden nicht gut genug; statt dessen wurden sie in Arbeitsbataillons unter militärischem Kommando gesteckt. Es herrschte allgemein die Überzeugung, daß die Armee die einzige Organisation war, die eine Deportation ihrer Angehörigen nicht zuließ, nicht einmal der Juden im Arbeitsdienst.

Wir mußten uns also schlüssig werden, ob wir unseren Sohn zum Arbeitsdienst einziehen lassen wollten oder nicht.

Seine christlichen Papiere waren inzwischen in Ordnung. Falls er sich nicht zum Arbeitsdienst meldete, konnte er als christlicher Student weiterleben. Die meiste Zeit konnte er in Bibliotheken verbringen; das erregte kaum Aufmerksamkeit, und morgens« wurden Bibliotheken von verhältnismäßig wenig Menschen besucht.

Was mich betraf, so hätte ich am liebsten in einem Hotel mit Schwimmbad und ähnlichen Annehmlichkeiten gewohnt, so daß ich nicht viel ausgehen mußte. Ich dachte an das Heilbad »Lukács« oder an das Hotel »Gellért«, wo es alles unter einem Dach gab, sogar Sportgeräte. Meine Frau aber, die, obgleich ich es kaum verdiente, besorgter über mein Schicksal war als ich selbst, erhob entschiedenen Protest gegen diesen Plan. Viele Menschen bedeuteten viele Augen, und dementsprechend höher war die Gefahr, an einem solchen öffentlichen Ort erkannt und verraten zu werden. Man mußte sich den Blicken der Menschen entziehen.

Ein neuer Plan begann zu reifen.

Als Grundstücksverwalter kannte ich das Gebäude am Eskü-Platz und seinen Grundriß sehr gut. Dem Hausverwalter und seiner Familie konnte ich trauen: Sie hatten mir schließlich ihre Dokumente gegeben. Im Erdgeschoß des Hauses, im Innenhof neben dem Eingang zum Luftschutzkeller, gab es einen winzigen, fensterlosen Raum, der in der Regel zum Abstellen von Möbeln diente. Wenn ich diesen Raum für meine Zwecke herrichten konnte, mußte es für die kurze Zeit bis zum Sturz der Nazis dort auszuhalten sein. Das Gebäude lag günstig am Donauufer, nur wenige Schritte vom Rudas-Bad entfernt, wo ich morgens schwimmen konnte. So würde ich zu meinen täglichen Leibesübungen kommen. Nachts, wenn es dunkel war, konnte ich am Fluß entlangspazieren.

Allerdings schien es ein ödes Unternehmen zu sein, in einem solchen Loch allein zu leben. Wäre ich Junggeselle gewesen, hätte ich eine Vertreterin des schönen Geschlechts einladen können, die Einsamkeit mit mir zu teilen. Für einen verheirateten Mann mit zwei Kindern kam das kaum in Frage.

Schließlich verfiel ich auf Lajos Ozma als möglichen Partner. Er war einer der erfolgreichsten Baumeister und Innenarchitekten Budapests. Er und seine Familie waren mit der unseren befreundet; ich war besonders von seiner recht temperamentvollen jüngeren Tochter Zsuzsi angetan. Auch seine ältere Tochter war sehr attraktiv. Lajos war eine Künstlernatur mit weitgespannten Interessen und großem Wissen, etwas älter als ich, mit beginnender Glatze, aber einem dicken schwarzen Schnauzbart. Er sah eher wie ein chinesischer Mandarin aus als wie ein Budapester Jude. Sogar seine Haut hatte eine gelbliche Färbung, und die Augen standen ein wenig schräg. Jedenfalls sah ich ihn so! In Gesellschaft eines solchen Mannes und einiger guter Bücher war es vielleicht nicht allzu schwer, auf den Zusammenbruch des Nationalsozialismus zu warten.

Der Hausverwalter und seine Frau konnten uns Mahlzeiten aus einem Restaurant besorgen. Es gab drei berühmte Restaurants in der Nähe: das alte Restaurant »Kriszt« und zwei moderne Restaurants im »Carlton« beziehungsweise im »Bristol«. Wir konnten uns das Abendessen jeden Tag aus einem anderen Restaurant bringen lassen, was uns mehr Abwechslung bot und zudem weniger Argwohn erregte.

Ich besprach meinen Plan mit Lajos, und er war gleich Feuer und Flamme. So erteilte ich ihm als Architekten den Auftrag, unser Versteck so sicher und komfortabel wie möglich zu machen. Er mußte für Belüftung, Strom, Spüle, Toilette und so weiter sorgen und auch sicherstellen, daß aus unserem Raum kein Lebenszeichen nach außen drang. Als zusätzliche Sicherheit wurde noch ein Summer installiert, der mit einem Druckknopf im Büro des Hausverwalters verbunden war. Je nach Art der Gefahr waren die Signale unterschiedlich lang. Im Notfall konnten wir in Sekundenschnelle in den Luftschutzkeller laufen und entweder mit einem Knopfdruck eine mächtige Eisentür hinter uns schließen oder durch den ganzen Keller zu einer anderen Tür gehen, die auf eine Seitenstraße führte. Das Tor zum Innenhof war versperrt, so daß uns Zeit für diese Manöver blieb. Militärisch gesprochen, konnte man sagen, daß die Vorkehrungen vom Strategischen wie vom Taktischen her zufriedenstellend waren. Wir hatten genügend Zeit, an alle Eventualitäten zu denken, und Geld spielte dabei keine Rolle. Tatsächlich verrieten unsere Maßnahmen, daß wir beide in unserer Jugend begeisterte Leser von Jules Verne gewesen waren.

Nur meine arme Schwiegermutter, die in dem Gebäude lebte, konnte nicht begreifen, warum wir ausgerechnet in so unsicheren Zeiten das Gebäude renovierten. Unterdessen versuchte ich, auch für ihre Sicherheit Vorkehrungen zu treffen. Ich erklärte ihr die Gefahr, die uns drohte. Sie glaubte mir nicht.

»Die können doch nicht hergehen und unschuldige Menschen umbringen!« sagte sie beharrlich; sie war gar nicht davon abzubringen.

»Sieh mal, Mama, die zwei schönen jungen Mädchen, die bei dir gewohnt haben, deine Verwandten, sind einfach verschwunden, das weißt du doch! Wir haben überall gesucht und sie immer noch nicht gefunden. Es gibt nicht einmal das kleinste Lebenszeichen von ihnen.«

»Man hat sie zum Arbeiten geholt; deshalb schreiben sie nicht. Dein Bruder Zoltán ist auch zurückgekommen. Es ist doch unmöglich, unschuldige Menschen zu ermorden. Das steht schon in der Bibel.«

In gewisser Weise hatte sie ja recht: Es war einfach nicht möglich. Diese Dinge geschahen rings um mich her, und ich kannte die Tatsachen, und trotzdem wurde ich das sonderbare Gefühl nicht los, daß alles irgendwie nicht wahr war, ja, eigentlich hat mich dieses Gefühl niemals verlassen.

Anfang April traf der erste Luftangriff den Süden Budapests. Von da an flogen britische oder amerikanische Flugzeuge Tag und Nacht über die Stadt, um industrielle Ziele zu bombardieren. Viele Leute brachten die Luftangriffe mit der Judenverfolgung in Verbindung. Manche behaupteten, diese Angriffe bestätigten alle Geschichten über eine Verschwörung des internationalen Judentums, andere vermuteten, daß sie so lange weitergehen würden, bis die Ermordung von Politikern der Qual ein Ende machte.

Die Luftangriffe schufen eine neue Lage. Das normale Leben geriet aus den Fugen. Die Krankenhäuser füllten sich mit Verwundeten, und für die Ausgebombten mußten Unterkünfte beschafft werden. Infolgedessen wurden der Polizei so viele Adressenänderungen bekannt gegeben, daß niemand groß auf Juden achtete, die sich unter falschem Namen anmeldeten. Seltsamerweise hatten ich und meine Leidensgefährten nicht viel Angst vor den Luftangriffen, obwohl sie wahrlich kein Vergnügen waren. Als der erste Angriff kam, war ich gerade bei jemandem zu Besuch. Mein Gastgeber hatte weitere Gäste, und um nicht Aufsehen durch die Größe unserer Gruppe zu erregen, sagte ich, ich würde oben in der Wohnung bleiben und nicht mit in den Luftschutzkeller gehen. Es war nicht gerade angenehm, die Explosionen immer näher kommen zu hören; bei jedem Einschlag befürchtete ich, das Haus werde einstürzen. Aber trotz meiner Angst war ich erfreut – wie bei jedem Luftangriff. Natürlich half es, während der Angriffe einen anständigen Luftschutzkeller und angenehme Gesellschaft in der Nähe zu wissen.

Unser Leben und das Leben von fast einer Million ungarischer Juden hing nicht von diesen Bombenangriffen ab, sondern vom Ausgang des militärischen Ringens zwischen Rußland und Deutschland. Es war ein Wettlauf gegen die Zeit. Würde es den Russen gelingen, die Deutschen aus dem Karpatenbecken zu vertreiben, bevor diese Zeit hatten, ihr Vernichtungsprogramm zu vollenden? Ich verfolgte jede Bewegung der russischen Armee an der Ostfront mit gebannter Aufmerksamkeit, weshalb ich mehrmals täglich die BBC abhörte. Nur ein einziger Durchbruch, und Hunderttausende von Menschenleben konnten vielleicht gerettet werden.

Kapitel 7

Unter Fälschern

Die hektische Jagd nach Dokumenten hielt mich auf Trab. Ich sah mich überall um. Der Kreis der Verwandten und Freunde, für die ich sorgen mußte, war so groß, daß selbst die enorme Menge von Dokumenten, die ich schon zusammengetragen hatte, bei weitem nicht ausreichte. Und je mehr Dokumente ich beschaffte, desto mehr schien ich zu benötigen: Ich mochte mich nicht mehr auf Geburtsurkunden, Heiratsurkunden und Totenscheine beschränken, sondern fand es notwendig, diese Eckdaten durch bestätigende Zusatzdokumente über persönliche Identität, Beruf und andere einschlägige Dinge abzustützen.

Es mag seltsam klingen, aber ich nutzte sogar Zufallsbekanntschaften auf der Straße für meine Suche. So fiel mir auf, daß eine Frau mittleren Alters, vielleicht vierzigjährig und mit sonnengebräunten Zügen, regelmäßig den Park gegenüber unserer Wohnung besuchte. Sie wurde von zwei kleinen Kindern begleitet, die sie dorthin zum Spielen brachte. Sie sprach mit den Kindern immer deutsch, und ihre Aussprache ließ darauf schließen, daß sie irgendwo aus Norddeutschland kam. Eines Tages sprach ich sie an.

»Verzeihen Sie – sind Sie aus Berlin?«

»Ja.«

Sie erklärte, daß sie in Berlin gelebt und einen Ungarn geheiratet habe. Der Mann war gestorben, und so war sie jetzt Witwe. Das war günstig. Wir trafen uns bei verschiedenen Gelegenheiten.

Eines Tages muß ich sichtlich schlechter Laune gewesen sein, denn sie fragte: »Was ist los? Es muß etwas Schlimmes passiert sein.«

Spontan entschloß ich mich, meine wahre Identität zu enthüllen. »Es gibt so viel, worüber ich mir Sorgen mache. Ich bin Jude.«

Als sie nichts erwiderte, fuhr ich fort: »Ich dürfte Ihnen das gar nicht sagen, aber ich vertraue Ihnen. Ich lebe mit falscher Identität in einem Versteck. Für die meisten meiner Familienangehörigen habe ich Papiere besorgt, aber ich brauche noch ein paar mehr und komme im Augenblick nicht weiter. Vielleicht können Sie mir helfen?«

Ich sah die Frau an; es war nicht festzustellen, wie sie meine Worte aufnahm.

»Es gibt da ein siebzehnjähriges Mädchen, für das ich noch Papiere brauche.«

Dabei dachte ich an die Freundin meines älteren Sohnes, ein bezauberndes, dunkeläugiges, scheues Geschöpf, das niemanden hatte, der sich um sie kümmerte. Ihre Mutter war ein Jahr zuvor gestorben, und ihr Vater sowie ihr Bruder waren beim Militär.

»Ich wollte, Sie könnten sie einmal kennenlernen. Sie würden ihr bestimmt helfen wollen.«

Die Frau hatte Tränen in den Augen. Sie flüsterte: »Ich muß Ihnen auch etwas gestehen. Auch ich bin jüdisch. Ich bin aus Deutschland geflohen. Wenn Sie wüßten, was ich durchgemacht habe!«

Ich war bestürzt. Sie begann, mir ihre Leidensgeschichte zu erzählen. Plötzlich waren unsere Rollen vertauscht: Ich hatte auf ihr Mitgefühl gehofft, aber jetzt war ich es, der sie trösten mußte. Ich war ein großes Wagnis eingegangen, als ich mich als Jude zu erkennen gab, aber »wer nicht wagt, der nicht gewinnt«. Ein Leben ohne Wagnis ist kein Leben.

Und ihr Geständnis war noch dramatischer als meines. Ich merkte, daß ich auf einen weiteren Menschen gestoßen war, dessen Wohlergehen mir nicht gleichgültig sein konnte. Wir verabredeten uns für den nächsten Tag in ihrer Wohnung, wo wir überlegen wollten, was zu tun war. Sie lebte in Buda, in einem spärlich, ja eigentlich gar nicht möblierten Mädchenzimmer. Ich erschien wohlvorbereitet.

Als erstes zeigte ich ihr die Meldeformulare von Sold.

»Bloß nicht anrühren!« warnte sie mich. »Das ist das Werk von Dilettanten. Der Kreis für den Stempel ist mit dem Zirkel gezogen. Da, sehen Sie!«

Und sie hielt die kleinen Blätter gegen das Licht. In der Mitte des Kreises war ein winziges Loch zu erkennen, die Einstichstelle des Zirkels. Ich war peinlichst berührt; ich kam mir vor wie ein unartiges Kind, das auf frischer Tat ertappt worden ist. Man mußte blind sein, das Loch in der Mitte des Stempels nicht zu bemerken! Plötzlich war mir klar, warum Freund Sold sich in der letzten Zeit so sonderbar betragen hatte, keine größeren Aufträge annehmen wollte und mir immer nur Teillieferungen brachte: Am Anfang unserer Zusammenarbeit hatte er es unterlassen, mich darauf hinzuweisen, daß die Formulare keine Originale, sondern Fälschungen waren, und später hatte er nicht mehr den Mut, es mir zu beichten. Um den möglichen Schaden zu begrenzen, gab er mir nur ganz wenige Formulare, obwohl ich viel mehr erbeten hatte. Trotzdem hätte diese Täuschung katastrophale Folgen haben können. Gefährlich war dabei nicht der Umstand, daß die Dokumente gefälscht waren, sondern daß sie so dilettantisch gefälscht waren und daß ihr Inhaber sich dessen nicht bewußt war. Solche Papiere konnte man offensichtlich nur im extremen Notfall vorlegen, als allerletzten Ausweg. Ich war über Solds unverantwortliches Verhalten sehr verärgert. Zumindest hätte er das Loch in der Mitte des Stempels beseitigen müssen. Oder war er am Ende ebenso unaufmerksam wie ich und hatte es einfach nicht bemerkt?

Ich erzählte meinem Freund Ozma von der Bekanntschaft mit der deutschen Frau und den neu entdeckten Problemen mit den Formularen. Er wirkte nicht übertrieben beunruhigt, ja in seinem Blick lag etwas Spöttisches.

»Das ist nicht zum Lachen«, sagte ich entrüstet.

»Paß auf«, entgegnete er begütigend, »ich habe eine Eins-a-Adresse für dich – einen echten Fälscher aus Friedenszeiten. Ich muß ihn nur vorher um Erlaubnis fragen – als er mir meine Dokumente gemacht hat, mußte ich schwören, seine Adresse nicht ohne seine Einwilligung weiterzugeben.«

Die Einwilligung wurde erteilt, und so machte ich mich am nächsten Tag voller Neugierde zu dem »Meister« auf, der gegenüber dem Westbahnhof in einer Wohnung im vierten Stock wohnte. Eine ältere Frau öffnete mir am Berlini-Platz die Tür und bat mich herein. Im Wohnzimmer standen einige hohe Bücherschränke; sonst sah es hier aus wie in jeder anderen Dreizimmerwohnung. Ein hochgewachsener, schmächtiger Mann, um die fünfzig und ganz kahl, begrüßte mich. Da er nicht allein war, erwähnte ich nur Ozma und fragte ihn, wann ich ihn aufsuchen dürfte, um mein Anliegen mit ihm zu besprechen.

»Am frühen Morgen.«

»Wie früh? Ich bin Frühaufsteher.«

»Schon um sieben, wenn Sie wollen. Allerdings liege ich vielleicht noch im Bett.«

Punkt sieben am nächsten Morgen war ich wieder zur Stelle. Der Meister, mit einem recht prächtigen Pyjama bekleidet, lag im Bett. Zuerst war das Gespräch rein geschäftlich. Er nannte seine Bedingungen.

»Ein Dokument kostet 600 Pengő. Bei Ihrer Bestellung müssen Sie mir sämtliche Details angeben. Am besten schreiben Sie sie mit der Maschine, nicht mit der Hand auf. Ihre Dokumente liegen vierundzwanzig Stunden später zur Abholung bereit. Ich muß auf Vorauskasse bestehen, da man nie wissen kann, was passiert. Sonderaufträge kosten mehr.«

»Was meinen Sie mit ›Sonderaufträgen‹?«

Die Frage bewies, daß ich in diesen Dingen ein blutiger Laie war. Die Reaktion ließ nicht auf sich warten.

»Meinen Sie vielleicht, daß mir diese Fließbandarbeit Spaß macht?« fragte der Meister zornig. »Ich gebe zu, daß es gut bezahlt ist, verglichen mit der anspruchsvollen und komplizierten Arbeit, die ich früher gemacht habe. Aber die Qualität! Die Qualität der heutigen Arbeit ist nichts gegen früher. Stellen Sie sich doch vor, wie es in der guten alten Zeit war, wenn jemand zum Beispiel auf den Titel eines königlichen Kammerherrn versessen war. Da mußte man nachweisen, daß acht Verwandte mütterlicherseits und acht Verwandte väterlicherseits dem Adel angehörten. Sie können sich denken, was das für eine Mühe war – die Studien, die heraldischen Nachforschungen, die man anstellen mußte! Bis alle Einzelheiten beisammen waren und man dann die Wappen gemalt hatte, konnten Monate oder gar Jahre vergehen. Aber heute...« Die Stimme erstarb, und er machte eine Geste der Verzweiflung. »Heutzutage ist die ganze Mühe und Arbeit und Sorgfalt, der ich mein Leben gewidmet habe, nichts mehr wert. Alles, was sie heute wollen, sind gestempelte Formulare. Qualität bedeutet nichts mehr. Sie müssen wissen: Wenn ich eine Unterschrift kopiere, ist sie vom Original nicht zu unterscheiden. Selbst der Urheber erkennt den Unterschied nicht.«

Mit einer leichten Kopfbewegung drückte ich meinen Unglauben aus und murmelte etwas in meinen frisch gewachsenen Schnurrbart. Der Meister empfand es als Zweifel an seiner Wahrhaftigkeit.

Er sprang aus dem Bett und rief aufgeregt: »Machen wir einen kleinen Test, Herr Doktor! Hier, unterschreiben Sie auf diesem Blatt Papier.«

Und er gab mir ein Stück Papier und drückte mir seinen Federhalter in die Hand. Ich unterschrieb. Der Meister nahm das Papier in die Rechte und schrieb mit der Linken rückwärts und dreimal hintereinander meinen Namen. Eine Unterschrift war exakt wie die andere. Fast hätte man sagen können, daß die Kopien besser waren als das Original. Ich spürte, daß ich irgendwie meine Bewunderung für seine Kunstfertigkeit in Worte kleiden mußte. Ich suchte nach dem richtigen Ausdruck.

»Bemerkenswert«, sagte ich.

Die Anerkennung seiner Talente tat ihm sichtlich wohl.

»Wenn ich einmal Zeit habe, lieber Herr Doktor, werde ich Ihnen meine Unterschriftensammlung zeigen. Es gibt keinen Prominenten im Lande, der nicht in meiner Sammlung vertreten wäre. Ich besitze die Originalunterschrift von jedem Priester und jedem Standesbeamten in ganz Ungarn, bis ins letzte Dorf.«

»Verblüffend«, sagte ich, noch immer ungläubig. »Und wie haben Sie das angestellt?«

»Ganz einfach. Ich habe allen einen vorgedruckten Brief mit der Bitte um eine Kurzbiographie und eine signierte Photographie geschickt und dazu erklärt, die Artikel würden unentgeltlich in einem *Who's Who in Ungarn* abgedruckt, der in Vorbereitung sei. Das Buch ist natürlich nie erschienen, aber die Unterschriften habe ich alle bekommen.«

Danach pflegte ich meinen Freund, den Fälscher, sehr oft zu besuchen, und zwar immer am frühen Morgen. Es gab einen guten Grund, gerade diese Zeit für meine Besuche zu wählen. Als Rechtsanwalt kannte ich die normalen Arbeitsstunden der Polizei. Festnahmen am frühen Morgen waren selten, weil »die Behörden« ihre Verhaftungen gern während der üblichen Dienstzeit oder aber, falls sie jemanden überrumpeln wollten, in den Stunden nach Mitternacht vornahmen.

Ich mußte in allen Punkten umsichtig sein. So sagte ich der Fahrstuhlführerin, daß ich in den fünften Stock wolle, wo es ein Zahnlabor gab, und nicht in den vierten. Nach einer Weile ließ sie mich den Fahrstuhl selbst bedienen. Ich durfte nur nicht vergessen, ihn wieder ins Erdgeschoß zurückzuschicken, weil sie sonst zu Fuß ins oberste Stockwerk steigen mußte, um ihn zu holen.

Meine Freundschaft mit dem Fälscher vertiefte sich stetig. Genauer gesagt, er gewann mich immer lieber und war froh, jemanden um sich zu haben, dem er sein Künstlerherz ausschütten konnte.

»Wissen Sie, Herr Doktor, lange werde ich nicht mehr so weitermachen. Ich verdiene sehr gut, das ist schon richtig, aber es wird mir zu gefährlich. Ich werde bald aufhören.«

Das hatte mir Kopfzerbrechen bereitet. Ich wollte nicht, daß diese bequeme und zuverlässige Quelle versiegte.

»Wann denn?«

»Ich bin mir noch nicht schlüssig. Natürlich muß ich erst die Aufträge erledigen, die ich hier liegen habe. Aber wenn es nach mir ginge – je eher, desto besser.«

Er nahm meine Aufträge und setzte hinzu: »Ich weiß wirklich nicht, warum ich nicht schon längst aufgehört habe. Vielleicht ist es meine Geldgier. Es ist nicht leicht, auf gute Einkünfte zu verzichten. Wissen Sie, wieviel ich am Tag verdiene? Dreitausend Pengő! Soviel wie der Ministerpräsident in einem Monat! Aber eigentlich möchte ich eher glauben, daß ich weitermache, weil ich meine Kunden nicht im Stich lassen will. Sie brauchen mich wirklich, jedenfalls einige.«

»Ich verstehe Ihr Dilemma«, sagte ich mitfühlend.

Der Gang der Ereignisse brachte mich mit vielen anderen Menschen in Berührung, auch mit anderen Fälschern. Aber ich habe nie wieder jemanden getroffen, der so stolz auf seinen Beruf war wie mein Freund Miksa.

Kapitel 8

Ghettos in der Provinz

Im Mai 1944 wurde ein Geheimdekret erlassen, das die Errichtung von Ghettos in verschiedenen Teilen des Landes anordnete. Die Zeitungen berichteten über dieses Dekret nichts, doch bald drangen Gerüchte und Geschichten zu uns.

Zum ersten Mal wurde unserem Freundeskreis dieser neuste Horror bewußt, als uns die traurige Nachricht erreichte, daß ein mit uns gut befreundetes Ehepaar Selbstmord begangen hatte. Dr. Heller war ein bekannter Budapester Arzt, der während der Kriegsjahre in einer kleinen Provinzstadt praktizierte. Seine Frau war berühmt für ihre Schönheit und ihren Charme. Die zwei hatten beschlossen, lieber zu sterben als in ein Ghetto zu gehen.

Bei uns in der Großstadt schien die Situation nicht ganz so gefährlich zu sein, aber auch hier häuften sich die Berichte von Selbstmorden. Einmal versuchte ich, als ich bei Freunden zu Gast war, sie davon zu überzeugen, daß es die beste Lösung sei, sich falsche Papiere zu besorgen und einfach unterzutauchen, aber sie mochten nicht glauben, daß die Zukunft der Juden wirklich so schwarz war, wie ich sie malte. Gleichwohl erfuhr ich wenige Tage später, daß die Frau meines Gastgebers versucht hatte, sich das Leben zu nehmen. Erst später fand ich heraus, warum. Anscheinend hatte sie Angehörige in der Provinz, und als die Kunde zu ihr drang, daß sie alle in Ghettos gesperrt worden waren, schnitt sie sich die Pulsadern auf. Etwa zu derselben Zeit nahm sich mein Onkel Elemér das Leben, der Präsident meines Skiclubs. Der alte Mann war im Grunde ein Lebenskünstler. Seine Eltern waren von Kaiser Franz Joseph in den Adelsstand erhoben worden, und er selbst war ein hoher Richter, der mittlerweile seinen Ruhestand genoß und beim Herannahen des Sturms mit Bedacht den ewigen Frieden wählte. Die Welle von Selbstmorden ging im ganzen Land weiter.

Nach wenigen Tagen hatte ich Gelegenheit, aus erster Hand Informationen über die Schrecken des Ghettos in Nyíregyháza zu erhalten. Eines Morgens tauchte eine Frau bei uns auf, die sich nach mir erkundigte. Sie war blond, sah energisch aus und trug eine Rotkreuzuniform. Sie fragte mich in nicht sehr gutem Ungarisch, ob ich Eva, die Tochter meines Bruders, sowie die Familie ihres Verlobten unter meine Fittiche nehmen könne; es war der Frau gelungen, sie alle aus dem Ghetto Nyíregyháza zu befreien.

Ich war betroffen, daß sie es für nötig befanden, überhaupt zu fragen. Binnen Minuten stand die kleine Gesellschaft im Zimmer, mitgenommen von der nächtlichen Fahrt und vor allem von den vorangegangenen Schrecken. Ihr Bericht enthüllte das ganze Ausmaß der Hölle auf Erden, die man den Juden jetzt bereitete. Die bedauernswerten Menschen, todmüde und um ihr Leben bangend, waren in ihrem eigenen Unrat zusammengepfercht, ohne ausreichende Lebensmittel und ohne die Möglichkeit, sich zu waschen.

Am elendsten erging es jenen, von denen ihre Häscher glaubten, sie hätten einen Schatz vergraben – Gold oder Banknoten. Tatsächlich schien sich ein gespenstischer Goldrausch der Polizei und ihrer Helfershelfer bemächtigt zu haben, die mit allen Mitteln versuchten, aus diesen armen Menschen herauszubekommen, wo sie ihre Wertsachen versteckt hatten. Die Methoden waren ganz einfach: Sie prügelten ihre Opfer so lange, bis ihre Kraft erlahmte. Trotzdem gab es noch Menschen, die sich weigerten, ein Wort zu sagen. Diese »Verstockten« wurden einfach zu Tode geprügelt und gefoltert. Andere, die dem Folterknecht nicht standzuhalten vermochten, gestanden. Doch gab es unter diesen viele, die in Wirklichkeit kein Gold versteckt hatten und nur gestanden, um nicht geschlagen zu werden. Die Heftigkeit und Brutalität dieser Überfälle bedeutete zweifellos, daß der Transport nach Deutschland nicht mehr lange auf sich warten lassen würde.

Diese Geschichten berührten mich tiefer, als ich sagen kann, doch spürte ich, daß ich nicht vor der Verzweiflung kapitulieren durfte: Wenn ich den Kopf verlor, würde ich auch alles andere verlieren. Ich litt nicht nur mit meinen Brüdern und meiner Schwester im Ghetto, sondern mit jedem mit, der dort eingekerkert war. So beschloß ich augenblicklich, mich gesund und bei guter Laune zu erhalten, um nach Kräften helfen zu können.

Ich bewirtete die fünf Neuankömmlinge nach ungarischer Sitte: Alle Köstlichkeiten, die die Speisekammer hergab, kamen auf den Tisch. Unsere Gäste und die Rotkreuzschwester bekamen ein üppiges Frühstück vorgesetzt. Bei der ersten sich bietenden Gelegenheit flüsterte mir meine Nichte Eva ins Ohr, daß die Rotkreuzschwester sie für eine erhebliche Summe Geldes aus dem Ghetto herausgeholt habe und in Wirklichkeit eine polnische Jüdin sei. Meine Begeisterung für sie erlitt einen kleinen Dämpfer, aber ich ließ es mir nicht anmerken.

Während wir beim Frühstück saßen, fragte ich sie: »Wie kommt es, daß Sie ungehindert im Land umherreisen dürfen?«

»Ich bin beim Roten Kreuz als Krankenbegleiterin zugelassen.« Und sie zeigte mir die Zulassung.

Ein neuer Beweis für die Macht des gedruckten Wortes! Obwohl ich wußte, daß die Frau eine polnische Jüdin war, kam ich gar nicht auf den Gedanken, daß die Bescheinigung eine Fälschung sein mochte. Das stellte sich erst später heraus. Nachdem meine erschöpften Verwandten sich zurückgezogen hatten und ich mit der Krankenschwester allein war, kam das Gespräch auf gefälschte Dokumente. Sie war sehr charmant, und vielleicht hatte das herzhafte Frühstück geholfen. Jedenfalls schlug sie mir sofort vor zusammenzuarbeiten und teilte mir eine Adresse und ein Kennwort mit.

Am nächsten Morgen suchte ich die angegebene Adresse auf. Die Wohnung befand sich in einem Vorort Budapests. Ich sah mich aufmerksam um, und als ich nichts Verdächtiges bemerkte, ging ich hinein. Ein freundlicher, wohlerzogener slowakischer Jüngling begrüßte mich. Ich nannte den Namen der Krankenschwester und sagte ohne weitere Umschweife: »Ich brauche Papiere.«

Mein Freund Miksa befaßte sich nur mit Geburtsurkunden, Heiratsurkunden und Totenscheinen, während ich noch viele andere Dokumente benötigte: Arbeitserlaubnisse, Soldbücher, Ausweise mit Lichtbild, Lebensmittelkarten und so weiter. Die Jungen brauchten außerdem Levente-Karten.

»Darf ich Ihnen meine Muster zeigen?« fragte der Jüngling und schlug ein großes Buch auf, das säuberlich in alphabetischer Reihenfolge Musterdokumente enthielt. Ich bewundere immer die Ordnung anderer Leute, war in diesem Fall aber auch von der schieren Menge des Materials beeindruckt.

»Ich erledige Aufträge innerhalb von achtundvierzig Stunden«, erklärte der junge Mann.

Für den Anfang bestellte ich drei Ausweise und gab ihm die Photographien dazu. Er verlangte 800 Pengő für alle drei Papiere, was sehr maßvoll war.

Die Lieferung erfolgte pünktlich. Während ich bezahlte, kamen wir ins Gespräch. Der junge Mann sprach Ungarisch mit starkem Akzent.

»Wie lange leben Sie schon in Ungarn?« fragte ich ihn.

»Ich bin vor zwei Jahren aus der Slowakei geflohen, als dort die Judenverfolgungen begannen.«

»Und wie kommen Sie hier zurecht?«

»Ich spreche ganz gut Ungarisch, und bisher läuft alles gut. Seit April bin ich in diesem Geschäft.«

»Es hat keine Probleme gegeben?«

»Bisher erst einmal. Ich hielt mich gerade in dem Büro einer großen Firma in der Stadt auf, als eine Razzia stattfand. Die Polizei wollte von jedem den Ausweis sehen. Ich hatte alles, was ich brauchte, aber dann wollten sie wissen, was ich in dem Büro zu tun hätte. Ich habe gesagt, ich sei Buchhalter und wegen einiger Zahlen gekommen, und wedelte ihnen mit etwas, das wie ein Hauptbuch aussah, vor der Nase herum. Gott sei Dank wollten sie es nicht sehen, sondern ließen mich gehen. Ich wagte kaum zu atmen, als ich auf der Straße war! Wenn ich religiös gewesen wäre, hätte ich das Dankgebet zur Errettung aus besonderer Gefahr gesprochen oder wie das heißt. Das ›Hauptbuch‹ war natürlich meine Musterkollektion.«

In diesen gefahrvollen Zeiten mußte man das Glück auf seiner Seite haben – und meinen jungen Freund scheint es ziemlich schnell verlassen zu haben. Als ich ihn wenige Tage später aufsuchen wollte, war er nirgends zu sehen. Man sagte mir, daß die Polizei ihn festgenommen habe. Man hat nie wieder von ihm gehört.

In der Zwischenzeit fand ich die einfachste Methode heraus, an einen Ausweis zu kommen. Es war wirklich kinderleicht. Alles, was man tun mußte, war, sich eine Monatskarte für die Straßenbahn zu besorgen. Man konnte diese Ausweise für Pendler – samt Photographie – an Ort und Stelle kaufen; man legte einfach das Geld hin und gab seinen Namen an. Man mußte nicht einmal seinen Personalausweis vorzeigen.

Erst später entdeckte ich noch einen anderen, billigen Weg, an Ausweispapiere zu kommen: Er führte über die Gemeindeämter oder das städtische Standesamt, wo man beglaubigte Kopien von Originalurkunden erhalten konnte. Die antijüdischen Gesetze schränkten das Leben und die Bewegungsfreiheit der Juden auf alle mögliche Weise ein, doch hatten die Behörden vergessen, den Standesämtern zu verbieten, beglaubigte Abschriften für jedermann auszustellen, der sie zu haben wünschte. Ich war immer wieder erstaunt, wie schnell und effizient die Standesämter solchen Ersuchen nachkamen: Offenbar hatten »sie« noch nicht gemerkt, wie viele Juden versuchten, mit neuen Papieren ein neues Leben zu beginnen. Vielleicht war diese Möglichkeit, sich Dokumente zu beschaffen, auch nur Rechtsanwälten bekannt.

Ich achtete jedoch sehr darauf, dieses Verfahren nicht generell weiterzuempfehlen. Es bestand immer die Gefahr, daß ein argusäugiger Inspektor das neuere Ausgabedatum eines Dokuments bemerkte und Verdacht schöpfte.

Das Erfordernis, den gelben Stern zu tragen, machte es unmöglich, in der Öffentlichkeit aufzutreten. Der einzige Ort, wo wir Menschen begegneten, war der Luftschutzkeller. Und natürlich hatten wir vorderhand noch unsere Wohnung. Am frühen Nachmittag saßen wir schon zu unserer Bridgepartie zusammen, die jede Woche entweder bei uns oder bei unseren Nachbarn auf der anderen Straßenseite, den Avases, stattfand, wobei sich das Spiel bis zum Abendessen hinzog. Die üblichen freundschaftlichen Frotzeleien, die das Spiel begleiteten – »Nun spiel schon aus und mach deinen Fehler« oder »Jetzt könntest du mein Köpfchen gebrauchen« – klangen für mich etwas hohl; wußte ich doch, daß im Nebenzimmer Juden saßen, die gerade dem Schrecken von Nyíregyháza entronnen waren und, ganz still, versuchten, unter den neuen Umständen als Exilierte zu überleben.

Die »Rotkreuzschwester« führte mir zwei weitere Gruppen zu, da sie Vertrauen zu mir hatte. Ich brachte es nicht über mich, nein zu sagen. Die einzige Rechtfertigung für eine Ablehnung wäre Angst gewesen, aber ich hatte wirklich keine Sorge, daß einer der anderen Hausbewohner Notiz von meinen vielen neuen Besuchern nehmen und die Polizei verständigen würde: Ich hatte keine Feinde – nicht nur das: die Menschen schienen auch zu spüren, daß sie sich auf mich vielleicht mehr verlassen konnten als auf viele andere Leute.

Nur ein Beispiel: Damals ging niemand gerne nachts auf unsere unbeleuchteten Straßen hinaus. Mehr als einmal läutete jemand in einem Notfall mitten in der Nacht bei mir an der Tür und bat darum, das Telephon benutzen zu dürfen. Lieber weckten die Menschen mich auf, als daß sie sich auf die Straße wagten und den öffentlichen Fernsprecher benutzten. Sie wußten, daß ich ihnen keine Szene machen oder sie gar hinauswerfen würde. Es gab in unserem Gebäude fünfzig Wohnungen, aber ich bezweifle, ob irgendeiner unserer Nachbarn mitten in der Nacht jemanden in seine Wohnung gelassen hätte.

Es gehörte zu meinen Grundsätzen im Leben, niemals nein zu sagen, wenn jemand mich um Hilfe bat – und sei es nur, um seinen Glauben an die Menschheit nicht zu erschüttern. Ich hatte einfach das Gefühl, für jeden Menschen ein wenig mitverantwortlich zu sein. Meine Hilfsbereitschaft war ehrlich, aber die Klugheit gebot gewisse Grenzen. Ich verweigerte niemals ein Darlehen, nicht einmal, wenn meine eigenen Mittel knapp waren, doch hatte ich manchmal, zum Zeichen meines guten Willens, nur einen Teil der erbetenen Summe übrig. Ich versuchte immer, den gesunden Menschenverstand walten zu lassen und in einem realistischen Rahmen zu bleiben.

Ich wollte, daß auch meine Söhne diesen Grundsatz verstanden. Ich erklärte ihn folgendermaßen: »Immer, wenn das zu erwartende Resultat über das aufgewandte Quantum an Energie oder Opferbereitschaft hinausgeht, müßt ihr helfen. Scheut auch vor einem Opfer nicht zurück, wenn es für den Empfänger mehr bedeutet als für euch die Mühe, die ihr hineingesteckt habt.«

Auf diese Weise wandte ich Ostwalds »energetischen Imperativ« auf zwischenmenschliche Beziehungen an.

Um solche Grundsätze vertreten zu können, bedarf man einer gewissen finanziellen Unabhängigkeit. Meinen wohlhabenden Mandanten pflegte ich eher höhere Rechnungen auszustellen, um meine philanthropischen Neigungen gegenüber anderen finanzieren zu können. Infolgedessen konnte ich bei Kleinigkeiten oder bei Mandanten – Nichtjuden wie Juden –, denen die nötigen Mittel fehlten, auf Bezahlung verzichten.

Es ist bemerkenswert, wie untrüglich der Instinkt ist, beim Menschen wie bei Tieren. Im allgemeinen wußten die Menschen, wann sie mich um ein Darlehen angehen konnten. Früher waren es aufstrebende junge Maler gewesen, die mich aufsuchten, wenn ich Geld hatte, und mir ihre Bilder anzudrehen wußten, die guten wie die schlechten. In den mageren Zeiten aber, wenn ich sehr wenig Geld hatte, wußten sie irgendwie genug, um wegzubleiben.

Neben der Wohnung wurde der Luftschutzkeller zum Mittelpunkt unseres gesellschaftlichen Lebens. Es ertönte häufig Luftalarm, und wenn wir die Sirenen heulen hörten, liefen wir alle über die hintere Treppe in das zum Luftschutzkeller umgebaute Untergeschoß. Nach und nach lernten meine Familie und ich alle Mitbewohner des Gebäudes kennen. Weil ich nie meine gute Laune verlor und mir immer meine optimistische Einstellung zum Leben bewahrte, wandten sich die Menschen, besonders Juden und Konvertiten, gerne an mich, um hocherfreut meinen oft wiederholten Prophezeiungen zu lauschen, daß es mit Hitler ohne Zweifel früher oder später ein böses Ende nehmen werde. Davon war ich fest überzeugt.

Verschiedenen Leuten gab ich Ratschläge, wie sie sich ohne große Kosten Dokumente besorgen konnten. Dabei machte ich die Bekanntschaft von zwei sehr attraktiven jungen Damen, die nicht nur jüdisch, sondern jüdisch-orthodox waren. Emi war die Schwester, Piri die Ehefrau eines wohlhabenden Textilfabrikanten. Piri erzählte, daß ihr Mann so strenggläubig sei, daß sie sich zur Trauung den Kopf hatte scheren lassen müssen. Piri sah so schön und elegant aus, daß es mir schwerfiel, ihre Geschichte zu glauben – woraufhin sie die Perücke abnahm und ihren Schädel präsentierte, der so kahl war wie bei einem Baby. Ich schäkerte mit den zwei Frauen: Beide waren so jung und attraktiv, und ich fand das Gespräch mit ihnen reizvoll. Doch fiel mir auf, daß jede von ihnen – unbewußt, aber vielleicht aus weiblicher Eifersucht – darüber wachte, daß die andere nicht zu lange mit mir allein war. Aber ich hatte anderes im Kopf als sexuelle Eskapaden. Ja, der Geschlechtstrieb schien sogar immer geringer und bedeutungsloser zu werden: Der wichtigste Instinkt, nämlich am Leben zu bleiben, absorbierte alle meine Energien.

Von diesen zwei jungen orthodoxen Jüdinnen hörte ich die ersten Einzelheiten über die deutschen Todeslager. Was sie mir erzählten, bedeutete, daß die Postkarte aus Waldsee, die ich von meiner Schwester nach ihrer Deportation aus Nyíregyháza erhalten hatte, ihr letzter Gruß war und lediglich die Wahrheit über Auschwitz verschleierte.

Meine neuen Bekannten unterhielten auch gute Beziehungen zu verschiedenen Angehörigen des Judenrats beziehungsweise deren Söhnen; von ihnen bekamen sie aktuelle Informationen. Wie sie mir im Vertrauen erklärten, hatte irgend jemand es geschafft, aus dem Todeslager in Auschwitz zu fliehen, und hatte die ganze Geschichte erzählt. Im Büro des Judenrats lag eine Abschrift seiner Aussage mit Einzelheiten über die deutschen Greueltaten. Wir sprachen viel darüber, wie wir entkommen könnten, doch suchten die zwei Frauen den Ausweg in einer ganz anderen Richtung als ich: Ihr Ziel war es, sich ihre Freiheit mit Bargeld und Gold zu erkaufen.

Durch sie lernte ich eine Reihe von Flüchtlingen aus dem Ghetto in Győr kennen, darunter den Vorsitzenden der dortigen orthodoxen Gemeinde, einen Mann von fünfzig bis fünfundfünfzig Jahren mit dickem Bauch und schütterem Haar. In einem unserer vielen Gespräche erwähnte ich, daß ich mit der Politik des Judenrats absolut nicht übereinstimmte.

»Und was würden Sie vorschlagen?« fragte er und kniff die Augen zusammen. Aus seiner Miene ging deutlich hervor, daß er zu den Auffassungen eines »weltlichen« Juden wenig Zutrauen hatte. Ich dagegen war froh über die Gelegenheit, einen religiösen Führer mit meinen Ideen beglücken zu können.

»Es gibt zwei Möglichkeiten. Entweder: Hitler siegt. In dem Fall werden sie die Juden beseitigen, oder, wie die Nazis so schön sagen, es wird für die Juden keinen ›Lebensraum‹ mehr geben. Oder aber: Trotz aller Geschichten über Wunderwaffen verlieren die Deutschen den Krieg. Meines Erachtens gibt es zahlreiche klare Signale, die in diese Richtung weisen – Luftangriffe im Westen, der stetige Rückzug der Deutschen im Osten. Wir müssen also für die zweite Möglichkeit gerüstet sein. Das Ziel der Juden muß einfach sein, die nächsten paar Monate zu überleben, bis es endgültig zum Sturz Hitlers kommt. Wie können wir überleben? Meine Antwort wird Sie wahrscheinlich überraschen. Ein Überleben wird nur möglich sein, wenn sich die Juden nicht in Ghettos oder an anderen bequemen Sammelstellen zusammenpferchen lassen und wenn sie nicht auf ihre Führer hören, sondern alles versuchen, um auf eigene Faust davonzukommen.

Der Judenrat sollte zurücktreten und verschwinden. Im Grunde genommen hätten die Führer der jüdischen Gemeinden schon längst in den Untergrund gehen sollen. Dann hätte es keine

Verantwortlichen gegeben, auf die sich die Deutschen bei der Tyrannisierung der Juden hätten verlassen können. Aber eines sollte der Judenrat noch tun, bevor er sich auflöst: Er sollte so schnell wie möglich seinen gesamten Grundbesitz verkaufen. Im Augenblick wäre das wirklich noch möglich: Bei der derzeitigen Inflation würde es nicht an christlichen Käufern fehlen, die bereit wären, sich auf der Stelle zum Kauf zu entschließen. Damit hätten die Angehörigen des Judenrats mehrere Millionen Pengő, die sie an bedürftige Juden verteilen könnten, die Geld zum Überleben brauchen. In ein paar Wochen wird die jüdische Gemeinde ihren Grundbesitz sowieso verlieren, weil die Deutschen ihn einfach konfiszieren werden, so wie sie unser Gold und unseren Schmuck konfisziert haben.«

Ich wußte, während ich noch sprach, daß ich mit dem Kopf gegen eine Mauer rannte. Die Menschen verlassen ungern die ausgetretenen Pfade. Leute, die Macht besitzen, geben sie nur schwer auf. Aber aus dem Gesichtsausdruck meines Gegenübers ging hervor, daß meine Worte zu ihm durchdrangen.

Schließlich sagte er: »Der Hirte darf seine Herde nicht im Stich lassen.«

Er versprach, den Führern des Judenrats meine Vorstellungen zu übermitteln, aber natürlich geschah nichts: Alles ging genauso weiter, wie die Deutschen es angeordnet hatten. Die Trägheit, welche die Menschen daran hindert, sich neuen Ideen zu öffnen, tat ihre gewohnte Wirkung.

Unterdessen flüsterten verängstigte Juden einander die Neuigkeiten zu. Menschen begannen, von der Straße zu verschwinden. Güterwagen voller gepeinigter Juden rollten im Tagesrhythmus aus dem Land – zu einer Zeit, als diese Waggons dringend für andere Zwecke benötigt wurden. In einem einzigen Waggon wurden bis zu achtzig oder fünfundachtzig Männer, Frauen und Kinder zusammengepfercht. Die Wächter verschlossen die Türen von außen, ohne sich darum zu kümmern, den Gefangenen etwas zu trinken zu geben oder die Benutzung von Toiletten zu ermöglichen. Sie gingen beim Schließen der Türen außerordentlich brutal vor: Arme oder Beine, die im Weg waren, wurden einfach gebrochen. Gelegentlich erbarmten sich Eisenbahnarbeiter der Gefangenen, aber wenn sie zu helfen versuchten, wurden sie zusammengeschlagen oder in einigen Fällen selbst in die Güterwagen geschoben.

Allenthalben schwirrte es von Gerüchten. Im Anschluß an eine Beisetzung auf dem jüdischen Friedhof wurden die trauernden Hinterbliebenen auf einen Lastwagen gezerrt und mit unbekanntem Ziel abtransportiert. Fünf Männer vom Arbeitsdienst, die nur durch Nagyvárad durchfuhren, wurden aus dem Zug geholt und ins Ghetto gepfercht, von wo sie zu gegebener Zeit in ein Vernichtungslager verbracht wurden. Die Geschichte aus Nagyvárad war besonders beunruhigend, weil mein Sohn Paul das wehrpflichtige Alter erreicht hatte und jeden Tag zum Arbeitsdienst eingezogen werden konnte. Am 31. Mai trafen denn auch die entsprechenden Unterlagen ein.

Kapitel 9

Exodus

Paul war von klein auf zur Selbständigkeit erzogen worden. Er war gut im Sport – im Schwimmen, Skilaufen, Rudern, Boxen und Tennis. Als versierter Sportler war er gewohnt, Dinge sehr schnell zu taxieren und Entscheidungen im Bruchteil einer Sekunde zu treffen. Ich hielt es für das beste, ihn selbst entscheiden zu lassen, wie er es mit der Einberufung zum Arbeitsdienst halten wollte.

Tom, ein anderer junger Mann, der in unserem Haus wohnte, erhielt seinen Einberufungsbescheid zur selben Zeit wie Paul. Auch für ihn lagen schon falsche Dokumente bereit. An jenem Abend saß ich mit den beiden zusammen. Fast wie ein Richter, der den Tatbestand zusammenfaßt, tat ich mein Bestes, ihnen die Situation so objektiv wie möglich zu schildern.

»Überlegt euch eure Optionen. Am einfachsten und bequemsten wäre es, einfach dem Befehl Folge zu leisten und sich zum Arbeitsdienst zu melden. Aber sobald ihr einmal drin seid, ändert sich die Situation grundlegend. Wenn ihr dann später wieder raus wollt, geltet ihr als Deserteure. Und nicht nur das: Ihr gefährdet auch alle anderen Männer in eurem Verband, die man vielleicht als abschreckendes Beispiel bestrafen wird. Wenn ihr dagegen beschließt, euch nicht zu melden, geltet ihr nicht als Deserteure, weil nur jemand, der bereits nach dem Militärrecht vereidigt worden ist, zum Deserteur werden kann. Auf die Einberufung zum Arbeitsdienst nicht zu reagieren ist demgegenüber ein vergleichsweise geringfügiges Delikt. Natürlich kann niemand voraussagen, wie sie dieses Gesetz auf Juden anwenden werden. Aber eines steht fest: Wenn ihr euch nicht meldet, gefährdet ihr nur euch selbst und niemanden sonst. Wenn ihr euch aber meldet und später zur Desertion entschließt, schafft ihr wahrscheinlich den anderen Arbeitsdienstlern Probleme, ob ihr es wollt oder nicht.«

Schweigend und aufmerksam, mit ernstem Gesicht, hörten die Jungen zu.

»Schlaft eine Nacht drüber! Ihr habt bis morgen früh Zeit, um euch zu entscheiden.«

Am Morgen sagte mir Paul, daß er auf den Einberufungsbescheid nicht reagieren werde. Ich habe ihn nie gefragt, wie er in dieser Nacht geschlafen hatte.

Tom hingegen entschloß sich, der Einberufung zu folgen.

Eine schicksalhafte Entscheidung, wie sich zeigen sollte. Tom kam nie zurück.

Mein Sohn nahm in Windeseile Abschied von seinem bisherigen Leben. Binnen Minuten suchte er seine neuen Ausweispapiere zusammen, dazu seine neue Levente-Karte, die vorher einem Christen gehört hatte. Er belud sich mit einem riesigen Rucksack, über den eine Decke geschnallt war, und trug über der linken Schulter Feldflasche und Kochgeschirr. Das alles war – gegen meine Einwände – die Idee seiner Mutter gewesen; er sollte genauso aussehen wie alle anderen jungen Männer, die sich zum Kriegsdienst meldeten. Sie war immer für das Einhalten der Formalitäten und wollte bei den Nachbarn unbedingt den Eindruck erwecken, als komme Paul dem Einberufungsbefehl nach. Und so verließ er das Haus.

Unser schwer bepackter, schlaksiger Junge machte sich auf, ein neues Leben unter dem Namen József Balázs anzufangen. Das Familiendrama begann. Paul nahm auch einen kleinen väterlichen Rat mit auf den Weg: Ich riet ihm, am Bahnhof schnurstracks die Toilette aufzusuchen und den gelben Stern von seiner Jacke abzutrennen. Falls Spuren zurückblieben, sollte er auch die Jacke einfach vergessen. Dann konnte er seinen Rucksack und den übrigen Krimskrams zur Gepäckaufbewahrungsstelle bringen und darangehen, sich ein Zimmer zu mieten. Seine falschen Ausweispapiere hatte er ja bei sich.

Den ganzen Tag mußte ich daran denken, wie es ihm wohl ergehen mochte. Am nächsten Morgen gegen sechs läutete es.

Ich sprang aus dem Bett und lief zur Wohnungstür. Da stand mein geliebter älterer Sohn, genauso bedrückt wie am Vortag bei seinem Abschied. Ich ließ ihn herein.

»Was ist denn passiert?«

Er rieb an seiner Kleidung, als versuche er, etwas abzubürsten.

»Ich habe alles so gemacht, wie du gesagt hast. In der Rákóczi-Straße habe ich auch ein Zimmer gefunden und gemietet. Aber das Bett war so voller Ungeziefer, daß ich die ganze Nacht nicht schlafen konnte. Ich habe die Vermieterin geweckt, aber sie sagte, da könne man nichts machen, weil das Gebäude an ein Warenhaus grenzt und es keine Möglichkeit gibt, das Ungeziefer zu vernichten. Sie gab zu, daß das Zimmer unbewohnbar war, und ich habe mein Geld zurückbekommen. Dann bin ich einfach wach geblieben und habe auf den Morgen gewartet.«

Unterdessen war meine Frau wach geworden. Aus Sorge, daß die Wanzenplage auch uns heimsuchte, schritt sie sofort zur Tat.

»Marsch ins Bad! Und daß du ja deine Sachen nicht irgendwo liegen läßt! Du mußt sie wirklich ganz gründlich kontrollieren.«

Der arme Junge gehorchte, ohne zu murren. So gab es wieder ein Familienfrühstück und wieder den mütterlichen Abschiedskuß, und wieder stahl sich Paul die Treppe hinunter; aber durch seine jüngste Erfahrung klug geworden, wollte er diesmal das Zimmer sorgfältig untersuchen, bevor er es mietete. Nach langem Suchen fand er schließlich ein kleines, aber sauberes Zimmer in der Verpeléti-Straße – ursprünglich ein Mädchenzimmer.

Nach dem Weggang Pauls war jetzt der vierzehnjährige George an der Reihe, sich heimlich davonzumachen. Er war der besondere Liebling meines christlichen Friseurs, der ihm in den letzten zehn Jahren die Haare geschnitten hatte und seinen Esprit bewunderte. Schon als kleiner Knirps brachte George uns alle mit seinen Bonmots zum Schmunzeln.

Einmal, als er etwa fünf war, fragte ihn jemand: »Was für ein Mensch ist dein Vater?«

»Ein verheirateter Junggeselle«, gab George zur Antwort.

Ein anderes Mal – es kann nicht viel später gewesen sein – fiel mir auf, daß George zu allen Leuten im Fahrstuhl ungewöhnlich höflich geworden war: Er grüßte sie, wählte für sie das Stockwerk, hielt ihnen die Tür auf und wünschte ihnen einen guten Tag, wenn sie den Fahrstuhl verließen.

»Was ist denn in dich gefahren, George?« fragte ich ihn. »Zu Hause bist du nie so höflich.«

»Aber Vati, im Fahrstuhl brauche ich doch nur eine Minute höflich zu sein und kann ganz viel Eindruck auf ganz viel Leute machen!«

Der Friseur versprach, sich etwas für George einfallen zu lassen. Zunächst einmal ließ er vor seinem geistigen Auge seine verschiedenen Kunden Revue passieren und schnitt nach langem Vorgeplänkel das Thema schließlich gegenüber einem gewissen Herrn Baufluss an, der Beamter im Landwirtschaftsministerium war. Herr Baufluss war deutscher Herkunft, ein jovialer Bursche mit rosigem Gesicht, mit dem man, wie man so sagt, wohl »Pferde stehlen konnte«; denn er war ein großer Liebhaber starker Getränke und flotter Frauen. Über Geld sprachen wir nicht, aber an dem Abend, als wir einen Toast auf unsere Freundschaft ausbrachten, schob ich ihm diskret ein paar Tausender zu.

Baufluss war im Ministerium für die Inventarisation konfiszierter jüdischer Grundstücke zuständig. Er war nur am Wochenende zu Hause; die übrige Zeit verbrachte er mit Inventarisationen in der Provinz. Unter der Woche war George ganz allein in Baufluss' Wohnung. Da er nichts anderes zu tun hatte, lenkte er die Aufmerksamkeit einiger Schulkameraden auf sich, die im Gebäude gegenüber wohnten. Per Handzeichen gaben sie ihrer Verwunderung Ausdruck, ihn im Haus eines fremden Menschen festgesetzt zu sehen. In der folgenden Woche nahm der gutherzige Herr Baufluss George mit in die Provinz, um den unglücklichen Jungen aufzumuntern. Zu der Zeit arbeitete er in Transdanubien, westlich von Budapest, auf dem Mustergut eines jüdischen Adligen, des Barons Móric Kornfeld. Dort wurden sie vom Rest des Personals nach Kräften verwöhnt. George lernte auch verschiedene andere Ministerialbeamte kennen, die den jungen Mann, den angeblichen Patensohn des Herrn Baufluss, gleich ins Herz schlossen. George half sogar bei der Inventarisation. In dieser guten Gesellschaft faßte er bald wieder Mut. Am Samstag kam er nach Budapest zurück.

Am nächsten Tag erlaubte ihm Baufluss einen Ausflug in das Bergland rings um Budapest. George freute sich seiner Freiheit und Ungebundenheit wie ein ausgelassenes Fohlen auf der Weide. Budapest hat eine sehr schöne Lage: Vom Donauhochufer hat man einen herrlichen Blick auf den Strom. George steuerte eine Erhebung namens Gugger an, die er eigentlich gut kannte, aber in dem strahlenden Sonnenlicht verirrte er sich im Wald. Schon nach wenigen Kilometern stieß er auf einen Gardisten, der seinen Ausweis sehen wollte. George wies seine Levente-Karte vor, ausgestellt auf den Namen Sándor Kiss.

»In Ordnung. Du kannst weitergehen.«

Sobald er außer Sichtweite des Gardisten war, wurde George klar, daß er versehentlich die Budapester Stadtgrenze überschritten haben mußte. In der Stadt selbst war die Polizei für die Aufrechterhaltung von Recht und Ordnung zuständig; die Gardisten patrouillierten in dem Gebiet dahinter und schlossen praktisch einen Ring um die Stadt. Ihre einzige Aufgabe war, Juden zu fangen, die zu fliehen versuchten. Die Stadtgrenze war etwa zehn Kilometer von der Stadtmitte entfernt, so daß viel Raum für lange Spaziergänge oder Familienausflüge blieb. Sie zu überqueren bedeutete ein unnötiges Risiko.

Einer der Freunde meines Sohnes, ein Junge namens Jeremias, hatte weniger Glück. Er sah gut aus mit seiner dunklen Haut und den blitzenden schwarzen Augen. Er wollte zur Insel Lupa, wo auch unsere Familie ein Sommerhaus hatte. Am Bahnhof wurde er nach seinen Papieren gefragt. Da er seinen Ausweis nicht bei sich hatte, wurde er festgenommen und nach Deutschland deportiert. Im Lager fand der Kommandant Gefallen an dem attraktiven jungen Mann und schickte ihn als Kurier zu den Einsatzgruppen. Im Juni tauchte Jeremias in seiner schmucken neuen Uniform in Ungarn auf. Er besuchte seine Eltern. In der Tat war er außerordentlich stolz auf seine Stellung und zeigte keinerlei Neigung, sie aufzugeben. Weder wir noch er wußten damals, daß nach einiger Zeit (in der Regel nach etwa drei Monaten) jeder, der für die Einsatzgruppen gearbeitet hatte, ins Gas geschickt wurde – auch die, deren Arbeit mustergültig gewesen war.

Dieses Schicksal erinnert an eine alte, barbarische Sitte. Der Sage nach wurden alle Krieger, die den Hunnenkönig Attila begraben hatten, Mann für Mann niedergemetzelt, so daß der Ort seines Grabes für immer ein Geheimnis blieb. Und Salomon, der für seine Weisheit berühmte König von Juda, ließ dreihundert Baumeister des Tempels zu Jerusalem töten – so will es jedenfalls die Legende. Menschen, die für den Bau großartiger Bauwerke verantwortlich waren oder die ein besonderes Geheimnis hüteten, liefen Gefahr, aus Gründen der Sicherheit ermordet zu werden. Hitler ließ letztlich diese alte Sitte bei seinen Einsatzgruppen wieder aufleben. Es ist schwer, sich die Welt, in der wir damals lebten, auch nur vorzustellen.

Noch schwerer war es, meine zwei weiblichen Familienmitglieder der nichtjüdischen Gesellschaft zuzuführen.

Meine Schwiegermutter war ein sensibler Mensch, aber eigensinnig. Sie konnte sich die Gefahren, die sie umgaben, einfach nicht vorstellen und lehnte alle meine Vorschläge, eine falsche Identität anzunehmen und unterzutauchen, schlankweg ab.

»Nein, nein«, erwiderte sie, wann immer ich auf meine Idee zurückkam...

Erst als ich eine frühere Gouvernante der Kinder ausfindig machte, die am Stadtrand von Budapest wohnte und mit einem Bahnangestellten verheiratet war, erklärte sie sich einverstanden, ihre Sechszimmer-Luxuswohnung, in der sie allein lebte, aufzugeben und in eine einfache Zweizimmerwohnung in Alag zu ziehen, wo sie fortan mit der ganzen Familie der Gouvernante und ihres Mannes zusammenleben sollte.

Was meine Frau betraf, so waren sie und ich uns nur in einem einig – daß wir uns in nichts einig waren. Überflüssig, zu erwähnen, daß wir auch vollkommen unterschiedlicher Meinung darüber waren, wie wir unser neues Leben gestalten sollten. Mein

Ziel war es, die Dinge so zu arrangieren, daß wir unseren komfortablen Lebensstandard aufrechterhalten konnten und unser Leben unter möglichst angenehmen Umständen weiterging. Ich lehnte es ab, eine Stelle in einer Ziegelei anzunehmen, weil ich wußte, daß man desto härter arbeiten muß, je weiter unten auf der sozialen Skala man sich bewegt. Denn hier ist es leichter, den tatsächlichen Arbeitsoutput zu kontrollieren. Hätte man mir den Posten eines Verwalters angeboten, hätte ich ihn genommen. Für Intellektuelle ist körperliche Arbeit doppelt schwer: Ihr Kopf ist immer irgendwo anders, und ihr Herz ist nicht bei der Sache.

Meine Frau war dermaßen besorgt und durcheinander, daß ich unverzüglich etwas unternehmen mußte. Besonders bestürzend war für sie die Anordnung gewesen, den gelben Stern zu tragen. Jeder, der ihren verbitterten Gesichtsausdruck beobachtete, während sie den gelben Stern auf unsere verschiedenen Kleidungsstücke nähte, konnte sehen, daß eine Frau vor ihm saß, die im Innersten und auf eine vielleicht unheilbare Weise verletzt worden war. Es war, als nähe sie ihr Leichentuch. Nachdem die Söhne aus dem Haus waren, steigerten sich Sorge und Ungewißheit, so daß sie krank wurde. Der Arzt diagnostizierte ein Magengeschwür – damals als »die jüdische Krankheit« bekannt. Ich riet ihr, ins Lukács-Bad zu gehen, wo sie schwimmen, Sonnenbäder nehmen und sich erholen konnte. Aber sie wollte nichts davon wissen.

Doch dann fiel ihr Zavics ein, der uns eingeladen hatte, sein Haus mit ihm zu teilen. Im tiefsten Herzen war ich gegen diesen Plan, aber ich war zu erschöpft, um weiteren Widerstand zu leisten. Am nächsten Wochenende fuhren wir zu Zavics, der uns das Blaue vom Himmel versprach; er hatte gerade seinen Einberufungsbefehl erhalten, und sein größtes Anliegen war, seine Frau nicht mit den zwei Kindern allein zu lassen. Mit einem gefälschten Adressenänderungsformular begleitete er meine Frau aufs Einwohnermeldeamt.

Die Zeit bis zu ihrem Umzug nutzte ich dazu, in allen Einzelheiten ihre neue Identität mit ihr zu proben. Noch die kleinste

Kleinigkeit war durch ein Dokument belegt. Sie hieß jetzt Julia Bessenyei – dieser Name stand auf der Geburtsurkunde von Frau Balázs, der Frau meines Hausverwalters. Sie war die ledige, vierzigjährige Tochter einer ungarischen Adelsfamilie und hatte vor und während dem Krieg in Berlin als Schreibkraft gearbeitet. Bei den Bombenangriffen hatte sie einen Nervenzusammenbruch erlitten und ihren Arbeitsplatz verloren und war jetzt zur weiteren ärztlichen Behandlung in ihre Heimat zurückgekehrt.

Den deutschen Teil ihrer Geschichte konstruierte ich aus mehreren Gründen. Erstens war ich Direktor von zwei deutschen Firmen gewesen, deren Briefpapier und Siegel noch in meiner Schublade lagen; zweitens beeindruckten die Deutschen die Menschen so sehr mit ihren Erfolgen, daß deutsche Dokumente nach meinem Dafürhalten bereitwilliger geglaubt wurden. Der Hauptgrund war jedoch, daß ungarische Papiere ziemlich leicht überprüft werden konnten, während es wegen des zunehmenden Kriegschaos nahezu unmöglich war, deutsche Papiere zu verifizieren. Ich wollte, daß meine Frau auf jede erdenkliche Frage ruhig antwortete, und erfand daher alle möglichen schwierigen Fragen, die sie recht gut zu beantworten lernte. Zweck der Übung war natürlich, zu verhindern, daß sie ins Stottern kam, wenn die Polizei sie verhörte. Da aus den Dokumenten hervorging, daß sie katholisch war, ließ ich sie durch einen Freund im Katechismus trainieren.

Und so gingen alle Angehörigen meiner Familie ihren eigenen Weg. Niemand, der uns Unterkunft bot, verlangte Geld, doch hielt ich es für unerläßlich, jedem unserer Helfer ein paar tausend Pengő zur Deckung seiner Unkosten zu geben; und natürlich versah ich auch meine Angehörigen mit Geld. So schrumpfte mein Bargeldbestand bedrohlich zusammen.

Hilfe kam von zwei Seiten.

Es wurde eine Verordnung erlassen, wonach alle Juden ein Verzeichnis ihrer Besitztümer einzureichen hatten. Diese Meldungen mußten außerordentlich detailliert sein und Dinge wie Gold, Schmuck und Rundfunkgeräte sofort abgegeben werden. Viele Menschen, die Mühe hatten, ihre Wertsachen, Möbel und dergleichen zu katalogisieren, kamen zu mir, um sich juristisch beraten zu lassen. Während ich ihnen zuhörte, wurde mir klar, daß viele von ihnen bedeutend wohlhabender waren, als ich vermutet hatte. Ohne daß ich sie darum bitten mußte, honorierten sie mich großzügig für meine Dienste: Ich empfahl ihnen im Hinblick auf die zunehmenden Kriegswirren nur eine Pro-forma-Meldung und eine symbolische Besitzübergabe. Im Grunde genommen schlug ich ihnen vor, die Regelung zu sabotieren. Dieser Rat gefiel den Leuten, weil er ihnen die besten Chancen bot, ihre materiellen Interessen zu schützen. Er hatte den zusätzlichen Vorteil für mich, daß er mir weniger Arbeit verursachte. Die Erklärungen wurden pflichtschuldigst ans Finanzamt geschickt, wo vier Zimmer für sie reserviert waren – und da lagen sie nun. Kein Mensch setzte einen Fuß in diese Zimmer, und die Papiere wurden für den Rest der Hitlerzeit nicht einmal zur Hand genommen.

Zusätzliche finanzielle Hilfe erwuchs mir aus dem Verkauf einer weiteren Mitgliedschaftsurkunde für den Heldenorden. Für diese spezielle Urkunde erhielt ich nicht 5000, sondern 10 000 Pengő. Wie ich herausfand, erwarb sie der nichtjüdische Partner des berühmten Anwalts und Politikers Paál für dessen Schwager. Paál war einer von zehn früheren Absolventen der Piaristenschule in Budapest, die Mädchen aus Familien jüdischer Abstammung geheiratet hatten. Seine Frau war die Enkelin des Patriarchen der Familie Schlesinger, die Anfang des 20. Jahrhunderts eine bedeutende Rolle im ungarischen Wirtschafts- und Gesellschaftsleben gespielt hatte. Schlesinger wurde auch Mitglied des Parlaments. Als ein anderer Abgeordneter eine beleidigende Äußerung über Schlesingers jüdische Herkunft machte, forderte Schlesinger ihn, wie es der Komment forderte, zum Duell. Dieser Forderung mußte nachgekommen werden, auch wenn sie von einem Juden kam. Schlesinger hatte in seinem ganzen Leben nicht gefochten, und seine Sekundanten feuerten ihn mit Zurufen an wie »Nicht aufgeben, Schlesinger!« Er gab nicht auf, und es gelang ihm schließlich sogar, seinen Gegner zu verwunden. Der Vorfall wurde legendär und der Ruf

»Nicht aufgeben, Schlesinger!« zu einem geflügelten Wort. Als der Alte starb, kehrte seine Familie der jüdischen Religion den Rücken, und es wurden gute – manche würden sagen: zu gute – Katholiken aus ihnen. Schlesingers Tochter wurde sogar so fromm, daß sie sich im Garten ihres Sommerhauses einen Altar errichten ließ.

Der Enkel, für den mein Freund die Urkunde kaufte, war eher ein Playboy, der alle Judengesetze einfach mißachtete. Er fuhr fort, jeden Tag die schicken Restaurants und Tanzsäle zu besuchen, bis sie anläßlich der Belagerung Budapests geschlossen wurden.

Nach dem Krieg begegnete ich ihm zufällig wieder und stellte ihm die damals übliche Frage: »Wie sind Sie durch die schweren Zeiten gekommen?«

»Kinderspiel«, sagte er und schnippte mit den Fingern. »Nur einmal gab es Probleme. Irgendein Schwachkopf hatte mich als Juden denunziert. Daraufhin kamen Kriminaler, die mich in meiner Wohnung suchten. Als sie mich nicht antrafen, hinterließen sie eine Vorladung für den nächsten Morgen neun Uhr auf ihrem Präsidium.«

»Ich vermute, Sie sind dann gleich ausgezogen, damit man Sie nicht finden konnte?«

»Keine Spur. Ich hatte doch dieses irre Dokument – überall, wo ich es vorzeigte, öffneten sich mir sämtliche Türen! Nein. Ich bin am nächsten Morgen pünktlich im Präsidium erschienen, habe mit dem Dokument gewedelt und empört geschrien: ›Wie können Sie es wagen, einen Helden zu belästigen!‹ Der Oberkriminaler war von meinem Ton und dem Dokument so perplex, daß er sich nur pausenlos entschuldigte und mich gehen ließ. Bis zum Ende des Krieges hat mich nie wieder jemand belästigt.«

Ich verriet ihm nicht, wie gut ich dieses famose Dokument mit seinem unzulänglichen Siegel kannte. Vielmehr nahm ich zur Kenntnis, daß Selbstsicherheit wichtiger ist als jedes Dokument. Wäre ich in derselben Lage gewesen, hätte ich gewiß nicht die Stirn gehabt, vor versammelten Kriminalbeamten mit einem gefälschten Dokument zu wedeln.

Die Verbindung zu Paál erwies sich nicht nur als Einnahmequelle, sondern brachte auch die Möglichkeit, Fühlung mit dem »englischen Widerstand« in Budapest aufzunehmen. Ich hatte seit einiger Zeit versucht, Kontakte zur Untergrundbewegung herzustellen, der ich vielleicht von Nutzen sein konnte. Mir war bekannt, daß einige anglophile Ungarn in den »Untergrund« gegangen waren, und zwar unter Führung eines englischen Majors, der – zufällig oder absichtlich – während des Krieges im Lande geblieben war. Durch Paáls Einfluß lernte ich einige von ihnen kennen, doch alles, was ich ausrichtete, war – bis auf eine Gelegenheit –, mein Englisch zu verbessern. Es war nicht die Art von Untergrundbewegung, die mir vorschwebte; jedenfalls waren sie nicht bereit, mich mitmachen zu lassen.

Paál bat mich noch in einer anderen vertraulichen Sache um Hilfe: Ich sollte eine Bleibe für einen jungen jüdischen Freund seiner Familie finden, der sich jetzt in seiner Villa in den Buda-Bergen versteckte. Da ich vorhatte, meine Wohnung so bald wie möglich zu verlassen, schlug ich ihm vor, den Jungen in meiner Wohnung anzumelden, wobei ich nicht daran dachte, daß die neuen offiziellen Mieter die Anwesenheit eines jüdischen Jungen vielleicht nicht besonders erfreulich fanden. Paál ging auf mein Angebot ein. Für den Rest des Krieges sahen wir uns nicht wieder. Paál selbst wurde eingezogen und kam an die Front, wobei wir uns zum Zeitpunkt unseres Abschiedes sicher waren, daß die Deutschen den Krieg verlieren würden. Etwas anderes bestärkte mich in meiner Zuversicht: Wie Paál mir erzählte, beabsichtigte seine Familie, die Villa aufzugeben und ins »Ritz« zu ziehen, damals das eleganteste und teuerste Hotel in ganz Budapest. Da Paál wußte, daß ich gut Russisch sprach, bat er mich, für den Fall einer russischen Besetzung Budapests in das Hotel zu gehen und mich um seine Familie zu kümmern. Ich war geschmeichelt, daß ein Nichtjude bereit war, mir seine Familie anzuvertrauen.

Und damit schieden wir.

So hatten mein Freund Paál und ich uns den Ausgang des Krieges zurechtgelegt. Leider sah die Wirklichkeit anders aus:

Die Dinge entwickelten sich nicht so schnell, wie wir erwartet hatten. Doch im Juni stand jedenfalls fest, daß der Stern der Deutschen im Sinken begriffen war. Briten und Amerikaner blieben nicht nur in Afrika siegreich, sondern waren auch in Italien bis nach Rom vorgerückt. Die Russen trugen eine Offensive vor, die sie fast bis nach Jassy in Rumänien führte. Es versteht sich von selbst, daß mir der alliierte Vormarsch trotz allem noch immer zu langsam ging. Die schwerste Bürde bei alldem hatten die Russen zu tragen. Sie hatten allen Grund, die Fortschritte als zu langsam zu empfinden und eine zweite Front in Europa für notwendig zu halten. Eine damals kursierende Anekdote sagt alles.

Eine britische und eine amerikanische Militärdelegation kommen nach Rußland. Am Flughafen werden sie von einer russischen Militärdelegation empfangen. Sie werden in eine riesige Limousine verfrachtet und machen sich auf den Weg durch die Steppe.

Plötzlich ruft der Fahrer: »Volki!« (Wölfe!)

Sofort springt ein russischer Offizier auf: »Sie gestatten!«

Er klettert aus dem Auto und kämpft mit bloßen Händen gegen die Wölfe, bis sie ihn zerfleischt haben. Der Wagen hat unterdessen seine Fahrt fortgesetzt. Nach einer Weile kommt wieder der Ruf: »Volki!«

Ein zweiter russischer Offizier wagt sich hinaus und kämpft mit den Wölfen, bis er tot ist. Und so geht es weiter. Schließlich ruft der Fahrer erneut: »Volki!«

Aber diesmal herrscht Grabesstille; niemand meldet sich. Der britische Feldmarschall sieht sich um; es sind keine russischen Offiziere mehr im Wagen übrig.

An dieser Stelle erklärt er: »Meine Herren, es hilft nichts: Wir werden wohl unsere Gewehre benutzen müssen.«

Kapitel 10

D-Day: der 6. Juni 1944

Endlich marschierten die Alliierten in Europa ein, an den Stränden der Normandie. Es waren aufregende Zeiten! Die erste Radiomeldung konnten wir am 8. Juni abfangen. Eisenhower sagte, sein Vertrauen in die Truppen sei vollauf gerechtfertigt gewesen: Die Invasion war ein Erfolg! Hurra! Wenn die verteufelten deutschen Truppen rasch genug geschlagen würden, wären die Juden gerettet. Unsere Hoffnungen stiegen.

Aber die Bestimmungen und Regelungen gegen die Juden wurden nicht etwa lockerer, sondern noch strenger. Scharen von Polizisten und Beamten sorgten für ihre Einhaltung. Ein weiteres Problem bestand darin, daß alle liberalen und fortschrittlichen Zeitungen ihr Erscheinen eingestellt hatten: Nur nazifreundliche, judenfeindliche Publikationen kamen weiter heraus.

»Juden sind wie Ungeziefer zu behandeln«, lautete das Motto unserer Peiniger.

Bemerkenswerterweise ließ sich die Mehrheit der Bevölkerung davon nicht aufhetzen. Dafür stieg die Zahl individueller Exzesse, und es gab eine wachsende Brutalität.

Das von den Zeitungen verkündete Recht, Juden zu verfolgen, begann sich ungünstig auf das moralische Klima auszuwirken. Ungesetzliche Handlungen, die gegen Juden verübt wurden, blieben ungeahndet. In einigen Fällen sickerte durch, daß Geschäftemacher Juden versprochen hatten, sie außer Landes (vor allem nach Rumänien) zu schmuggeln, und sie dann auf dem Weg dorthin umgebracht hatten, um in den Besitz ihrer Habe und ihres Geldes zu gelangen.

Da Übergriffe auf Leben und Eigentum von Juden unbestraft blieben, wurden Kriminelle in dem Gefühl bestärkt, Hochsaison zu haben. Ich erinnere mich an einen Fall, in dem jemand einen Nichtjuden ermordet hatte. Er verteidigte sich mit dem Hinweis: »Ich dachte, es wäre ein Jude und es wäre in Ordnung, Juden umzubringen.«

Aber ich weiß nur von einem Fall, in dem ein Jude sich rächte. Ich war eines Nachmittags allein im Haus, als es an der Türe läutete. Es war Jancsi Danyi, ein junger Box-Champion und Freund meines älteren Sohnes. Er kippte praktisch in die Diele, als ich die Tür öffnete.

»Hilfe, Onkel Tivadar!« keuchte er. Sein Gesicht war schweißbedeckt, die Kleidung schmutzig.

»Ist hier sonst noch jemand?« flüsterte er und blickte umher.

»Nein, niemand. Beruhige dich. Trink ein Glas Wasser. Es ist alles in Ordnung.«

Ich wußte, daß etwas Außergewöhnliches geschehen sein mußte. Es dauerte einige Minuten, bevor mein junger Freund seine Fassung wiedergewann und mir seine Geschichte erzählen konnte:

»Ich habe ein Mädchen mit der Linie 2 über die Margarethenbrücke nach Hause gebracht. Du weißt schon, diese süße kleine Blondine, mit der ich in deinem Sommerhaus auf Lupa war. Wir standen da und warteten darauf, daß die Straßenbahn losfuhr, als plötzlich jemand schrie ›Jude, verschwinde!‹ und mir zweimal ins Gesicht schlug. Die Schläge machten mir weniger aus als die Blamage vor meinem Mädchen. Während ich ausstieg, zeigte der Mann auf ein Haus vor mir: ›Geh da rein!‹ Ich tat, was er gesagt hatte, aber ich fühlte, wie die Wut in mir hochkroch, und mein Kehlkopf hüpfte wie verrückt auf und ab. In dem Moment, wo wir in dem Haus waren, drehte ich mich um und versetzte dem Mann, ohne mich zu besinnen, mit der einen Faust einen Schlag in den Magen und mit der anderen einen Kinnhaken. Er muß sich auf die Zunge gebissen haben, denn plötzlich war ich voller Blut von ihm, und er sackte in sich zusammen. Ich bekam es mit der Angst. Ich konnte auch nicht richtig sehen, vor meinen Augen war alles rot. Ich weiß nicht, was ich dann getan habe, ob ich ihm noch einen Schlag versetzt

habe oder einfach weggelaufen bin. Was soll ich tun, Onkel Tivadar?«

»Geh erstmal ins Bad und wasch dich. Und sieh zu, daß du
diese Blutflecken aus deiner Kleidung bringst!«

Ich hielt es für das beste, selbst hinunterzugehen, um die Lage
zu prüfen und nachzusehen, was mit dem verunglückten Juden-
verfolger geschehen war.

»Ich bin gleich wieder da«, sagte ich und lief hinaus.

Ich ging zu Fuß, weil es bis zu der Stelle nicht weit war. Ein
paar Leute standen herum, und so begann ich ein Gespräch und
erfuhr, daß der junge Mann bei Bewußtsein gewesen war, als der
Rettungswagen ihn abgeholt hatte. Mit dieser guten Nachricht
eilte ich zu Jancsi zurück.

Seine Gegenwehr entsprach zwar genau meiner Überzeugung, daß Angriffe auf Juden die Täter so teuer wie möglich zu
stehen kommen sollten, aber ich riet Jancsi doch, beim nächsten
Mal vorsichtiger zu sein. Er sollte überlegt, nicht impulsiv handeln. Jancsi war nicht nur ein guter Freund meines Sohnes, sondern schmeichelte mir auch mit dem Geständnis, daß er mich
als seinen Pflegevater betrachte – seinen »väterlichen Erzieher«,
wie er sich ausdrückte. Um meinen Rat zu hören, vertraute er
mir Dinge an, die er seinen Eltern nicht zu sagen wagte. Jancsi
passierten immer die verrücktesten Dinge, weil er auf alle Ereignisse anders reagierte, als es die meisten von uns tun würden.

Um ihm eine Freude zu machen, gab ich ihm ein paar
Plätzchen von der Art, wie sie in Budapest nicht mehr zu haben
waren. Er verzehrte sie genüßlich, und als er wieder ganz ent-
spannt war, vertraute er mir etwas an.

»Du mußt wissen, Onkel Tiv, aber sag es niemandem weiter,
daß meine christlichen Boxerfreunde, auch die drei Brüder Torma,
sich einen gelben Stern auf die Brust genäht haben, und wenn
jemand eine beleidigende Bemerkung macht, schlagen sie ihn
zusammen.«

Während er sprach, entsann ich mich, kürzlich jemanden
gesehen zu haben, der zwar einen gelben Stern trug, aber einen,
der nicht ordentlich aufgenäht und auch nicht aus dem vorge-

schriebenen Material war. Jetzt hatte ich die Erklärung für dieses Rätsel. Es war tröstlich zu wissen, daß es dort draußen Leute gab, die aus einem Gefühl der Mitmenschlichkeit heraus – oder auch nur, um ihren Kampfinstinkt abzureagieren – bereit waren, gemeinsame Sache mit den Juden zu machen.

Ein anderes Rätsel vermochte ich hingegen nie zu lösen. In verschiedenen Teilen der Stadt hatte man auf Christusstatuen oder -bildern einen gelben Stern angebracht. Ich habe nie herausgefunden, ob dies das Werk von Juden oder von Nichtjuden war.

An demselben Abend zog Paáls Schützling in die Wohnung ein, der junge jüdische Student. Er war einundzwanzig, der verwöhnte Sohn eines Bankdirektors, der zwar brillante Vorträge über Quantentheorie oder die Einsteinsche Relativitätstheorie halten konnte, aber in den praktischen Dingen des Alltagslebens völlig unerfahren war. Eben ein typischer theoretischer Physiker! Ich liebte es ja selbst, in den Tag hineinzuträumen und Routineverpflichtungen aus dem Wege zu gehen, aber seine Nonchalance gegenüber den Notwendigkeiten des Lebens war einfach umwerfend: Ich konnte ihn nur bewundern und beneiden. In der ersten Nacht ließ er in seinem Zimmer sämtliche Lampen brennen; als ich ihm am nächsten Morgen zeigte, wie man Frühstück machte, nahm er zwar den Teekessel vom Herd, vergaß aber, das Gas auszuschalten. Lieber aß er gar nichts, als daß er sich mit Geschirr, Küchengeräten und Lebensmitteln herumgeschlagen hätte. Er war der Typ des Wissenschaftlers mit zwei linken Händen, aber trotzdem schaffte er es irgendwie, die Nationalsozialisten zu überleben.

Die Frau, welche die Wohnung nach unserem Auszug übernehmen sollte, war sorgfältig ausgewählt worden. Es war eine frühere Sekretärin, ein ernsthaftes, blondes Mädchen, natürlich Nichtjüdin – die typische Karrierefrau. Sie hatte als Hausangestellte begonnen, aber ihr Ehrgeiz war, Sekretärin zu werden. So lernte sie Maschineschreiben, Stenographie und so fort. Jetzt, als »Judenknecht«, fand sie sich als Mieterin einer Vierzimmerwohnung im besten Teil der Stadt wieder. Ein weiterer Vorteil für sie war, daß ich die Miete für ein Jahr im voraus bezahlt hatte.

Nichtjuden, die – aus Freundschaft oder aus Gewinnsucht – jüdischen Besitz retten halfen, wurden von den Zeitungen »Judenknechte« beschimpft. Ein wohlhabender Jude brauchte vier bis fünf solcher Knechte, um seine Besitztümer unterzubringen: Er konnte nicht alles einer einzigen Person überlassen – nicht nur aufgrund der Judengesetze, sondern auch wegen der normalen Kriegsrisiken. Wir verteilten unsere Sachen auf so viele Menschen, daß wir uns zuletzt nur schwer erinnern konnten, wem wir was gegeben hatten.

Margit, die Sekretärin, war mit unserer Wohnung sehr glücklich. Sie hoffte, damit eine Herzensangelegenheit fördern zu können: Sie war nämlich in einen slowakischen Konditor verliebt, der jedoch die Heirat immer wieder hinausschob. Erst waren seine Dokumente aus der Slowakei noch nicht eingetroffen. Dann hatten die zwei keine Wohnung. Jetzt hatten sie wenigstens eine Wohnung, aber leider erwies sich das als fatal. Der Verlobte zog zwar ein, verbrachte jedoch seine Mußestunden mit der sechzehnjährigen Tochter des Hausverwalters. Die Tochter war auf ein Abenteuer aus und bekam offenbar, was sie wollte: Sie wurde schwanger. Der Hausverwalter, der in diesen Dingen nicht spaßte, bestand darauf, daß der Konditor seine Tochter heirate. So verlor Margit ihren Verlobten.

Ein anderer Zwischenfall ging mir ebenfalls nahe. Wenige Tage nach ihrem Einzug machten meine sogenannten Mieter die Bekanntschaft eines führenden Pfeilkreuzlers – also eines Mitglieds der ungarischen Faschistenpartei –, der in demselben Gebäude lebte und Minister war. Man denke sich: ein leibhaftiger Minister! Sie waren von seiner Position stark beeindruckt und ließen sich nolens volens von seinen antisemitischen Auffassungen beeinflussen. So baten sie mich, der junge theoretische Physiker möge ausziehen. Ich kannte die Sekretärin des Hausverwalters, die bereit war, etwas für die Rettung des jungen Mannes zu tun, so daß ich zum Glück seinen Auszug bewerkstelligen konnte.

Meine eigene Lage jedoch wurde, wie ich es vorausgesehen hatte, von Tag zu Tag schwieriger. Das betraf auch meine Versuche, mir Dokumente zu beschaffen, doch tat ich weiterhin alles, um die Bestimmungen des Naziregimes zu sabotieren. Miksa, der Meisterfälscher, machte weiter seine Arbeit, aber wie hatte er sich verändert! Der Druck und Verdruß seiner Arbeit brachten ihn völlig aus dem Gleichgewicht, und er wußte nicht mehr, was er tat. Er verfertigte Geburtsurkunden für Großvater und Enkelkind, die mit derselben Tinte geschrieben und von demselben Standesbeamten unterschrieben waren, obwohl zwischen beiden Personen sechzig Jahre lagen. Fragte die Urkunde nach dem »Namen der Person, welche die Geburt anzeigt«, so trug er den Namen des Kindes ein, und so fort. Gelegentlich brachte er auch die Geschlechter durcheinander. Zwar verfertigte er ohne Murren und ohne Aufschlag ein neues Dokument, wenn er auf Fehler im alten aufmerksam gemacht wurde, aber oft enthielt das neue Dokument einen neuen Fehler. Manche Dokumente mußte ich drei- oder viermal zurückbringen. Unsere morgendlichen Gespräche wurden immer kürzer. Wir waren wie zwei enttäuschte Liebende, die sich nichts mehr zu sagen hatten und nur noch die Beziehung beenden wollten. Er wurde immer mürrischer und sagte zum Schluß kaum noch ein Wort.

Die anderen Fälscher waren an ihren alten Adressen nicht mehr anzutreffen.

Später erleichterte eine neue, glänzende technische Entwicklung die Lage, obgleich die Menschen ihr zuerst nicht recht trauten. Es kamen heimliche »Papierwäschereien« auf, in denen auf chemische Weise der geschriebene Text von Dokumenten entfernt werden konnte, ohne daß das Siegel und die Unterschrift des Standesbeamten beschädigt wurden. Die Dokumente kamen als Blankoformulare, aber mit Siegel versehen, aus der Wäscherei zurück. Danach konnte man auf den alten Dokumenten geeignete Einträge einfügen. Diese Papierwäschereien hatten den zusätzlichen Vorteil, daß sie billig waren und den Bedarf an Blankoformularen verringerten.

Die Erfahrung lehrte, daß Menschen, die in die Massenfertigung von gefälschten Dokumenten einstiegen oder eine Papierwäscherei aufmachten, früher oder später der Polizei in die Hände fielen. Das kam in der Regel einem Todesurteil gleich. Aber leider verloren die Menschen bei der Aussicht auf schnelles Geld völlig ihren gesunden Menschenverstand: Sie waren einfach unfähig, ihre heimliche (wiewohl lebenrettende) Betätigung einzustellen. Ich hütete mich davor, mich dauerhaft und berufsmäßig auf das Fälschergeschäft einzulassen. Ich hielt es für meine Pflicht, Dokumente für meine Angehörigen und einige enge Freunde zu besorgen, aber diese Menschen waren sorgfältig ausgewählt, und ich ließ jeden schwören, nirgends und gegenüber niemandem meinen Namen zu erwähnen. Jeder versprach es und gab mir sein Ehrenwort darauf.

Indessen scheint das menschliche Mitteilungsbedürfnis stärker zu sein als das Bestreben, sein Wort zu halten. Als ich eines Morgens von einigen Besorgungen nach Hause kam, standen zu meiner Bestürzung sechs bis acht Fremde vor der Tür. Sie traten beiseite, um mich durchzulassen.

»Was wünschen Sie?« fragte ich die ältere Dame, die mir am nächsten stand.

»Herr Doktor, kennen Sie mich denn nicht? Ich bin die Mutter von Henrik Trenk [Henrik war ein lieber Kollege, der gerade seinen Arbeitsdienst ableistete]. Helfen Sie mir, in Gottes Namen! Ich brauche Dokumente.«

Ich wußte sofort, was zu tun war.

»Aber beruhigen Sie sich doch, liebe Frau Trenk! Ich bin in einer Minute wieder da. Muß nur etwas nachprüfen.«

Und damit lief ich davon, so schnell ich konnte. Ich spürte, daß nur ein radikaler Schritt mich retten konnte: Wenn so viele Leute von meinen Aktivitäten wußten, konnte ich keinen Augenblick länger in meiner Wohnung bleiben. Ich beschloß sogar, von Stund an keinen Fuß mehr über die Schwelle zu setzen. Die wichtigsten Dinge hatte ich schon aus der Wohnung in mein Versteck gebracht. In der Zwischenzeit zog ich eine Straße weiter zu meinem Freund und Bridgepartner Avas, dessen

Angelegenheiten ich noch zu ordnen hatte. Er und seine Frau begrüßten mich herzlich. Ich nahm mir vor, für die beiden so rasch wie möglich Dokumente zu besorgen, desgleichen für meinen Freund Sugár, und dann in meiner behaglichen Bleibe am Eskü-Platz zu verschwinden.

In der Nacht läutete das Telephon. Die regulären Telephone der Juden waren bereits abgestellt worden, aber Avas hatte noch eines, das auf den Namen seines »Judenknechts« Felsőbati Kiss lief. Avas ging an den Apparat.

»Für dich.« Er reichte mir den Hörer.

Ich hatte keine Ahnung, wer mich hier anrufen mochte. Ich hatte niemandem gesagt, wo ich war, und trotzdem wußte jemand genug, um mich hier anzurufen! Es war eine Frauenstimme. Die Frau von Henrik Trenk (am Morgen hatte ich mit ihrer Schwiegermutter gesprochen).

»Herr Doktor! Ich habe meine Wohnung verlassen. Ich habe meinen Vater und meine zwei Kinder mitgenommen, aber wo ich jetzt bin, kann ich nicht bleiben. Mein Mann ist beim Arbeitsdienst, und ich weiß, daß Sie mit ihm befreundet sind. Ich habe niemanden, an den ich mich wenden könnte. Helfen Sie mir, um Gottes willen!«

Obwohl ich beschlossen hatte, von gefährlichen Aktivitäten die Finger zu lassen, konnte ich eine so herzliche Bitte einfach nicht abschlagen. Ich sagte ihr, daß ich ihr helfen würde. Sie kam sofort zu mir, und ich veranlaßte, daß sie die nötigen Dokumente zum Selbstkostenpreis bekam.

Beiläufig muß ich erwähnen, daß ich für Dokumente drei Kategorien von Preisen hatte. Erstens für Menschen, die mir sehr nahestanden oder in einer ernsten Notlage waren; sie erhielten die Dokumente völlig unentgeltlich. Zweitens für Menschen, bei denen ich mich moralisch verpflichtet fühlte, keinen Gewinn auf ihre Kosten zu machen; sie zahlten einfach meine Auslagen, ohne Rücksicht auf die aufgewandte Mühe oder das eingegangene Risiko. Und drittens für meine reichen Mandanten; von ihnen verlangte ich, was der Markt hergab. In dieser Kategorie kannte ich keine obere Grenze oder, wie man so sagt, keinen

»Plafond« der Preise. Manchmal bekam ich das Zwanzigfache meiner tatsächlichen Auslagen.

Ich fragte mich, wie Frau Trenk meine neue Adresse herausgefunden haben mochte. Die Antwort war einfach. Ihre Schwiegermutter wußte, daß ich mit Avas befreundet war. Nachdem sie noch eine Weile vor meiner Wohnung gewartet hatte, war sie schließlich sehr enttäuscht nach Hause gegangen und hatte beschlossen, es mit der Nummer von Avas zu versuchen, die sie ohne Schwierigkeiten dem Telefonbuch entnahm.

So ist die menschliche Natur. Getreu dem Rat des Sokrates, versuchte ich immer, mich selbst zu erkennen. Ich war beunruhigt darüber, wie leicht ich manchmal meinen Sinn änderte. Trotzdem war ich überzeugt, ein zäher, abgebrühter, hartnäckiger Bursche zu sein. Ich vermute, daß derartige innere Konflikte dem Menschen Individualität verleihen. Da ich im Grunde genommen ein moralischer Mensch bin, mußte ich zunächst meine innere Abneigung dagegen überwinden, mit dem Verkauf gefälschter Dokumente Geld zu verdienen. Ich wußte, daß man nicht nach abstrakten Prinzipien leben kann und daß mitunter Opportunismus die Vorbedingung des Erfolges ist. Und die Menschen haben recht, wenn sie sagen, daß das Leben in Wirklichkeit die Kunst des Kompromisses ist. Mit anderen Worten, es gehört zum Leben, innere Gefühle und Instinkte gegen äußere Erfordernisse und Notwendigkeiten auszubalancieren. Diese Balance zu halten ist das notwendige Kennzeichen begabter Menschen.

Bei den meisten Menschen entspricht der Erfolg nicht ihren Fähigkeiten. Günstige Umstände spielen eine entscheidende Rolle. Der erfolgreiche Mann gilt gewöhnlich als ein kluger Mann, weil der Erfolg sich selbst garantiert. Die Neigung mittelmäßiger Menschen zur Erfolgsanbeterei hat wenig zu besagen, doch ist es schlimm, wenn ein Mensch, der lediglich Glück hat, seinen Erfolg mit Klugheit verwechselt.

Ich blieb einige Tage bei der Familie Avas wohnen. Apropos Erfolg: Avas selbst war ein gutes Beispiel für einen erfolgreichen Mann. Er war über 1,80 m groß, ruhig und würdevoll. Seine äußere Erscheinung war makellos: Seine Anzüge kamen von den besten Schneidern. Als während des Ersten Weltkriegs der Kronprinz die Front besuchte, wurde ihm Avas als Adjutant zugeteilt, obwohl er lediglich Leutnant der Reserve und noch dazu Jude war. Er besaß Hunderte von Photographien, die ihn in Gesellschaft des Prinzen zeigten.

Seine Frau war eine veritable Blume von Saron, mit blitzenden schwarzen Augen, einem herrlichen Teint, makellosen Zähnen und einer guten Figur. Ich habe nie eine Frau kennengelernt, die so anmutig erröten konnte wie sie. Dies mag seine Ursache einfach in vasomotorischen Störungen gehabt haben, aber ich fand es einfach bezaubernd.

Die Wahrheit ist, daß ich immer gern in Gesellschaft von gutaussehenden Menschen, gleich welchen Geschlechts, gewesen bin, und so ging ich mit den Avas häufig aus. Wo immer das Paar auftauchte, zog es die Blicke auf sich. Wenn wir am Samstagabend ins »Ritz« zum Essen gingen, konnte man darauf wetten, daß die Prämie des Abends Frau Avas zufiel – nicht ohne freundliche Mitwirkung des Geschäftsführers, der sie ebenfalls attraktiv fand. Als wir einander kennenlernten, wohnten die zwei in der Rumbachstraße – mitten im Ghetto, wenn es damals schon ein Ghetto gegeben hätte. Unsere Bekanntschaft reifte allmählich zur Freundschaft, und diese Freundschaft veränderte die Lebensweise der zwei von Grund auf: Sie verlegten sich aufs Rudern und Schwimmen, lernten Skilaufen und begannen bei unseren gemeinsamen Auslandsreisen sogar mit dem Bridgespiel.

Avas kam nach Budapest, als ich Rechtsanwalt wurde. Er war praktisch mein erster Mandant, und wir halfen einander häufig aus. Wenn er Geld brauchte, um seine Verluste am Aktienmarkt auszugleichen, wandte er sich an mich, aber häufiger war ich es, der von ihm und seinen Kontakten profitierte. Avas war in der Arbitrage tätig, kannte sich aber mit den Gesetzen dieses Handels nicht besonders gut aus. Es war nicht ungewöhnlich, daß er nach Abschluß eines Geschäfts zu mir kam, um herauszufinden, worauf genau er sich eingelassen hatte. Abgesehen von seinen untadeligen Manieren, war er wirklich nicht besser als der Durchschnitt. Es war bemerkenswert, wie viele Menschen ihm vertrauten und seinen Rat erbaten und befolgten. Irgend etwas strahlte von ihm aus und flößte anderen Menschen Vertrauen ein. Nachdem er sich die Probleme seiner Freunde aufmerksam angehört hatte, sagte er »Ja« oder »Darüber müssen wir noch nachdenken« oder »Vielleicht« – und die Freunde verließen ihn in der Überzeugung, den bestmöglichen Ratschlag erhalten zu haben. Paul führte mir eine Menge Mandanten zu. In der Tat verdanke ich ihm den besten Mandanten, den ich je hatte – denjenigen, der am meisten bezahlte.

Der Name Okányi Schwartz bedeutet in Ungarn genauso viel wie der Name Rothschild im übrigen Europa. Bei verschiedenen Gelegenheiten hörte ich meinen Mandanten dagegen protestieren, daß er Okányi hieß – angemessener sei der Name seines Grundbesitzes, Fegyverneki, da dieser Zweig seiner Familie damals reicher war als die Okányis.

Schwartz bat Avas, ihm einen Anwalt zu empfehlen, da sein eigener zum Militär eingezogen worden war. Avas schlug mich vor. Schwartz war jedoch nicht der Mann, der auf der Stelle seine Wahl getroffen hätte. Vielmehr zeigte er die Liste mit den ihm empfohlenen Anwälten dem berühmten Juristen Szala B., der zufällig der Rechtsanwalt der Gegenpartei war.

»Für welchen Anwalt von dieser Liste würden Sie sich entscheiden?«

»Wenn es nach mir ginge, würde ich Tivadar nehmen, weil man mit ihm gut auskommt.«

Und so wurde ich der Rechtsanwalt von Okányi Schwartz – das allein garantierte schon ein bescheidenes Auskommen.

Das eindrucksvolle Auftreten von Paul Avas wirkte so anziehend, daß nicht nur die jüdischen Kaufleute aus der Provinz seine Mandanten waren, sondern auch wohlhabende Angehörige des Adels von der anderen Seite der Donau. Einer von ihnen, Felsőbati Kiss, ein Verwandter von Admiral Horthy, lieh ihm während der Herrschaft der Nationalsozialisten seinen Namen, so daß er trotz der gegen die Juden verhängten Beschränkungen weiter seine Geschäfte betreiben konnte. Er lud Paul und seine Frau zu sich auf sein Schloß auf dem Lande, falls die Lage in

Budapest zu brenzlig werden sollte. Sogar in jenen Tagen, als die Umstände immer schlimmer wurden, verströmte Pauls Persönlichkeit einen solchen Zauber, daß viele Juden ihm ihren Schmuck und ihr Gold zum Aufbewahren anvertrauten.

Avas besaß noch eine andere ungewöhnliche Eigenschaft: Man sah ihn niemals angespannt oder nervös. Er wußte mit Anstand zu verlieren, sei es an der Börse oder beim Kartenspiel. Diese Ruhe war wohl ein Teil seines Wesens; denn sie hatte nichts Gekünsteltes oder Unnatürliches an sich. Er verlor nicht einmal die Fassung, als er erfuhr, daß er und seine Frau doch nicht ihre Zuflucht zu jenem Schloß auf dem Lande nehmen konnten, weil Felsőbati Kiss' Frau und sein Sohn dagegen waren. So wandte sich Avas an mich um Hilfe.

Mein erster Gedanke war Alus, den ich kürzlich durch meinen Friseur kennengelernt hatte, als ich nach einem Versteck für meinen Sohn George bei einer christlichen Familie suchte. Wir waren nicht handelseinig geworden, und zwar wegen der ziemlich harten Bedingungen, die Alus mir aufzwingen wollte. Er betrachtete das Ganze nicht als Gelegenheit, einem charmanten und höflichen jungen Mann zu helfen, sondern als geschäftliche Transaktion. Er wollte sogar auch dann noch bezahlt werden, falls George nicht überleben sollte.

Alus war ein stattlicher, gebieterisch aussehender Mann, dessen Auftreten verriet, daß er das Befehlen gewohnt war. Seine Frau war eine adrette ältere Dame mit silbernem Haar. Sie besaßen eine Sägemühle und weitläufige Wälder in Nordungarn, und zwar im Felvidék. Nach mehrtägigen, zähen Verhandlungen schlossen wir einen komplizierten, auf Bargeld und Sicherheiten gestützten Vertrag für die Avas. Er enthielt den Preis, den Alus für das Verstecken der beiden zu bekommen hatte, die Summe, die er zusätzlich erhalten sollte, und seine Prämie für den Fall des vollständigen oder teilweisen Gelingens der Aktion. Die Avas sollten bei der Waldarbeit helfen, und das Ehepaar Alus sollte auch bei ihnen einziehen. Die Abmachung wurde besiegelt.

Aus Sicherheitsgründen mietete Avas unter seinem neuen Namen eine Dreizimmerwohnung in einem ganz neuen Gebäude in Buda, am Ende der Stadt. Er richtete sie komplett ein und vergaß weder ein prachtvolles Grammophon noch ein gutes Rundfunkgerät. Die Miete war im Vergleich zur alten Wohnung mit ihrer Mietpreisbindung horrend: Man mußte entweder Kriegsgewinnler oder Callgirl oder ein untergetauchter Jude sein, um sich eine solche Wohnung leisten zu können. Aber Avas war immer jemand gewesen, der nicht feilschte, und die für die Situation der Juden zuständigen Beamten waren nicht immer so argusäugig, wie sie hätten sein sollen. Diese Wohnung stand mir zeitweilig zur Verfügung, da sie nur den Zweck hatte, den Avas eine Bleibe zu sichern, falls sie aus irgendeinem kriegsbedingten Grund in die Stadt zurückkehren mußten.

Ich war froh, daß die Avas untergebracht waren, doch gab es noch einen anderen Freund, Sugár, dem ich versprochen hatte zu helfen. Da ich mit der Beschaffung falscher Papiere selbst nichts mehr zu tun haben wollte, erklärte ich ihm ganz genau alle Einzelheiten und begleitete ihn bis zur Haustür des Meisters am Berlini-Platz, für den Fall, daß er nicht eingelassen wurde; dann konnte ich noch immer meinen mir verbliebenen Charme verströmen, um persönlich zu intervenieren. Aber mein Eingreifen war nicht erforderlich. Alles verlief genau nach meinen Instruktionen. Wir trafen uns wieder am nächsten Morgen um sieben, als es für Sugár Zeit war, die bestellte Ware abzuholen. Mein Freund ging allein nach oben, kam aber sehr schnell und in großer Erregung wieder zurück.

»Was ist los?« fragte ich beunruhigt. Zuerst brachte er kaum ein Wort heraus.

»Die alte Frau hat geöffnet.«

»Und? Was hat sie gesagt?«

»Ich bin nicht sicher, aber ich glaube, sie hat irgend etwas von Polizei gemurmelt.«

»Warte hier. Ich werde mal nachsehen.«

Ich lief ins Gebäude und läutete nach dem Aufzug. Die Frau des Hausmeisters erschien. Ich gab ihr den üblichen Pengő (das Dreifache des erforderlichen Entgelts) und betrat den Fahrkorb.

Aber sie kam mit. »Ich fahre auch nach oben.«

Wenn mein Kopf richtig funktioniert hätte, hätte ich gemerkt, daß irgend etwas nicht stimmte; denn bisher hatte ich mir mit meinen großzügigen Trinkgeldern das Vorrecht erkauft, den Aufzug selbst bedienen zu dürfen. Aber ich schöpfte keinen Verdacht.

»Wohin?« fragte sie.

Miksa der Fälscher wohnte im vierten Stock, deshalb sagte ich: »Zum Zahnlabor im fünften Stock.«

Ich stieg aus, und der Fahrstuhl fuhr wieder nach unten. Vorsichtig stahl ich mich die Treppe vom fünften zum vierten Stock hinunter, wo Miksa wohnte.

Seine alte Schwester öffnete mir; sie war ganz aufgelöst. »Haben Sie es nicht gehört? Die Polizei hat Miksa geholt.«

Ohne zu antworten, sauste ich die Treppe hinunter, drei Stufen auf einmal nehmend. Die Frau des Hausmeisters verließ gerade den Aufzug.

Man durfte sich gar nicht ausmalen, was hätte geschehen können, wenn nach der Verhaftung Miksas eine Wache vor der Tür postiert worden wäre, um jeden abzufangen, der ihn besuchen wollte! Aber natürlich hatten die korrupten Polizisten so viel Geld in der Wohnung gefunden, daß sie mehr daran interessiert waren, die Beute zu teilen, als die Kunden des Fälschers festzunehmen.

Nach diesem Fiasko blieb mir nichts anderes übrig, als mich von meinem Freund Sugár zu verabschieden und die nächste Straßenbahnhaltestelle anzusteuern. Nach wenigen Minuten war ich wieder in meinem neuen Versteck und in Sicherheit.

Es war gegen acht Uhr morgens, als ich in mein neues Zuhause am Eskü-Platz zurückkam. Es versprach, ein angenehmes Versteck zu werden. Mein getreuer »Freitag«, der Gebäudeverwalter, und seine Frau begrüßten mich. Der Raum war gut bestückt mit Sommer- und Winterkleidung, Konserven, eingemachtem Obst und nicht verderblichen Lebensmitteln wie Kaffee, Tee, Schokolade und Reis. Jedes Familienmitglied sollte unter diesen Vorräten finden, was es brauchte; das war das Ziel.

Jetzt kam der große Augenblick: Ich beseitigte den gelben Stern von meiner Kleidung und brach so mit meiner bisherigen »legalen« Identität. Sorgfältig prüfte ich, ob der Stern irgendwelche Spuren hinterlassen hatte. Wenn ein Jude ohne Stern erwischt wurde, so wurde er auf der Stelle deportiert und gelangte noch schneller an seinen Bestimmungsort – ins Todeslager. Mir schien jedoch, daß man schon besonderes Pech haben mußte, um ohne Stern erwischt zu werden; denn wenn Menschen einen Juden, den sie kannten, ohne Stern sahen, waren sie vielleicht erstaunt, aber sie liefen nicht gleich zur Polizei. Wenn jemand sich die Mühe machte, zur Parteipolizei zu gehen und Anzeige zu erstatten, mußte schon »fanatischer« Glaube an den Nationalsozialismus oder tiefer persönlicher Haß im Spiel sein.

Ich hielt meine neue Adresse geheim. Anstatt meine Adresse mitzuteilen, nannte ich den Leuten die nahegelegene Belvárosi-Kirche am Eskü-Platz als den Ort, wo man mich jeden Montag und Freitag zwischen acht und neun Uhr morgens antreffen würde. Ich war gewiß kein Kirchgänger und wollte das Gotteshaus nicht mit meinen profanen Geschäften entweihen; aber ich mochte auch nicht ganz von meinen Freunden abgeschnitten sein, und die Kirche war derjenige öffentliche Platz, der meinem Versteck am nächsten lag.

Gegen neun Uhr tauchte mein neuer Zimmergefährte Ozma auf. Als erstes kontrollierten wir die technischen Anlagen. Wir probierten die Alarmglocke aus, die brav summte. Das Badezimmer war in Schuß, desgleichen das Haustelephon. Die mächtigen Türen zum Luftschutzkeller waren leicht zu öffnen und zu schließen. Die Regale waren mit ausgezeichneten Büchern bestückt, die ich seit Jahren hatte lesen wollen, für die ich aber bisher keine Zeit gehabt hatte.

Auf der Straße vor dem Haus stieß ich auf drei schön gebundene Bücher in deutscher Sprache – Stefan Zweigs *Die Welt von gestern*, Sigmund Freuds *Zur Psychopathologie des Alltagslebens* und Leo Trotzkis *Geschichte der Russischen Revolution* –, die ihr Besitzer wohl auf diese unkonventionelle Weise hatte loswerden wollen. Ich stellte sie zu den anderen Büchern, die ich lesen wollte, und beschloß, sie alle durchzuarbeiten, nun, da mir das Schicksal die Zeit dazu beschert hatte.

Das Haus war herrlich gelegen, an einer der ruhigen Stellen am Donauufer. Ich liebte den Strom und wurde nicht müde, ihn zu betrachten. Das Wasser war immer in Bewegung und doch immer gleich: Es floß rastlos dahin und wechselte dabei tausendmal die Farbe. Nur blau ist die Donau nicht – hier irrt Johann Strauß ...

Die Abenteuer des frühen Morgens waren mir noch lebhaft gegenwärtig, und ich konnte es kaum erwarten, sie Ozma zu erzählen, dem ich ja den ersten Kontakt zu dem Fälscher zu verdanken hatte.

Er hörte meine Geschichte schweigend, aber mit einem gewissen Funkeln im Blick an und fragte endlich: »Und was hättest du gemacht, wenn auf dein Läuten ein Polizist die Tür geöffnet hätte?«

»Ich wäre so erschrocken gewesen, daß ich nicht gewußt hätte, was ich sagen sollte!«

»Siehst du, und genau das ist mir passiert: Die Polizei hat die Tür aufgemacht.«

»Das soll wohl ein Witz sein«, entgegnete ich ungläubig.

»Keineswegs. Das ist die heilige Wahrheit. Der Bursche hat mich nach meinem Ausweis gefragt.«

»Und was hast du ihm gezeigt?«

»Meine Leutnantspapiere, die ich von Miksa hatte.«

»Und wollte er nicht wissen, was du bei einem Fälscher zu suchen hast?«

»Natürlich. Aber ich hatte ein paar Wochen vorher, als ich zufällig durch Miksas Küche ging, ein wunderschönes Stück Rindfleisch auf dem Tisch gesehen. Ich hatte schon ewig kein Rindfleisch mehr gegessen und konnte nicht widerstehen: Ich fragte die Alte, ob sie mir ein kleines Stück abgeben würde, wenn ich es ihr ersetzte, und sie war einverstanden. Gestern nun sah ich, wie Leute auf der Straße Schlange standen, und als ich erfuhr, daß es Kalbfleisch gab, stellte ich mich auch an. Dann kam ich also in Miksas Wohnung, als die Polizei da war, und konnte mit gutem Gewissen die Wahrheit sagen: Ich war gekommen, um das Fleisch zu ersetzen, das ich bekommen hatte. Ich konnte es sogar beweisen; denn ich hatte es in der Hand. –

Das Schicksal des armen Miksa ist besiegelt«, fügte Lajos hinzu. »Seine Mühen haben ein Ende.« Und das war unser Nachruf auf Miksa.

Das neue Versteck am Eskü-Platz bot allen Komfort, und wir fühlten uns sicher. Dieses *Gefühl* der Sicherheit ist wichtiger als die Realität: Man kann in tödlicher Gefahr schweben, ohne sich zu fürchten, weil man die Situation nicht völlig überblickt. Entsprechend kann man vor Angst schier außer sich geraten, ohne daß es einen wirklichen Grund dafür gäbe.

Bald begann sich bei uns eine Alltagsroutine herauszukristallisieren. Um sieben Uhr morgens gingen wir zum Schwimmen in das Rudas-Bad auf der anderen Seite der Donau. Wenn wir von unserer Leibesertüchtigung nach Hause kamen, machten wir uns mit gutem Appetit über das Frühstück her. Den Rest des Tages verbrachten wir mit Lesen, Schlafen und Diskutieren. Am Abend wagten wir uns dann noch einmal in die verdunkelte Stadt hinaus und machten einen langen Spaziergang an der Donau. Nach einiger Zeit entdeckten wir jedoch, daß unser Versteck einen gravierenden Nachteil hatte, der unsere *splendid isolation* gefährdete: Wand an Wand mit ihm befand sich eine Toilette. Ich hatte nicht daran gedacht, daß es kraft einer städtischen Verordnung jedermann erlaubt war, im Notfall ein Wohnhaus zu betreten und die »Örtlichkeiten« zu benutzen, ja, es war sogar Vorschrift, daß es in jedem Wohnhaus eine Toilette zur öffentlichen Benutzung geben mußte. Unsere Toilette entsprach den an eine öffentliche Toilette gestellten Anforderungen. Der Hausverwalter war geneigt, Eindringlingen einfach den Zutritt zu verwehren, was ich jedoch nicht für ratsam hielt, da sich dann jederzeit jemand bei der Polizei beschweren konnte. Und Scherereien mit der Polizei konnten wir nicht gebrauchen. Es blieb nichts anderes übrig, als still und geduldig abzuwarten, während die Menschen ihr Geschäft erledigten; denn auf beiden Seiten der Wand war ja jede Bewegung, jedes Geräusch deutlich zu hören. Auf unserem unfreiwilligen Horchposten bekamen wir mit, wie oft der unserer Straße zugeteilte Polizist von der »Örtlichkeit« Gebrauch machte.

Ich erinnere mich noch lebhaft an den Tag, als ich mich zum ersten Mal aus meinem Versteck herauswagte und zum Schwimmen ins Rudas-Bad ging. Ich hatte mich mit meinem jüngeren Sohn George an der Straßenbahnhaltestelle vor dem Gebäude verabredet. Da stand ich nun und wartete auf ihn; als ich die herannahende Bahn musterte, sah ich ihn schon, zum Aussteigen bereit, an der Tür stehen. Er kam auch heraus, aber anstatt auf mich zuzugehen, bückte er sich und blickte suchend auf dem Boden umher. Kaum war die Straßenbahn abgefahren, holte er etwas aus den Schienen heraus und kam dann zu mir, um mich zu begrüßen.

»Was hast du denn da am Boden gesucht?« fragte ich ihn.

»Meine Armbanduhr. Sie ist mir beim Aussteigen vom Handgelenk gerutscht und auf die Schienen gefallen. Schau!« Und er zeigte mir triumphierend die platte Metallscheibe, die einmal seine Schweizer Uhr gewesen war.

Die Bewegungen meines Sohnes waren nie besonders gut koordiniert gewesen, oder einfacher gesagt: Er war überall gleichzeitig. So erstaunte es mich nicht, daß er seine Uhr mit großer Präzision genau auf die Schienen befördert hatte.

Ich erinnere mich an mehrere Beispiele für seine Unachtsamkeit. Als er sechs Jahre alt war, verschrieb ihm der Arzt zeitweilig eine Brille, um eine geringfügige Störung auszugleichen. Dreimal hintereinander kauften wir ihm eine Brille, und dreimal hintereinander verlor er sie. Als die vierte Brille fällig war, weigerte ich mich, sie zu kaufen, und überließ den Rest der Natur. Und er trägt noch immer keine Brille.

Probleme bekam er auch mit seinem »Führungsbüchlein« in der Schule. In dieses kleine Heft wurde alles getreulich eingetragen, was mit dem Betragen des Schülers zusammenhing; ob er die Schule geschwänzt, seine Hausaufgaben nicht gemacht oder einen Verweis bekommen hatte, alles kam in das Büchlein.

Zwei Tage, nachdem er es in Empfang genommen hatte, verlor George das Heft. Sein Lehrer bat den Schulleiter um ein neues, aber leider verlor George auch dieses. Jetzt händigte der Schulleiter ihm sein drittes Führungsbüchlein aus, schärfte ihm aber ein, wenn er auch dieses verlöre, würde er keinen Ersatz mehr bekommen und von der Schule fliegen. Ich will die Geduld meiner Leser nicht überstrapazieren und komme daher sogleich zur Sache: George war offenkundig von einer Art Fluch geschlagen; denn er schaffte es, auch dieses dritte Heft zu verlieren. Brav meldete er den betrüblichen Vorfall seinem Lehrer und teilte seinen Eltern mit, der Lehrer habe gesagt, daß man sie in wenigen Tagen wissen lassen werde, welche Schritte die Schule zu tun gedenke. Bei einer Familienkonferenz, die wir noch am selben Tag abhielten, kamen wir überein, daß er das fatale Heft nicht mit sich herumtragen, sondern mit einer Reißzwecke im Inneren seiner Schulbank befestigen solle, so daß er es nicht verlieren konnte. Schonend bereitete ich meinen Sohn auf das Schlimmste vor: Wenn er von der Schule verwiesen wurde, war seine schulische Laufbahn beendet, und er mußte sich anderweitig orientieren. Ich riet zu dem traditionellen Berufsbild des Schusterlehrlings. Die Lage war so hoffnungslos, daß nur ein Wunder George retten konnte – und natürlich trat das Wunder ein.

Am nächsten Tag drückte der Lehrer George ein neues Führungsbüchlein in die Hand und erklärte: »Ich war gestern im Büro des Schulleiters, und als ich sah, daß er beschäftigt war, habe ich dieses Büchlein sozusagen aus seinem Schrank stibitzt. Ist dir klar, was das bedeutet? Für dich habe ich gegen die zehn Gebote verstoßen! Von jetzt an kannst du nicht mehr auf mich zählen.«

So ein Kind war also George. Die Sache mit der Armbanduhr machte ich ihm nicht zum Vorwurf; das konnte er mit seinem eigenen Gewissen ausmachen.

Wir betraten das Schwimmbad. Alles war unverändert. Die blauen Fliesen am Beckengrund verliehen dem Wasser dieselbe Blaufärbung wie zehn Jahre zuvor, als ich in diesem Stadtviertel gewohnt und viele Stunden in diesem Schwimmbecken verbracht hatte. Der Wärter bei den Umkleidekabinen war noch derselbe wie damals. Er erkannte mich sofort.

»Vor vielen Jahren, weiß der Himmel, vor wie vielen, waren Sie hier Stammgast. Sie sind immer mit Ihrem kleinen Sohn gekommen.« (Er meinte Paul.) »Sie haben sich überhaupt nicht verändert. Was macht der Junge jetzt?«

Um die Wirklichkeit zu verhehlen, mußte ich mit einer recht kreativen Antwort aufwarten. »Er ist auf der Militärakademie.« Dort schickten Juden niemals ihre Söhne hin.

Die Tatsache, daß der Wärter mich als Rechtsanwalt kannte, sollte sich später einmal als sehr nützlich erweisen. Jeder hat juristische Probleme, auch Leute auf der untersten Stufe der sozialen Leiter; aber nicht jeder hat unentgeltlich einen Rechtsanwalt. Zuerst baten mich nur ein paar Angestellte des Schwimmbades um Hilfe, aber dann verbreitete sich meine Fama wie der Ruf eines guten Weines, und bald begannen der Kellner im Restaurant, das Zimmermädchen im Hotel und sogar der stellvertretende Geschäftsführer des Hotels, meinen Rat zu suchen.

Diese freundschaftliche Atmosphäre wurde durch einen winzigen Zwischenfall gestört – wie der Kieselstein, der die Oberfläche eines Weihers kräuselt. Auf dem Dach des Hotels befand sich eine Sonnenterrasse mit herrlichem Blick über die Stadt. Hier pflegte ich mich mit meinen zwei Söhnen zu treffen. Um zu kaschieren, daß wir zusammengehörten, hatte ich ihnen eingeschärft, sich in separaten Kabinen umzuziehen und dem Wärter einzeln Trinkgeld zu geben.

Eines Tages waren Paul und ich schon im Schwimmbecken, als George aus der Umkleidekabine kam. »Vati, stell dir vor, was passiert ist! Als ich dem Wärter das Trinkgeld gab, dankte er mir ›im Namen der Religionsgemeinschaft‹!«

Natürlich war der Junge über diese sonderbare Bemerkung beunruhigt. Aber als der gute Forscher, als der er sich später entpuppte, beschloß er, der Sache auf den Grund zu gehen, und fragte daher: »Welcher Religionsgemeinschaft?«

»Der jüdischen Religionsgemeinschaft.«

Das war es also. Der Budapester Humor war ja eine Sache für sich, aber ich wollte doch sichergehen, ob die Bemerkung als Scherz oder als Andeutung gemeint war. Wir hatten eine ziemlich sensible Witterung für alles, was unser Leben bedrohen konnte. Jeden unserer Schritte begleiteten verborgene Spannungen. Daher wollte ich sofort herausfinden, was es mit dieser Episode auf sich hatte.

Ich durchstreifte das Hotel und beobachtete das Verhalten der Wärter und der anderen Angestellten, um zu sehen, ob sie sich irgendwie anders benahmen. Als erstes sprach ich mit dem Wärter der Umkleidekabinen, der die ominöse Bemerkung gemacht hatte. Er war derselbe wie eh und je. Überhaupt gab es auf allen Seiten freundliche Gesichter und respektvolle Begrüßungen – wie es sich gegenüber einem guten Kunden (und, nicht zu vergessen, einem unentgeltlichen Rechtsanwalt) gehörte. Draußen, vor dem Hotel, hielten meine Söhne und ich einen kurzen Familienrat ab und kamen zu dem Schluß, daß die Bemerkung in der Tat scherzhaft gemeint war. Als ich Ozma um seine Meinung fragte, widersprach er nicht, doch zog er für sich selbst eine wichtige Konsequenz: Er setzte nie mehr einen Fuß in das Schwimmbad. Und auf das Schwimmen zu verzichten bedeutete in jener Zeit, auf eine der wenigen Freuden im Leben zu verzichten.

Kapitel 11

Julias Abenteuer

In der Zwischenzeit nahm ich den Kontakt zu den Damen der Familie wieder auf. In Alag besuchte ich meine Schwiegermutter, die mit der allgemeinen Lage nicht besonders zufrieden war. Ich beruhigte sie mit dem Hinweis, daß es mit Hitler und seinen Leuten in nicht allzu ferner Zukunft aus sein müsse.

Mit meiner Frau traf ich mich jeden dritten Tag im Városliget, dem Stadtwäldchen, das nicht weit von ihrer neuen Wohnung lag. Unsere erste Begegnung überzeugte mich davon, daß es übereilt von mir gewesen war, sie bei der Familie Zavics unterzubringen. Vier Menschen lebten dort in einer Einzimmerwohnung: Frau Zavics, ihre zwei Kinder (der zwölfjährige Annus und der fünfjährige Imi) und meine Frau.

»Der Dreck in der Wohnung ist unglaublich! Nachts kann ich vor Ungeziefer nicht schlafen. Und wenn ich die Matratze auf den Boden lege, kriechen lauter Schaben auf mir herum, dick wie ein Finger! Die Wände sind voller Wanzenflecken, die Bettwäsche ist schmutzig, und von der Toilette will ich gar nicht erst reden. Ich wohne jetzt achtundvierzig Stunden da, aber ich bringe es einfach nicht fertig, sie zu benutzen.«

Ob dieser Klagen erfüllte mich tiefer Kummer, wie immer, wenn ich in der Situation bin, nicht helfen zu können. Doch fiel mir ein, daß es mehrere elegante Restaurants und Cafés in der Gegend gab.

»Warum gehst du nicht in ein anständiges Café?« fragte ich.

Die Antwort war von rührender Schlichtheit: »Ich habe Angst.«

Ich versuchte, ihr das auszureden, aber sie wiederholte immer wieder: »Ich habe Angst.«

Schließlich kamen wir überein, daß es am besten sei, mit der

Vermieterin zu sprechen und ihr Geld für das Reinigen und Weißeln der Wohnung und die Beseitigung des Ungeziefers anzubieten. Die Säuberungsaktion begann; das meiste machte meine Frau selbst, die sich durch körperliche Betätigung und die daraus resultierende Erschöpfung von ihren Sorgen und Depressionen abzulenken suchte. Aber trotz aller Arbeit kam sie nicht zur Ruhe. Ich hatte den Eindruck, daß sie noch irgend etwas anderes quälte, was sie mir nicht sagte. Nach vielem Zureden gestand sie schließlich seufzend: »Ich glaube, ich werde beobachtet.«

Diese Mitteilung gefiel mir überhaupt nicht. Ich fürchtete, daß diese Beobachtung reine Einbildung war – der erste Schritt auf dem Weg zum Nervenzusammenbruch.

»Wie kommst du darauf?«

»Das ist es ja gerade: Es gibt nichts Besonderes, nur daß die Leute mich so sonderbar ansehen. Ich weiß nicht, was so komisch an mir ist – meine Kleidung? mein Benehmen? mein trauriges Gesicht?«

Während meine Frau mir ihre Ängste und ihren dauernden Zustand der Besorgnis schilderte, mußte ich daran denken, daß sie wiederum meinen Rat nicht befolgt hatte. Anstatt in einem Warenhaus billige Kleidung von der Stange zu kaufen, hatte sie ihre eigenen »einfachen« Kleider eingepackt. Es konnte gut sein, daß in der neuen Umgebung gerade diese Einfachheit auffiel – daß die Frauen in diesem Viertel sich eben eleganter kleideten. Außerdem lief meine Frau herum wie ein Todeskandidat, dessen letztes Gnadengesuch soeben abgelehnt worden ist. Ich brachte es nicht übers Herz, ihr das alles zu sagen, weil sie auch ohne meine Vorwürfe schon verzweifelt genug war.

Es hatte keinen Sinn, sie noch weiter zu quälen, und so sagte ich nur: »Du mußt alles ganz genau beobachten. Wenn du irgend etwas siehst, was deine Befürchtungen bestätigt, laß es mich sofort wissen. Dann können wir überlegen, was zu tun ist.«

Wir verabschiedeten uns. Aber ich war mir nicht schlüssig, ob ihre Ängste real oder eingebildet waren.

Bei unserem zweiten oder dritten Treffen berichtete sie, daß zwar die Wohnung wunderbar sauber sei, daß sie aber jetzt den Beweis habe, daß irgend jemand hinter ihr herspioniere.

»Gestern abend war Luftalarm, und wie üblich sind wir alle in den Keller gelaufen. Als die Entwarnung kam und die Leute wieder in ihre Wohnungen gingen, war ich die letzte, weil ich nicht von so vielen Menschen gesehen werden wollte. Direkt vor dem Ausgang standen zwei halbwüchsige Jungen. Als ich an ihnen vorbeikam, flüsterte der eine: ›Schau! Das ist sie!‹ Ich erkannte den Jungen wieder, weil er immer in die Wohnung kommt, um Frau Zavics' Tochter zu besuchen. Als ich wieder oben war, erzählte ich Frau Zavics, was geschehen war, und sie war noch verängstigter als ich. Einer der Jungen hat ihr wohl erzählt, daß der andere mit den Pfeilkreuzlern sympathisiert. Sie hielt es für das beste, wenn ich sofort auszöge. Sie meinte, ich solle zur Gesellschaft ihren kleinen Imi mitnehmen und in das Landhaus der Familie außerhalb der Stadt, nach Érd, gehen. Da lebt auch ihr Schwager. Das hat den zusätzlichen Vorteil, daß er Ortsgruppenleiter der dortigen Pfeilkreuzler ist und deshalb viel Einfluß hat.«

»Scheint eine gute Idee zu sein. Tu das! Heute ist Samstag; selbst wenn dich jemand heute anzeigen sollte, wird bis Montag, wenn die Büros öffnen, nicht viel passieren. Es würde sogar reichen, wenn du erst Montag früh auszieht. Aber mit dem faschistischen Schwager würde ich mich nicht anfreunden!«

Und so zog meine Frau sehr erleichtert mit dem Kind aufs Land. Das Häuschen war primitiv, aber viel angenehmer als die Wohnung in der Stadt. Der Garten stand voller Himbeerbüsche und Kirschbäume, und der frische Obstsaft tat beiden gut. Nie hatte Obst besser geschmeckt! Die einfache Kleidung meiner Frau paßte zu dem einfachen Leben, und sie ging barfuß, wie es in dem Dorf üblich war, im selben Kleid oder im Badeanzug, wie in einem Sommerkurort. Bald war sie prächtig gebräunt, und ihre blauen Augen strahlten noch blauer.

So gingen die Tage friedlich dahin; meine Frau und der kleine Junge beobachteten das emsige Treiben der Ameisen und folgten dem schaukelnden Flug der Schmetterlinge. Aber am fünften Tag wurde die Ruhe plötzlich unterbrochen. Zwei Polizisten kamen auf dem Rad angefahren und hielten am Gartentor.

»Wir suchen eine Julia Bessenyei«, sagte der ältere Polizist und wischte sich den Schweiß von der Stirn. Das hätte er kaum zu verkünden brauchen: Meine Frau wußte, daß die zwei hinter ihr her waren. Aber sie registrierte auch, daß die Polizisten eine lange Fahrt hinter sich haben mußten, da die Fahrräder mit Staub bedeckt und ihre Fahrer schweißüberströmt waren. Es konnte sich also nicht um die örtliche Polizei handeln; es war nicht der Pfeilkreuzler-Schwager, der sie geschickt hatte. Mit dieser kühlen, logischen Überlegung veränderte sich die Stimmung meiner Frau schlagartig. In dem Augenblick, da das eintrat, was sie immer gefürchtet hatte, senkte sich eine eiskalte Ruhe über sie, wie sie sie noch nie erlebt hatte. Es gab nichts mehr, wovor man Angst haben mußte. Meine Frau fühlte, daß aus ihr zwei Menschen geworden waren – der eine sah dem anderen über die Schulter, um zu sehen, wie er sich benahm, während der andere, solcherart beobachtet, sicheren Schrittes auf die Beamten zuging und sie in den Garten bat.

Sie saßen auf einer Holzbank vor dem Landhaus. Keine Spur von der üblichen jüdischen Hast. Jetzt und hier wurde Julia Bessenyei geboren – und still und ruhig, eher erstaunt als verängstigt, wartete sie darauf, daß die Beamten das Wort ergriffen.

»Zuerst will ich Ihre Ausweise sehen. Dann möchte ich wissen, was Sie hier tun.«

Sie zog die Papiere einzeln hervor und ließ sich sukzessive um jedes bitten, bevor sie es aushändigte.

»Welcher Tätigkeit sind Sie in Deutschland nachgegangen?«

Sie legte die Bestätigung über ihr Arbeitsverhältnis in Deutschland vor. Die Beamten waren sichtlich beeindruckt. Sie betrachteten das Blatt, aber da keiner von beiden Deutsch sprach, hatten sie keine Ahnung, was daraufstand.

»Übersetzen Sie.«

Als sie übersetzte, daß sie Schreibkraft gewesen war, unterbrach sie einer der Polizisten: »Zeigen Sie uns Ihre Schreibmaschine.«

»Die habe ich nicht hier.«

Die Übersetzung ging weiter: »Sie wurde krankheitshalber entlassen.«

»Geben Sie uns diese Schreibmaschine«, fiel ihr einer der Beamten ins Wort.

Julia Bessenyei erwiderte lächelnd: »Ich habe Ihnen doch gesagt, daß ich keine hier habe. Wenn Sie mir nicht glauben, kommen Sie herein und sehen Sie meine Sachen durch.«

Die Polizisten stellten das Landhaus auf den Kopf, aber eine Schreibmaschine fanden sie nicht. Was sie fanden, war ein großer Karton mit allen möglichen Arzneimitteln, was zu beweisen schien, daß die Frau wirklich aus medizinischen Gründen nach Ungarn zurückgekehrt war. Dann kamen weitere Fragen, warum sie bei der Familie Zavics wohnte; auch mußte sie erklären, daß sie den Jungen mit aufs Land genommen hatte, um den Luftangriffen zu entgehen. Aber damit war das Verhör auch beendet.

Die beiden Beamten zogen sich zurück, wechselten einige Worte und machten sich dann an die Niederschrift eines Protokolls. Schweißperlen traten ihnen auf die Stirn: Sie waren Schreibtischarbeit nicht gewohnt. Das Protokoll kostete sie eine ganze Stunde.

»Julia Bessenyei«, sagte einer der Beamten, »gegen Sie lag eine anonyme Anzeige vor. Sie können sie lesen, wenn Sie wollen.«

Sie reichten ihr das Blatt. Dort hieß es: »Die Zavics beherbergen eine Jüdin im Haus, welche Schreibmaschine schreibt und kommunistische Flugblätter verteilt.«

Deshalb hatten sie also so fieberhaft nach einer Schreibmaschine gesucht! Zu allem Überfluß hatte der anonyme Denunziant meine Frau noch des Kommunismus bezichtigt – als ob es für die Deportation nicht schon gereicht hätte, daß sie Jüdin war. Gerade dieser Übereifer mag es der Polizei leichter gemacht haben, die ganze Anschuldigung für grundlos zu halten.

Erleichtert unterzeichnete meine Frau das Protokoll, das mit den Worten schloß: »Die Anschuldigungen erwiesen sich als unbegründet.«

Dann verabschiedeten sich die Beamten freundlich und gaben Julia noch den Rat, neben ihrem Wohnsitz in der Stadt auch den Wohnsitz im Dorf anzumelden. Auf diese Weise würde sie nicht wieder belästigt werden. Damit zogen sie ab und radelten davon.

So hatte meine Frau diese Feuerprobe glänzend bestanden – und man hätte meinen sollen, daß diese Erfahrung ihr half, ihre Zuversicht und ein Gefühl der Sicherheit zurückzugewinnen. Aber genau das Gegenteil trat ein. Es war, als habe sie in diesen konzentrierten zwei Stunden des Verhörs all ihre Kräfte verausgabt. Als sie wieder mit dem Kind allein war, empfand sie nicht Triumph, sondern nur Verzweiflung. Ihr Selbstvertrauen löste sich einfach auf, und Angst verzehrte sie.

Für jemanden, der sich schon am hellichten Tage fürchtet, birgt der die völlige Dunkelheit ankündigende Abend mit seinen länger werdenden Schatten unbeschreibliche Schrecken. Entsetzt von den verschiedenen Geräuschen der Nacht, lauschte Julia auf ein leises Rascheln und Scharren am Haus. Als sie sich im blassen Licht des Morgengrauens nach draußen wagte, entdeckte sie natürlich die Quelle der Geräusche: Eine verirrte Katze waren offenbar aufs Dach gesprungen und hatte auf der losen Dachpappe mit ihren Pfoten das leise Knistern erzeugt.

Nach den Foltern dieser Nacht hatte Julia das Gefühl, daß sie es in Érd nicht länger aushielt.

»Wenn sie noch einmal kommen, bin ich verloren«, dachte sie.

Wieder einmal litt sie Qualen. Weg von hier – das ist die einzige Möglichkeit. Aber was wurde aus dem Jungen? Sie brachte Imi zu seinem Pfeilkreuzler-Onkel und murmelte etwas von Erkrankung und dringendem Arztbesuch. Sie fürchtete sich, zum Bahnhof zu gehen, weil es dort eine Polizeiwache gab. So stellte sie sich mit ihrem kleinen Koffer an die Straße und wartete auf eine günstige Gelegenheit. Ein Lastwagen mit Fabrikarbeiterinnen kam in Richtung Budapest an ihr vorbei. Sie hob den Daumen, und der Lastwagen hielt an. Wenig später war sie an Bord und suchte ein Fleckchen, wo sie sich setzen konnte. Jetzt war sie nicht mehr allein, sondern umgeben von lauter Frauen, und sie wurde etwas entspannter. Ohne weiteren Zwischenfall gelangte sie zu unserem zentralen Versteck am Eskü-Platz. Bei einer Tasse Tee berichtete ihr der Hausverwalter, daß die Familie morgens zum Schwimmen im Rudas-Bad war.

Als ich mit meinen Söhnen aus dem Bad nach Hause kam, saß sie da.

Stockend erzählte sie uns ihre Geschichte. Wir waren entsetzt, von ihrem Martyrium zu erfahren, aber immerhin war die Familie jetzt wieder zusammen. Sie war das reine Nervenbündel und brauchte dringend Ruhe. Mir fiel keine bessere Lösung ein als das Hotel »Rudas« selbst. Wie das Schwimmbad war auch das Hotel im Besitz der Stadt. Davor gab es einen kleinen Park, in dem Blumen aller Art prangten. Im Hotel, wo das Personal wirklich sehr freundlich war, konnte meine Frau sogar jeden Morgen mich und die Jungen treffen. Sie war von dem Vorschlag begeistert und zog auf der Stelle in ein ruhiges Zimmer. Es war ein angenehmes Zimmer zu einem vernünftigen Preis.

Hier blieb meine Frau einige Tage; sie genoß die Freuden eines Badezimmers und die abendliche Zigeunermusik im Restaurant. Tagsüber ging sie mit den Jungen spazieren, sog den Duft der Blumen ein und lauschte dem Gesang der Vögel. Sie konnte zwischen dem Duft von Veilchen und dem von Petunien wählen. Sie wurde wieder zur Mutter und zur Dame.

Die Tage im Hotel waren die glücklichsten während unseres Lebens im Verborgenen. Wir lebten sorglos wie eine Familie in den Sommerferien. Bald fand meine Frau ihren Lebensmut wieder, und sie begann, Zukunftspläne zu schmieden. Als junges Mädchen hatte sie manchen Sommer am Plattensee verbracht. Dort wollte sie jetzt wohnen. Sie wußte zwar, daß alle Reisenden ihren Ausweis vorzeigen mußten, fand aber realistischerweise, daß ihre Papiere, wenn sie für die Polizei gut genug gewesen waren, es auch für die Bahnbeamten sein würden. Julia hatte beschlossen zu leben. Sie war wieder auf den Beinen!

Als Ziel wählte sie Balatonalmádi, weil sie wußte, daß dort Pauls Freundin unter dem Schutz ihrer Tanzlehrerin untergetaucht war. Sie spürte, daß ihr Leben viel leichter sein würde, wenn sie gelegentlich mit diesem jungen Mädchen zusammensein könnte. Jutka mit ihrer sanften, friedfertigen Art gefiel meiner Frau sehr gut. Sie glaubte auch, daß sie in einem Dorf auf dem Lande, wo niemand sie kannte, sicherer war. Auf dem Lande würde sie sich besser fühlen, und das Gefühl der Geborgenheit würde zurückkehren.

Kapitel 12

Judenhäuser

Die Deutschen planten, die »Judenfrage« in Ungarn mit den üblichen nationalsozialistischen Methoden zu lösen – nur machten sie einen Unterschied zwischen Hauptstadt und Land. Auf dem Lande wurden die Juden in Ghettos getrieben und von dort in die Vernichtungslager auf deutschem Territorium transportiert. Es sei angemerkt, daß diese Deportationen dank der Innenstaatssekretäre László Endre und László Baky mit erstaunlicher Geschwindigkeit und Effizienz durchgeführt wurden – und das zu einer Zeit, als die Faschisten selbst bei den wichtigsten und dringendsten Dingen bereits Transportprobleme hatten. Es herrschte in Deutschland ein akuter Mangel an rollendem Gut.

In Budapest wurde eine andere Taktik verfolgt als in der Provinz: In der Hauptstadt lebten Auslandskorrespondenten und Angehörige des Diplomatischen Corps, und die Deutschen waren immer darauf bedacht, die Vernichtung der Juden vor der Welt geheimzuhalten. Diese Geheimniskrämerei hatte sie zum Erlaß geheimer Instruktionen bewogen, wonach Vernichtungsstätten als Arbeitslager zu deklarieren waren, über deren Eingangstor Sprüche wie »Arbeit macht frei« hingen. Sogar vor den Gaskammern pflanzten sie Blumenrabatten, und die ganze Einrichtung sah nach einer Desinfektionsanlage aus. So verzichteten die Nationalsozialisten darauf, in Budapest ein Ghetto einzurichten, um die Wahrheit nicht nach außen dringen zu lassen. Statt dessen gaben sie dem Judenrat als erstes fünf Wochen Zeit, um ein vollständiges Verzeichnis aller jüdischen Wohnungen zu erstellen. Der Judenrat war so übereifrig, daß er zusätzliches Personal einstellte und die Aufgabe in drei Wochen erledigt hatte. Diese Liste war der Ausgangspunkt für den nächsten Schritt, die

Zusammenführung der jüdischen Bevölkerung. Anstatt in Ghettos hatten die 150 000 Budapester Juden in sogenannte »Judenhäuser« zu ziehen, die mit einem gelben Davidsstern gekennzeichnet waren. Für diesen Zweck wurden Häuser ausgewählt, die Juden gehörten. Die Nationalsozialisten rechneten mit einer Belegungsquote von drei bis vier Personen pro Raum.

Die neuen Bestimmungen traten am 22. Juni in Kraft, und die Juden hatten fünf Tage Zeit, sie umzusetzen. In der Praxis entwickelten sich die Dinge freilich ganz anders als nach dem ursprünglichen Plan. Einzelne Zimmer in den Wohnungen waren mit ganzen Familien besetzt, selbst wenn die Familie aus acht oder zehn Personen bestand. Theoretisch hätten die christlichen Mieter aus Judenhäusern ausziehen müssen, aber viele blieben einfach dort wohnen. Entweder trauten sie der neuen Regelung nicht, oder sie konnten nicht ausziehen, weil sie keine Möglichkeit hatten, ihre Habe zu transportieren. Was die Juden betraf, so bewerkstelligten diese ihre Umzüge selbst – mit Handkarren.

Leider wurde auch das Gebäude am Eskü-Platz, in dem wir unser geheimes Versteck hatten, zum Judenhaus bestimmt. Zwar war im größten Teil des Gebäudes die staatliche Behörde des Freihafens Csepel mit ihren Büros untergebracht, die gegen diese Klassifikation sofort protestierte und sich weigerte auszuziehen, aber die Veränderung tangierte unsere Vorkehrungen für das Leben in dem Versteck. Wenn andere Juden in das Haus verlegt wurden, konnten wir den Platz kaum noch als Unterschlupf benutzen. Außerdem war ich mir nicht sicher, ob ich es ausgehalten hätte, dort zu wohnen, ohne Kontakt zu den anderen Juden zu suchen. Wir mußten uns also zu irgend etwas entschließen: Bis zum Umzugstag blieben uns nur noch wenige Tage.

Aber während wir noch dabei waren, uns zu einer Entscheidung durchzuringen, kam der Hausverwalter mit einer anderen Neuigkeit: »Die alte Dame ist nach Hause gekommen!«

So griff das Schicksal als *deus ex machina* ein: Meine Schwiegermutter hatte das Dorf Alag, wo sie untergetaucht war, verlassen und war in ihre Wohnung zurückgekehrt. Sie hatte in der

Zeitung gelesen, daß das Haus, das zur Hälfte ihr gehörte, ein Judenhaus werden sollte, und dachte sich, daß es doch schön wäre, nach Hause zu kommen.

»Um Gottes willen, Mutter, was hast du dir dabei gedacht? Siehst du denn nicht, in welcher Gefahr du schwebst? Du spielst mit dem Feuer! Du hattest doch eine nette Bleibe in Alag, mit Leuten, die dich kannten und dir vertrauten. Warum bist du nicht dort geblieben?«

»Ich sehe keine Gefahr. Sie tun doch nichts weiter, als daß sie die Juden von einem Ort zum andern verlegen. Es gibt weder ein Ghetto, noch gibt es Deportationen. Und wenn meine Leidensgenossen es aushalten können, bin ich hier in meinen eigenen vier Wänden glücklicher. Außerdem war mir in Alag langweilig.«

Das war ihre Erklärung. In Wirklichkeit – auch wenn sie das nicht sagte – wollte sie nur ihre Möbel nicht unbeaufsichtigt lassen, wenn Fremde einzogen. Wir sahen jetzt keine andere Lösung, als unser Versteck aufzugeben und irgendwo eine neue Wohnung zu finden, allerdings ohne uns wieder einen Unterschlupf einzurichten. Ozma war nie sehr gesprächig, aber wenn praktisches Handeln gefragt war, hatte er immer seine heimlichen Verbindungen. Er nahm sofort Kontakt zu einer Tante auf, die aus der Slowakei nach Budapest geflohen war und daher vermutlich das Problem kannte, eine Wohnung zu mieten, da sie ja selbst kürzlich damit konfrontiert gewesen war.

Die Tante hatte binnen vierundzwanzig Stunden eine Wohnung gefunden und gab uns die Adresse:

Vásár utca 2. Vásár-Straße 2.

Kapitel 13

Vásár utca 2

Das Haus stand im Stadtzentrum, aber in einer winzigen, verkehrsarmen Nebenstraße nahe dem Markt am Rákóczi-Platz. Bevor ich einzog, erkundete ich die Gegend. An der Ecke gab es ein Wirtshaus, ebenso auf der gegenüberliegenden Straßenseite. Die Kneipen waren Tag und Nacht geöffnet und wurden hauptsächlich von Arbeitern aus der Markthalle frequentiert.

Ich ging hinein, setzte mich an einen Tisch und bestellte ein Glas Bier. Schon nach wenigen Minuten trat ein Mann zu mir.

»Willst du Lebensmittelkarten kaufen? Ganz neuwertig.«

Augenscheinlich war ich in einen Schwarzmarkthandel mit Lebensmittelkarten geraten. Der Preis war niedrig. Ich bin ein gutmütiger Mensch, aber manchmal möchte ich doch wissen, was los ist.

»Wie kommen Sie denn selbst an Lebensmittel, wenn Sie Ihre Karten verkaufen?«

»Mach dir mal um mich keine Sorgen, Kumpel! Wir sind Träger in der Markthalle. Hast du schon mal von einem Träger in der Markthalle gehört, der nichts zu futtern gehabt hätte? Das hat es nie gegeben, und das wird es bis zum Sankt-Nimmerleins-Tag nicht geben.«

Die neue Wohnung, im Erdgeschoß gelegen, hatte zwei große Zimmer, Küche, Bad und Mädchenzimmer. Wir bekamen ein großes Zimmer mit Doppelfenstern zur Straße und eigenem Zugang zur Wohnungstür. Es gab zwei Betten, ein Sofa und einige weitere Möbelstücke. Das Zimmer war weder besser noch schlechter als andere, die man zur Untermiete bekam, aber wenigstens geräumiger.

Ich hätte ein gefälschtes Meldeformular benutzen und mir damit den persönlichen Kontakt mit der Polizei ersparen können, beschloß aber, mich trotzdem persönlich anzumelden. Ich wollte testen, ob ich es schaffte. Im Meldebüro stand schon eine lange Schlange. Durch die Luftangriffe waren zahlreiche Häuser zerstört worden, und die ausgebombten Menschen mußten neue Wohnungen beziehen. Während ich in der Schlange wartete, bekam ich viele bittere Bemerkungen über den Krieg mit: Die Nichtjuden hatten offenkundig auch kein leichtes Leben. Der Polizei war es eine Freude, die Ummeldeformulare dieser unglücklichen Menschen so schnell wie möglich abzustempeln. Sie hatten weder die Zeit noch den Nerv, alle Gesichter genau zu prüfen, um festzustellen, ob jüdisch aussehende darunter waren.

So hatte ich meine ordnungsgemäß abgestempelte Anmeldung bei mir, als Ozma und ich unsere neue Vermieterin aufsuchten, die uns freundlich willkommen hieß. Sie mußte in ihrer Jugend sehr attraktiv gewesen sein. Jetzt war sie um die fünfzig, pausbäckig und zur Fülle neigend, aber in den Augen lag noch etwas von ihrem jugendlichen Feuer. Unser allgemeines Auftreten sowie die Koffer und die Kleidung machten offenkundig einen guten Eindruck auf sie. Nachdem wir uns vorgestellt hatten, versuchte ich, mich zu entspannen und Konversation zu machen. Da mir die Abenteuer meines Sohnes Paul und auch meiner Frau mit dem Ungeziefer einfielen, schlug ich für die gründliche Reinigung des Zimmers und häufiges Wechseln der Bettwäsche 20 Prozent auf die Miete auf. Von dieser großzügigen Geste schien die Vermieterin angenehm berührt zu sein.

Ozma stellte sich als Architekt und mit seinem richtigen Namen vor, während ich vorgeben mußte, aus der Provinz zu kommen, da auf meinem Ausweis der Stempel der Gemeinde Tállya prangte, eines berühmten Weinbaudorfes. Um die Dinge zu vereinfachen, behauptete ich, Weinbergbesitzer zu sein.

Die Vermieterin begann, über das ganze Gesicht zu strahlen. »Dann ist ja bis zu unserem Lebensende für einen guten Tropfen gesorgt«, sagte sie.

»Den Wein haben wir; was wir jetzt noch brauchen, ist das Schwein dazu«, erwiderte ich, mein Unbehagen hinter einer gängigen ungarischen Redensart verbergend. Inzwischen war der Herr des Hauses, der Hauptmann, zu uns ins Zimmer gekommen.

Der Hausherr war Offizier bei der Armee gewesen, war aber im Range eines Hauptmanns in den Ruhestand geschickt und dem Landwirtschaftsministerium als Inspektor zugeteilt worden. Obwohl er keine Uniform mehr trug, wurde er weiter von allen mit »Herr Hauptmann« angeredet. Er war mittleren Alters, um die fünfundfünfzig, blond, mit regelmäßigen Gesichtszügen. Er duzte uns ohne weiteres, was darauf hindeutete, daß er uns als seinesgleichen betrachtete. Im Verlauf unseres Gesprächs sagte er relativ wenig, aber es war klar, daß er zwar von den Deutschen beeindruckt war, jedoch an ihrem »Endsieg« zweifelte. Er gestand, kein Wort Deutsch zu verstehen.

»Aber die gnädige Frau spricht sicher Deutsch?« sagte ich auf deutsch, um festzustellen, ob einer der beiden mich verstand.

»Ich verstehe kein Wort von dem, was Sie sagen«, versetzte unsere Vermieterin.

Diese negative Reaktion war das wichtigste Ergebnis unserer Begegnung. Am nächsten Tag zog ich gleich los und kaufte als erstes ein kleines deutsches Kurzwellengerät der Marke »Tefag«, die gerade auf den Markt gekommen war. Ein Radio hatte ich in unserer Wohnung seit langem schmerzlich vermißt. Ich war schon in den alten Zeiten ein leidenschaftlicher Rundfunkhörer gewesen, und so hatte ich jetzt das Gefühl, wieder die Hand an den Puls der Welt legen zu können.

Sendungen in englischer, französischer oder russischer Sprache abzuhören war gefährlich, da dies ja die Sprachen des angeblichen Feindes waren; aber dafür konnte ich jetzt seelenruhig den deutschsprachigen Auslandsdienst der BBC abhören. Ich mußte nur darauf achten, daß niemand die Erkennungsmelodie der BBC hörte. Um mein Interesse an Radiosendungen zu erklären, ließ ich unter der Hand verlauten, daß ich gegenwärtig im Auftrag deutscher Unternehmen und der deutschen

Armee mit dem Einkauf von Wein befaßt sei. Das Briefpapier und die offiziellen Stempel auf meinem Schreibtisch bekräftigten das. Ich veranlaßte, daß die zehn Faß Wein, die kürzlich von meinem Weinberg in Pincehely geliefert und im staatlichen Warenlager in Budafok deponiert worden waren, an mich unter meinem neuen Namen Elek Szabó weitergeleitet wurden. Jetzt hatte ich wirklich einige Faß Wein zur Verfügung, was sich später als sehr nützlich erweisen sollte. Es wurde zunehmend schwierig, überhaupt Wein zu bekommen, und ganz unmöglich war es, gute Weine zu kaufen. Wein ist bekanntlich das Nationalgetränk der Ungarn, auch wenn es natürlich an Abstinenzlern nicht fehlt.

So konnte ich dem Wohnungsbesitzer eine unerwartete Freude bereiten, indem ich ihm zwanzig Liter eines guten Weins verehrte, ohne auch nur den amtlichen Preis (geschweige denn den viel höheren Schwarzmarktpreis) zu verlangen.

»Mein lieber Lexi [die Koseform von Elek, meinem neuen Namen], das kannst du nicht machen. Ein solches Geschenk kann ich unmöglich annehmen!« protestierte der Hauptmann, weil er befürchtete, in Zukunft nicht um Nachschub bitten zu können, wenn er den Wein jetzt geschenkt nahm. Wir kamen überein, daß ich künftig den amtlichen Preis berechnen würde. Der Hauptmann erbat dieselbe Vergünstigung für einige Freunde, und so rief ich von Zeit zu Zeit Lieferungen von meinem Depot ab.

Da der Gebäudeverwalter in einem Budapester Wohnhaus über alle Vorgänge unterrichtet war, fand auch unser Gebäudeverwalter bald unseren kleinen Weinhandel heraus und mußte also auch bedacht werden. Zwar war der Wein gut und sein Preis niedrig – weil ich ihn für ein Zehntel dessen verkaufte, was er auf dem offenen Markt gebracht hätte –, aber um ihn abzuholen, mußte man die Straßenbahn zum Vorort Budafok nehmen oder, wenn keine Straßenbahnen fuhren, zu Fuß gehen. Und wenn Luftalarm gegeben wurde, konnte es einen halben Tag dauern, ehe man wieder zu Hause war. Freilich scheut der ernsthafte Weintrinker keine Mühe, wenn es um eine gute Sache geht!

Wein war schließlich etwas Heiliges. Ich bekenne freimütig, daß ich mich durch die Zauberwirkung meines guten Weins zur beliebtesten Person im ganzen Hause machte. Jedermann betrachtete mich mit einer Art von frommer Verehrung, und sogar Menschen, die ich nie zuvor gesehen hatte, grüßten mich, wenn sie an mir vorbeigingen.

So schien also alles glattzugehen – glatter sogar, als ich gehofft hatte. Dann ließ ein kleiner Zwischenfall mir das Blut in den Adern gefrieren. Ich hatte etwa eine Woche in dem Haus gewohnt, als die Vermieterin ins Zimmer gestürzt kam.

»Jetzt deportieren sie die Juden aus Újpest!« rief sie. (Újpest gehörte eigentlich zu Budapest, bildete aber einen eigenen Verwaltungsbezirk.)

Ich traf keine Anstalten, hinauszueilen und dem Spektakel zuzusehen, sondern fragte mit höflicher Distanziertheit: »Und was geschieht mit ihnen?«

Sie machte ein schnalzendes Geräusch mit der Zunge und fuhr sich mit dem Finger über die Kehle, als schneide sie einem Huhn den Hals ab. Für mich war diese Gebärde ein Sinnbild für das Gift im Herzen der Menschheit. Tagelang wollten mir dieses Schnalzen und diese Geste nicht aus dem Kopf gehen.

Ein paar Tage später wurde ich zufällig Ohrenzeuge eines Gesprächs, das Ozma mit der Vermieterin hatte. Er hatte sich nach den früheren Bewohnern unseres Zimmers erkundigt.

»Das waren zwei junge Männer, die vor gar nicht langer Zeit eingezogen sind. Ich dachte mir, daß es wahrscheinlich Juden waren. Als sie nicht ausziehen wollten, habe ich ihnen Beine gemacht und gesagt, ich würde sie bei der Polizei als untergetauchte Juden anzeigen. Da sind sie sofort gegangen.«

Es hatte also eine dramatische Bewandtnis mit unserem Zimmer. Das Gespräch nahm jetzt eine unerwartete Wende. Die Vermieterin sagte nämlich zu Ozma: »Sie sollten sich diesen Lexi gut ansehen, wissen Sie, den Lajos! Es scheint mir so, als hätte er etwas Jüdisches an sich.«

»Wir sollten ihm das lieber direkt auf den Kopf zusagen«, versetzte Lajos, indem er die Tür öffnete und lächelnd wiederholte, was die Vermieterin soeben gesagt hatte. Ich war auf die Frage eigentlich nicht vorbereitet, hatte aber instinktiv das Gefühl, daß es die beste Verteidigung war, die Vermieterin auszulachen.

»Es könnte ja sein!« fuhr ich gutgelaunt fort. »Wie der Lateiner sagt: ›Mater semper certa est: die Mutter steht immer fest.‹ Aber der Vater nie. Es wäre ja möglich, daß irgendeine unternehmungslustige Ur-Ur-Urgroßmutter eine Unbesonnenheit begangen hat.«

Wir lachten alle, und das Thema kam nicht wieder zur Sprache.

In diesen Tagen lief ich viel in der Stadt umher. Jeden Morgen ging ich ins Schwimmbad, um meine Söhne zu treffen. Wenn ich fertig war, ging ich nicht gleich nach Hause, um den Eindruck eines vielbeschäftigten Managers zu erwecken. Das Schwimmbad war bei Luftangriffen ein idealer Treffpunkt, da es keinen Luftschutzkeller besaß, so daß wir auf der Sonnenterrasse sitzen bleiben und reden konnten. Wurde ich später im Laufe des Tages von einem Luftangriff überrascht, suchte ich einen der öffentlichen Luftschutzbunker in Buda auf. Sie waren bestens geeignet, um eine Art von privater Meinungsumfrage durchzuführen, da der Luftalarm für gewöhnlich erst nach zwei bis drei Stunden aufgehoben wurde. Bei solchen Gelegenheiten tat ich mein Bestes, das allgemeine Gespräch entweder auf den Krieg oder auf die Judenfrage zu bringen. Ich fand heraus, daß nicht Fanatismus oder Haß die Menschen motivierten, sondern Trägheit und der Wunsch, ein ruhiges Leben zu führen.

»Zum Teufel mit dem ganzen Schlamassel! Es wird Zeit, daß wir da herauskommen« – das schien die allgemeine Stimmung zu sein.

Trotzdem waren zahllose Menschen noch immer fasziniert von Hitlers Persönlichkeit und seinem Aufstieg. Bei einer dieser Gelegenheiten im Luftschutzbunker erzählte ich den Leuten in meiner Gesellschaft, »wie ich einmal Hitler begegnete«.

Die Olympischen Winterspiele von 1936 fanden in Garmisch-Partenkirchen statt. Hitler eröffnete die Feierlichkeiten. Es schneite wie verrückt. Er sprach, mit einem Regenmantel bekleidet, von einer Tribüne aus. Ich war vielleicht 150 Meter von ihm entfernt. Während er sprach, lief ich, weder nach links noch nach rechts schauend, direkt in seine Richtung. Ich war neugierig, wie nahe ich an ihn herankommen würde. Die Tribüne war hoch, so schaute ich unverwandt zu ihm empor. Nach einer Weile prallte ich gegen eine Menschenmauer.

Jemand brüllte mich an: »Wo willst du hin?«

Vor mir stand eine Reihe von schwarz gekleideten SS-Männern; sie waren alle riesig groß und hatten sich an den Armen untergehakt.

Ich murmelte etwas verdattert auf deutsch: »Ich habe mich verirrt«, und machte kehrt.

Niemand rührte mich an, ich wurde nicht einmal durchsucht. Das war meine Geschichte.

Kaum eine Viertelstunde war seit meiner Erzählung vergangen, als im Luftschutzbunker eine große Bewegung entstand. Es wurde nach jemandem gesucht – und dieser Jemand war ich, wie sich herausstellte. Der Luftschutzwart erschien in Begleitung einiger Offiziere. Er schlug die Hacken zusammen und stellte mir die Offiziere vor; auch ich stellte mich vor. Es ergab sich, daß der Luftschutzwart, freudig erregt darüber, jemanden in seinem Keller zu haben, der den Führer gesehen hatte, an seine Zentrale gefunkt hatte, woraufhin gleich eine ganze Gruppe anmarschiert kam, um diese privilegierte Person zu bestaunen.

Ich hatte viel Zeit, um nicht nur meine Beobachtungen anzustellen, sondern auch meine Vorräte an Lebensmitteln, Tabak und Brennmaterial aufzufüllen. Da ich selbst nicht rauchte, verschenkte ich meine Zigaretten an Menschen mit dem gelben Stern. Sie durften ihre Wohnungen jeden Tag nur für wenige Stunden verlassen, um ihre Einkäufe zu erledigen. In den Geschäften mußten sie sich anstellen; Kaufleute, die Mitleid mit ihnen zeigten, wurden in den Zeitungen angeprangert. Die kurze ihnen zugemessene Zeit reichte nicht aus, um auch nur das Nötigste zu besorgen, so daß sie nie dazu kamen, auch noch Tabak zu kaufen. Und wenn doch Zeit war, gab es nicht jederzeit Ware in den Läden, sondern mitunter nur zwei- oder dreimal die Woche. Einer meiner Schützlinge war ein Uhrmacher, der die Sondererlaubnis hatte, einige Stunden am Tag zu arbeiten. In seinem Laden ließ ich regelmäßig einige Schachteln Zigaretten für Menschen mit dem gelben Stern zurück.

Einmal zerbrach das Glas an meiner Armbanduhr, und ich ging zu ihm, um es reparieren zu lassen. Er tauschte es aus.

»Was macht das?« fragte ich.

»Wie können Sie das fragen? Das geht aufs Haus.«

»Das ist der christliche Herr, der uns immer Zigaretten bringt, weißt du«, flüsterte er der Frau zu, die neben ihm arbeitete.

Zumindest konnten die Juden sehen, daß es noch einige anständige Christen gab...

Ozma blieb die meiste Zeit in der Wohnung. Er war froh, wenn ich das Haus verließ und er in Ruhe arbeiten konnte. Ozma schrieb für einen Verlag in Zürich an einem (deutschsprachigen) Buch mit dem Titel *Moderne Baukunst* und kultivierte gleichzeitig seine Freundschaft mit der Vermieterin. Ozma liebte die Ordnung; er hatte etwas von einem Pedanten an sich. Seine Habseligkeiten waren immer sorgfältig aufgeräumt und verstaut. Ich dagegen ließ alles herumliegen. Die Vermieterin war ganz begeistert von Ozmas Großzügigkeit, da er sie mit meinen verschiedenen Delikatessen – Schokolade und Zigaretten – verwöhnte, die für jeden sichtbar herumlagen. Wie alle Frauen war sie von Natur aus neugierig und wollte von Ozma alles über mein Privatleben wissen. Ozma war gewissenhaft darauf bedacht, mir immer das Wesentliche dieser Gespräche weiterzugeben, so daß wir unsere Geschichten aufeinander abstimmen konnten. Einmal teilte er ihr mit, daß wir beide von unseren Frauen getrennt lebten und daß ich mich irgendwann gerne wieder verheiraten würde. Ich müsse recht betucht sein, sagte Ozma, wenn ich Weinberge in der besten Weinbaugegend des Landes besäße...

Mit diesen Informationen bewaffnet, lud unsere diplomatische Vermieterin eine Verwandte vom Lande ein, die mich unbedingt kennenlernen sollte. Jeden Tag beschrieb sie mir schon im Vorhinein die Schönheit und den Liebreiz des Mädchens. Das Mädchen entpuppte sich als attraktive Blondine von etwa fünfunddreißig Jahren mit guten Zähnen, die aber sonst kaum diesen Vorschußlorbeeren gerecht wurde. Sie hatte eine bezaubernde Singstimme, und da wir sonst nicht viel miteinander zu reden hatten, saßen wir viel herum und sangen ungarische Volkslieder. Mein Repertoire an diesen Liedern wuchs beträchtlich.

Ozma fragte mich oft mit wissendem Lächeln: »Na, wann soll denn nun Verlobung sein?«

Der Stadtbesuch des »Mädchens« neigte sich seinem Ende zu, und natürlich hatte ich ihr keinen Antrag gemacht. Am letzten Abend sang sie ein Lied, das immer mein Selbstbewußtsein schwellen ließ, da sie es stets für mich sang: Es hieß darin, wenn ich durch die Straßen des Dorfes ginge, flögen alle Fenster auf, und hundert Mädchen schauten mir nach. An diesem Abend war ihre Stimme bezaubernder denn je. Ich wollte etwas Nettes sagen, um ihren Stolz nicht zu kränken.

»Erlauben Sie mir, Ihnen für Ihre Freundlichkeit zu danken, Erzsike. Es tut mir so schrecklich leid, daß unsere Nachtigall uns verlassen will.«

»Sie sind wirklich ein sehr netter Mann, Lexi, aber für mich ein Rätsel. Sie sind nicht der, für den die Menschen Sie halten!«

Ich hielt inne, wie wenn ich nach Worten suchte. Gespannt wartete ich, was ihre feine weibliche Intuition herausgefunden hatte.

»Sie verhalten sich nicht so, wie man es erwarten würde. Ich werde einfach nicht klug aus Ihnen. Vielleicht haben Sie in Wirklichkeit doch eine Frau.«

(»Entwarnung«, sagte ich mir erleichtert.)

»Glauben Sie mir«, sagte ich, »ich bin durchsichtig wie lauteres Glas. Aber es macht mir zu schaffen, daß die Scheidung noch nicht ausgesprochen ist. Sobald es soweit ist, hören Sie von mir, das verspreche ich Ihnen!«

Da ich nie ein Notizbüchlein besessen habe, schrieb ich mir ihre Adresse auf ein Stück Papier und besiegelte unseren Abschied mit einem Handkuß.

Kapitel 14

Das Leben auf dem Lande

Meine Frau wohnte unterdessen weiter in dem Dorf Almádi. Sie hatte sich ein Zimmer im Haus eines pensionierten Schuldirektors gemietet, dessen größter Ehrgeiz es war, faschistische Zeitungsartikel zu schreiben. Gleich nach ihrer Ankunft stattete sie Jutka einen Besuch ab, die im Hause ihrer Tanzlehrerin Elza Brandeisz untergekommen war.

Die Familie Brandeisz stammte ursprünglich aus Deutschland. Im Winter lebten sie in der Nähe von Budapest, im Sommer in einem nur ein Zimmer großen Häuschen am Ende der Dorfstraße von Almádi. Vier Menschen teilten sich den einen Raum: der alte Brandeisz selbst, der längst im Ruhestand und nun blind und taub war, seine Frau, Tante Zsuzsi, eine reizende Dame, deren Neigung zum Spiritismus ihr über die Beschwernisse des Lebens hinweghalf, und ihre zwei Töchter, die beide um die vierzig waren. Erna war eine begnadete Gärtnerin, von deren Talent die herrlichen Trauben in ihrem Garten kündeten; Elza war die Tanzlehrerin. Der Raum war kaum groß genug für diese vier Menschen, was sie aber nicht davon abhielt, auch noch Jutka aufzunehmen.

Jutkas Reise nach Almádi war ziemlich aufregend gewesen. Wir hatten kaum die falschen Dokumente für sie bereitgestellt, als ein etwa neunzehnjähriger junger Mann auftauchte, der in Elzas Auftrag Jutka abholen sollte. Dieser junge Mann aus dem mittleren Adel kannte das Mädchen überhaupt nicht; er hatte sich einfach aus dem heroischen Impuls heraus, den Juden zu helfen, freiwillig für diese Aufgabe zur Verfügung gestellt. Aber eines hatte er nicht in Rechnung gestellt: seine eigene, im Grunde schwache Natur. Weiß wie ein Laken und mit bebender Unterlippe, saß er neben Jutka im Zug. Sobald er auch nur von ferne eine Uniform erblickte, begann er zu zittern. Vor dem Schaffner, der ins Abteil kam, um die Fahrkarten zu kontrollieren, ängstigte er sich halb zu Tode. Neben diesem schlotternden Knaben begann auch Jutka allmählich, sich unbehaglich zu fühlen, trotz seiner ziemlich matten Versuche, sie zu unterhalten. Sie hätte ihn am liebsten fortgeschickt, wollte ihn aber nicht durch die Enthüllung kränken, daß sie seine Angst bemerkt hatte. Auf eine gewisse Weise war der arme Junge wirklich ein Held, weil er ständig gegen seine eigene Feigheit ankämpfen mußte. Beide waren heilfroh, als der Zug endlich in Almádi einfuhr und Jutka von der Familie Brandeisz in Empfang genommen wurde.

Als meine Frau sich Tante Zsuzsi vorstellte, war sie sprachlos über deren Reaktion.

»Wir haben hier für dich schon einen Platz bereit«, sagte Tante Zsuzsi und umarmte Julia.

Julia war verblüfft, aber da sie von Jutka wußte, daß die alte Dame zum Spiritismus neigte, dachte sie, daß vielleicht die Geister eine sie betreffende Botschaft geschickt hätten.

»Aber wie konntest du überhaupt wissen, daß ich kommen würde, liebe Tante Zsuzsi?«

Die Antwort war keineswegs spiritistisch, sondern ganz und gar praktisch: »Meine Liebe, es gibt hier so viel zu tun, daß wir immer froh sind, wenn jemand mit zwei starken Armen hereinschneit!«

Die zwei Schwestern waren in der Stadt, weil ihre Wohnung von einer Bombe getroffen worden war, und der große Garten und die vielen Tiere waren wirklich zuviel für die alte Dame. Schon bald fühlte sich Julia bei diesen einfachen, immer freundlichen Menschen wie zu Hause. Jeden Morgen ging sie schon ganz früh zu ihnen hinüber. Die zwei Schwestern kamen nach einiger Zeit aus Budapest zurück, und Julia freundete sich auch mit ihnen an und lernte außerdem die vielen anderen Leute aus dem großen Freundeskreis der Brandeisz kennen. Allmählich drang sie in das Leben und die Probleme dieser Menschen ein.

Der Krieg machte es immer schwerer, für die Familie zu sorgen, und so übernahm Julia nach und nach die Einkäufe. Sie ging dazu in das acht Kilometer oder zwei Wegstunden von Almádi entfernte Nachbardorf Felsőörs. Hier besorgte sie nicht nur Lebensmittel – Milch, Butter, Eier und so fort –, wobei sie Tante Zsuzsis Garnvorräte als Tauschmittel benutzte; wie eine echte Rotkreuzschwester verband sie auch Wunden, empfahl diverse Hausmittelchen und gab sogar Bauern mit juristischen Problemen nützliche Ratschläge (hatte sie doch viel von ihrem Mann, dem Rechtsanwalt, gelernt). Bald warteten die Einwohner von Felsőörs begierig darauf, daß Julia zweimal die Woche zu ihnen kam, und versahen sie mit allem, was ein Bauer auf dem Dorf zu bieten hat.

Julias Briefe malten ein so reizvolles und anziehendes Bild vom Leben auf dem Lande und der Freundlichkeit seiner einfachen Menschen, daß mein jüngerer Sohn George, der noch bei dem gutmütigen Herrn Baufluss wohnte, den Wunsch äußerte, seine Mutter zu besuchen. In diesem Entschluß bestärkte ihn auch die Entdeckung, daß Baufluss eine jüdische Frau hatte, deren Tochter aus erster Ehe den gelben Stern tragen mußte: Der arme Baufluss hatte genug Mühe, für die Sicherheit seiner eigenen Familie zu sorgen.

Julia begegnete in den verschiedenen Dörfern nicht nur den Dorfbewohnern selbst, sondern auch Menschen, die wie sie selbst nur zu Gast waren – mit anderen Worten, Juden, die sich versteckten. Unter ihnen war ein gewisser Gergely, der als Buchhändler die ganze Gegend mit den besten Büchern versorgte.

Oft gab er Julia den Rat: »Versuchen Sie, sich ganz einfach und natürlich zu geben. Seien Sie nicht zu gescheit! Ein Jude verrät sich nicht immer durch sein Aussehen, sondern eher durch seine Rastlosigkeit, seinen Ehrgeiz, dadurch, daß er zu allem etwas weiß – oder es sich einbildet –, daß er zu allem eine Geschichte parat hat, mehrere Sprachen spricht und immer mit den Armen rudert.«

Als Baron Laky (dessen Frau übrigens Jüdin war, wie sich später herausstellte) Julia fragte, ob sie Bridge spielen könne, da noch ein vierter Mitspieler fehlte, erwiderte sie daher eingedenk der Mahnung Gergelys – »Seien Sie nicht zu gescheit!« –, daß sie es leider nicht könne, obwohl sie der Einladung liebend gern nachgekommen wäre.

Die Ankunft des vierzehnjährigen George war für Julia eine große Überraschung. Es war mein ausdrücklicher Wunsch, daß die zwei nicht zusammenwohnten. Julia konnte ihn als ihren Patensohn vorstellen, und sie konnten die Zeit miteinander verbringen, aber ich bestand auf meinem ursprünglichen Grundsatz, daß jedes Familienmitglied diese schwierigen Zeiten auf eigene Faust durchstehen mußte. Sie entdeckten in den Weinbergen ein kleines Landhaus mit einem einzigen Raum, in dem sich Jutka und George einquartierten. Vielleicht lag es an diesem engen Zusammenleben mit einem nur zwei Jahre älteren Mädchen, daß der Junge seine Mutter eines Tages nach den Rätseln der Sexualität befragte. Die Aufklärung muß offenbar gründlicher und erfolgreicher ausgefallen sein als jene, die ich selbst acht oder zehn Jahre zuvor seinem Bruder Paul hatte angedeihen lassen.

Ich erinnere mich jedenfalls noch lebhaft an den Gesichtsausdruck meiner Frau, die geradezu nach Luft geschnappt hatte, als Paul sich während eines Herbstspaziergangs an sie gewandt und gefragt hatte: »Mutti, was tut der Vati, um ein Baby zu machen?«

»Da fragst du besser deinen Vati selbst«, hatte sie entgegnet und ihn zu mir geschickt, so daß sie um die Beantwortung der Frage herumkam.

Ich hatte mich der Lage gewachsen gezeigt. »Ihr habt doch im Religionsunterricht die Patriarchen durchgenommen.«

»Ja.«

»Nun, dann weißt du ja, was dort steht: Abraham zeugte Isaak; Isaak zeugte Esau und Jakob; Jakob zeugte Joseph. Diese Zeugung, das ist die Sache des Vaters. Klar?«

»Klar«, sagte Paul. Und das war's.

George hingegen erhielt viel eingehendere Informationen.

Nachdem George aufgeklärt worden war, sagte seine Mutter scherzhaft zu Jutka, als sie sie das nächste Mal sah: »Paß bloß auf! Er weiß alles.«

Aber die Freundschaft der beiden wurde nicht getrübt, obwohl die Pikanterie der Situation noch durch die falschen Dokumente gesteigert wurde, denen zufolge George zwei Jahre älter und Jutka jünger war als in Wirklichkeit. Aber sie war die Freundin seines Bruders, und damit war sie tabu. Sie verbrachten den Rest des Sommers traulich vereint in ihrem Häuschen unter den Reben.

Dort machten sie die Bekanntschaft von Onkel Mihálcsa. Dieser dürre, ruhelose, faszinierende Mann arbeitete im benachbarten Weinberg. Da er sich als guten Sozialisten betrachtete, bemühte er sich, auch diese zwei jungen Leute in seine Richtung zu drängen, und erteilte ihnen Lehren über die Liebe zur Menschheit und über gegenseitige Achtung. Er ging davon aus, daß diese Kinder des Bürgertums voller Vorurteile steckten, und verfolgte daher besonders das Ziel, ihnen solche Gedanken und Gefühle auszutreiben. Den Antisemitismus lehnte er strikt ab, und so ließ er keine Gelegenheit aus, seine Schüler entsprechend zu instruieren. Die zwei jungen Leute nahmen seine überaus klugen Ansichten begierig auf, und Onkel Mihálcsa ließ keinen Tag verstreichen, ohne mit ihnen zu reden.

»Alles im Leben muß man nüchtern und unvoreingenommen beurteilen. Einen Menschen nur darum zu hassen, weil er diese oder jene religiöse Überzeugung hegt oder weil er eine andere Hautfarbe hat als man selbst – das widerspricht jeder nüchternen menschlichen Logik. Was zählt, ist der Mensch selbst, nicht seine Rasse, seine Hautfarbe oder seine Religion. Der griechische Philosoph Demokrit hat einmal gesagt, daß die Achtung vor dem Mitmenschen die höchste Tugend ist. Die Menschen sollten ein einziges sittliches Grundprinzip befolgen: ›Was du nicht willst, daß man dir tu, das füg auch keinem andern zu.‹ Dieser Gedanke ist natürlich nicht von mir: Als erster hat ihn der chinesische Philosoph Konfuzius ausgesprochen. Dieser Grundsatz ist ein sicheres Mittel, um menschliches Verhalten zu beurteilen, und er wird zu allen Zeiten aktuell und anwendbar bleiben.«

Seine Gesprächsthemen waren unerschöpflich: Er hatte die interessantesten Dinge über Habgier und Machtversessenheit, aber auch über Geiz und Verschwendung zu sagen. Eine Nacherzählung seiner Vorträge bekam später Julia zu hören, wenn Jutka und George mit ihr zum Strand hinunterspazierten oder auf den Höhenzügen unter Kiefern Rast machten. Oft gesellte sich auch Elza zu ihnen.

Vielleicht weil er sehr viel im Plattensee schwamm, erkältete sich George und zog sich wohl eine Mandelentzündung zu. Nachts bekam er hohes Fieber. Meine Frau wagte nicht, den Dorfarzt zu rufen, da der gleichzeitig der Ortsgruppenleiter der Pfeilkreuzler war; sie befürchtete, daß eine Untersuchung des Jungen nicht nur die Art seiner Erkrankung, sondern auch seine jüdische Herkunft offenbart hätte. Schließlich überstand George das Leiden auch ohne ärztliche Hilfe, sei es durch Tante Zsuzsis Hausmittel und Gesundheitstees, sei es aufgrund der natürlichen Robustheit einer jugendlichen Konstitution.

Ich war sehr verärgert, als ich später durch unseren Kurier erfuhr, daß kein Arzt sich um diese ernsthafte Erkrankung kümmerte.

Nachrichten über das Geschehen in Almádi erreichten mich nämlich in der Regel nicht brieflich, sondern durch Boten. Durch die Wechselfälle an der transdanubischen Front wurde die Post sehr unzuverlässig. Außerdem wagten wir es nicht, in unseren Briefen ganz offen zu schreiben. Was, wenn sie in falsche Hände gerieten – in die der Faschisten beispielsweise?

Zwei Boten überbrachten die Nachrichten aus Almádi; beide waren interessante Charaktere.

An einem heißen Julimorgen kam eine gutgebaute, sonnengebräunte Blondine zu mir. Es war Erna Brandeisz, die Schwester von Jutkas Tanzlehrerin, mit einer Botschaft von meiner Frau. Im Laufe des Sommers suchte sie mich noch bei zwei weiteren Gelegenheiten auf. Beide Male ging es dabei hauptsächlich um Georges Erkrankung. Damals war das Reisen außerordentlich mühsam; selbst in Budapest funktionierten die Straßenbahnen kaum noch. Ich konnte mir nicht erklären, was Erna bewog, so viel Umstände auf sich zu nehmen. Als wir uns verabschiedeten, fragte ich sie, wo sie jetzt hingehe.

»Zu dem blinden Uhrmacher aus unserem Bibelkreis«, antwortete sie.

»Darf ich Sie hinbegleiten?«

»Ja, natürlich. Heutzutage bin ich nicht gern allein unterwegs.«

Ich hätte gern noch mehr über sie erfahren, aber unser Gespräch kam ins Stocken. Ich erkundigte mich nach ihrer Reise, machte eine Bemerkung über ihre Sonnenbräune, und als ich schließlich merkte, daß ich nicht weiterkam, fragte ich rundheraus: »Erna, verzeihen Sie mir die Frage, aber weswegen tun Sie sich diese anstrengenden Fahrten nach Budapest an?«

»Für die Juden«, erwiderte sie.

»Das verstehe ich nicht. Was hat das Schicksal der Juden mit Ihnen zu tun?«

»Ich habe früher bei der Firma Mauthner gearbeitet. Unser Obergärtner war Jude. Ich hatte – und habe noch immer – großen Respekt vor ihm. Ich versuche, ihn zu retten und nach Almádi zu holen, aber bisher ohne Erfolg. Er hat eine kranke Mutter, die er nicht allein lassen will.«

»Und warum ist es Ihnen so wichtig, gerade den Obergärtner zu retten?«

»Wissen Sie denn nicht, daß die Juden das auserwählte Volk Gottes sind?«

Ich versicherte ihr, daß ich es wüßte.

Der andere Bote war ein noch beunruhigenderer Mensch. Karcsi gehörte zur Besatzung einer Privatjacht, die auf dem Plattensee lag. Er lernte irgendwie Jutka kennen und lud sie auf das Schiff ein, um dort englische Rundfunksendungen abzuhören. Jutka nahm Julia als Anstandsdame mit, da sie nicht allein gehen wollte. Damals war das Abhören von englischen Nachrichten ein seltenes Vergnügen.

Auch Karcsi kam einige Male bei mir vorbei. Er war ein braungebrannter junger Mann von zwanzig, der gut aussah und etwas hinkte. Wegen seines Klumpfußes nannte man ihn den »lahmen Karcsi«. Ich glaube, ein konfuserer Mensch als er ist mir nie begegnet.

»Ich bin auf Julias Vorschlag gekommen, weil ich einen Rat

brauche.« Er zögerte ein wenig und blickte umher, als könne irgendwo ein Mikrophon versteckt sein. »Es ist eine streng vertrauliche Angelegenheit.«

»Ich werde sie als solche behandeln«, versicherte ich.

»Also, ich habe im Bakonywald einen großen Vorrat an Waffen und Munition versteckt. Ich habe auch viele gute Freunde, die wissen, wie man mit einem Maschinengewehr umgeht.«

Ich glaubte, einen Verrückten vor mir zu haben.

»Woher haben Sie denn das alles?« wollte ich wissen.

»Das ist ein Geheimnis, das ich Ihnen nicht verraten darf«, sagte er verschwörerisch. »Aber sehen Sie mal her.«

Und damit öffnete er seinen Rucksack, der mit MG-Teilen und Munition vollgestopft war.

»Mein älterer Bruder arbeitet für den britischen Secret Service.« Die Worte »Secret Service« sprach er ungarisch aus, noch dazu in seiner heimatlichen Mundart, so daß es eine Weile dauerte, bis ich dahinterkam, was es mit dem »Schätzrät Schärwitzä« auf sich hatte.

»Aber ich habe ein Problem. Ich weiß nicht, ob ich auf der Seite der Deutschen oder der Russen kämpfen soll. Beide Seiten sind ziemlich ausgelaugt, und ein Trupp gut bewaffneter Kämpfer könnte durchaus den Ausschlag geben.«

»Welche Seite sagt Ihnen denn mehr zu?«

»Das ist es ja: Ich kann mich nicht entscheiden. Daß mein Bruder für den Secret Service arbeitet und die Briten mit den Russen verbündet sind, würde für die Russen sprechen. Aber irgendwie mag ich die Russen nicht. Kommunismus ist schließlich Kommunismus. Andererseits sind die Deutschen Schweine, das steht fest. Ich kann mich einfach nicht entscheiden.«

»Sie sind gekommen, um meinen Rat zu hören. Wenn Sie wirklich meine Meinung wissen wollen, so glaube ich, daß die Zeit für eine Intervention noch nicht reif ist.«

Ich schlug ihm vor, noch abzuwarten und die Entwicklung im Auge zu behalten, und versprach, jederzeit für ihn dazusein. Als er fort war, verfiel ich ins Grübeln. Eigentlich hätte ich den Burschen hinauswerfen müssen, aber ich wollte Julia und Jutka das Leben nicht unnötig schwerer machen. Aber vielleicht irrte ich mich auch? Vielleicht hätte ich eine Rebellion anzetteln können, die zwar konfus begonnen, aber letzten Endes das Antlitz der Erde verändert hätte? Bei Mohammed und Dschingis-Khan war es doch genauso gewesen...

Beide Boten, die mir unentbehrlich waren, um mit meiner Frau in Kontakt zu bleiben, waren offenkundig – jeder auf seine Weise – Besessene. Die eine war das bigotte Mitglied einer Bibelsekte, der andere suchte das Abenteuer, weil er im Banne seines großen Bruders beim britischen Secret Service stand.

Kapitel 15

Katz und Maus

Die Lage an den verschiedenen Fronten veränderte sich nur sehr langsam; trotzdem machte sich ganz allmählich, aber entscheidend das überlegene Potential des Westens bemerkbar. Das einzige Ereignis, das Hoffnung verhieß – wenngleich nur für wenige Stunden –, war das gescheiterte Attentat auf Hitler am 20. Juli 1944; aber Hitler blieb am Leben, und zweihundert Verschwörer – deutsche Offiziere – wurden umgebracht. Wären sie erfolgreich gewesen, hätten viele hunderttausend, vielleicht sogar Millionen von Juden gerettet werden können. Die Verschwörung bewies, daß sogar das deutsche Volk von Hitler genug hatte.

Mit der Fortdauer des Krieges – des »totalen« Krieges – und der zunehmenden Knappheit an Rohstoffen und Arbeitskräften wurde in der ungarischen Presse immer öfter von der Notwendigkeit einer »wirtschaftlichen Nutzbarmachung« der Juden gesprochen. Damals lebten in Budapest etwas über 150 000 Juden in den verschiedenen Judenhäusern, wo es für sie keine sinnvolle Arbeit gab. So wurden in diesen Häusern Komitees eingerichtet, die die arbeitsfähigen Männer und Frauen registrierten. Listen wurden erstellt, die darüber Auskunft gaben, welches »Menschenmaterial« zu deportieren und welches innerhalb Ungarns zu internieren war. Es kursierten sogar Gerüchte, wonach den Westmächten die Emigration oder der Freikauf der noch verbliebenen jüdischen Bevölkerung angeboten werden sollte.

Die Juden lebten in Steinhäusern, aber sie waren weniger sicher, als wenn man sie in offenen Booten auf hoher See ausgesetzt hätte.

Unsere bisherigen Erfahrungen bestätigten voll und ganz die Richtigkeit des Weges, den wir als Familie eingeschlagen hatten:

Es war offenbar der einzige Weg zur Rettung. Aber wie Tiere im Dschungel mußten wir ständig auf der Hut sein, um uns nicht in Gefahr zu bringen. Wir mußten auch auf ständige Wechsel und Veränderungen der Kriegskulisse gefaßt sein. Zavics, Baufluss, die Wohnung am Eskü-Platz – das alles gehörte jetzt der Vergangenheit an.

Mein Sohn Paul wechselte ständig den Wohnort. Zuerst arbeitete er bei einem Füllfederhalterfabrikanten, wo er der einzige Beschäftigte war, aber der Betrieb mußte schließen, weil die Rohstoffe ausblieben. Von dort ging er in eine Fabrik für Rundfunkgeräte, aber nach einem aufmerksamen Rundblick stellte er fest, daß praktisch alle Beschäftigten untergetauchte Juden waren, weshalb es ratsam schien, sich davonzumachen: Wenn die Polizei kam, um *einen* zu verhaften, würde sie auch gleich die Papiere aller anderen überprüfen.

Danach belegte Paul, um die Zeit sinnvoll zu nutzen, verschiedene technische Kurse – Schweißen, Autofahren, Reparieren von Elektrogeräten und so fort.

In der Nähe von Pauls Wohnung, am rechten Donauufer am Südrand der Stadt, befand sich der Tennisclub Lágymányos. Stundenlang beobachtete Paul den Platz von draußen, und wenn er sicher war, daß niemand ihn erkannte, ging er hinein. Er bekam vom Club die Erlaubnis, auf den Plätzen zu üben, und überredete seine jeweilige Freundin, bis zum Abend an seiner Seite auszuharren und dann mit ihm ein Einzel zu bestreiten. Schließlich kam es so weit, daß er auf dem unbeleuchteten Platz bis lange nach Einbruch der Dunkelheit spielte. Trotzdem fiel einigen Leuten auf, wie gut er spielte, und die Clubmitglieder schwärmten schon davon, diesem augenscheinlich begabten jungen Mann ein ernsthaftes Training angedeihen zu lassen. (In Wirklichkeit hatte die Qualität seines Spiels nichts Rätselhaftes: Von klein auf hatte Paul jede Gelegenheit ergriffen, sein Spiel zu verbessern. Seit seinem zehnten Lebensjahr hatte er im Sommer praktisch jede freie Minute auf dem Tennisplatz neben unserem Garten verbracht und jede Woche mit einem Profitrainer gearbeitet.) Es fiel ihm schwer, diese Ehre – die Chance, für den Club Wettkämpfe zu bestreiten – nicht anzunehmen, aber das wäre natürlich sehr gefährlich gewesen, da er sehr leicht auf Leute treffen konnte, die ihn von früher als hoffnungsvollen Tennisspieler kannten.

Der ständige Wechsel des Aufenthaltsortes wurde zu einem charakteristischen Merkmal unseres neuen Lebens. Aus unterschiedlichen Gründen sollte es offenbar keinem von uns gelingen, in der einmal gewählten Wohnung zu bleiben. Jetzt war Paul mit Umziehen an der Reihe.

Er hatte bisher nahe der Technischen Universität, in dem Stadtteil Budas mit den meisten Nichtjuden, in einem Mädchenzimmer gewohnt. Das Zimmer war so klein, daß Pauls Zehen ins Nebenzimmer ragten, wenn er sich einmal ordentlich ausstreckte. Seine Vermieterin arbeitete bei der Nationalbank und war eine große Bewunderin ihres früheren Chefs, des Nationalbankpräsidenten Béla Imrédy, eines kompromißlos faschistischen Politikers, der später ungarischer Ministerpräsident wurde. Als in der Öffentlichkeit bekannt wurde, daß er einen jüdischen Großelternteil hatte, mußte Imrédy als Ministerpräsident zurücktreten, aber solange er noch im Amt war, verdankten die Juden ihm eine besonders schwere Zeit. Seine eigene jüdische Herkunft mußte es gewesen sein, die seinen Antisemitismus ausgelöst hatte: Konvertiten sind immer die fanatischsten Gläubigen.

Diese »patriotische« Vermieterin konnte absolut nicht verstehen, warum ein so kräftiger, sportlicher Mensch wie Paul sich nicht freiwillig zur »Nationalen Widerstands-Front« (einer antikommunistischen Organisation) gemeldet hatte oder zum Militär gegangen war. Mein eigener Verdacht war, daß diese faschistische Rechtgläubige mit ihrem ständigen Nörgeln Paul nur aus der Wohnung ekeln wollte, weil die Mieten inzwischen fünfmal höher waren als zu dem Zeitpunkt, als Paul den Mietvertrag unterschrieben hatte.

Das ständige Aufgebot von Rekruten – freiwilligen wie wehrpflichtigen – machte Paul immer nervöser, aber er verhielt sich untätig, bis schließlich die Einberufung aller achtzehnjährigen Männer angeordnet wurde. Jetzt war Paul auch in seiner neuen

Identität als unverheirateter Christ gezwungen, sich zu melden. Mit Hilfe einer Dokumentenwäscherei veränderten wir zwar sein Geburtsdatum und machten aus ihm wieder einen Siebzehnjährigen, aber es blieb ihm nichts anderes übrig, als aus seiner gegenwärtigen Unterkunft auszuziehen. Seiner Vermieterin erklärte er, daß er sich zum Militär gemeldet habe.

Sie war dermaßen beeindruckt, daß sie das Mädchenzimmer zum selben Preis wie für Paul an einen Jungen weitervermietete, den Paul ihr empfohlen hatte – Jutkas älteren Bruder, der gerade dem jüdischen Arbeitsdienst entronnen war. Offensichtlich gab es noch immer Leute, die an die Richtigkeit der faschistischen Idee glaubten. Aber solche Ideen oder Ideale führten nur dazu, daß Millionen von Menschen ermordet, vernichtet, abgeschlachtet wurden. So fiel es mir schwer, die Vermieterin für ihr gutes Herz oder ihre Großzügigkeit zu rühmen.

Mit großer Mühe fand mein Sohn eine neue Bleibe im Haus eines prächtigen Ehepaares. Der Mann war Kommunist, und seine Frau betrieb eine Gewürzkrämerei, womit bewiesen war, daß die Kluft zwischen Kommunismus und Kapitalismus nicht unüberbrückbar sein mußte. Durch diesen Mann erfuhr ich einiges über die kommunistische Untergrundbewegung und bekam deren kleines Informationsblatt zu lesen, das – bald zwei, bald vier Seiten lang – jede Woche herauskam.

Je länger sich der Krieg hinzog, desto klarer wurde mir, daß es keine Möglichkeit gab, die Juden als Gruppe zu retten. Spätestens Anfang Juli waren alle Juden aus der Provinz bereits abgeholt worden. Von den Budapester Juden hatten sich vielleicht fünf Prozent gefälschte Ausweispapiere besorgt, aber die übrigen sahen der Zukunft in einer Art von düsterer, ahnungsvoller Ergebung entgegen. Zunehmend wurde die grausame Behandlung der zum jüdischen Arbeitsdienst eingezogenen Juden in der Öffentlichkeit bekannt. Blutrünstige »Ausbilder« und Offiziere in den Arbeitslagern folterten ihre Schutzbefohlenen zu Tode, mit dem Resultat, daß immer mehr junge Leute sich zur Flucht entschlossen, da sie nicht mehr daran glaubten, daß sie als Angehörige des Arbeitsdienstes eine bessere Chance hatten, den Krieg zu überleben.

Unterdessen verbreitete sich das Gerücht, daß Juden, die zum Christentum konvertierten, bessere Aussichten auf eine anständigere Behandlung hätten als die anderen. Der jüdische Arbeitsdienst erließ eine spezielle Weisung, wonach jüngst Konvertierte eine weiße Armbinde anstelle der üblichen gelben tragen durften. Die Zeitungen gaben bekannt, daß Konversionen, die vor dem 1. August 1944 vorgenommen worden waren, »staatlich anerkannt« würden. Natürlich wußte kein Mensch, was »staatlich anerkannt« in diesem Zusammenhang bedeuten sollte.

Pauls Freunde und Altersgenossen gehörten alle in die Kategorie der jungen Männer, die zum jüdischen Arbeitsdienst eingezogen wurden. Wenn wir ihnen begegneten, war es nicht besonders schwer, sie zur Flucht aus dem Arbeitsdienst zu überreden. Was diese Kinder brauchten, war Hilfe! Meine Söhne und ich machten eine Liste der Dinge, die sie am dringendsten benötigten: ein Bad, ein paar Kleider, die Dienste einer Dokumentenwäscherei und eine Bleibe – ein Zimmer zur Untermiete, wo es mit der Mietzahlung keine Probleme gab. Da die Unterkünfte das größte Problem waren, versuchte ich, so viele Optionen wie möglich an der Hand zu haben.

Solange die Avas' nicht da waren, stand ihre Wohnung zur Verfügung. Immer, wenn ich eine Anzeige sah, daß ein Zimmer zu vermieten war, nahm ich es »für meine Verwandten auf dem Lande« und zahlte die Miete im voraus. In unser Sommerhaus auf Lupa zog ein neuer Bekannter von George, der Notar Hászka, ein, während wir für den Rest des Sommers Hászkas Haus in Buda benutzen konnten. Sowohl Avas als auch Hászka hatten ein Radio in ihrer Wohnung. Im Notfall konnten wir auch eine zusätzliche Person in unserem Versteck am Eskü-Platz unterbringen.

Schließlich war auch unsere Vermieterin bereit, uns ein zweites Zimmer neben dem unsrigen zu vermieten. Mein Vorwand war, daß der gegnerische Druck auf die Ostfront jederzeit dazu führen könne, daß einer meiner Bekannten aus den umkämpften Gebieten als Flüchtling vor der Tür stehe. Außerdem kämen von Zeit zu Zeit meine Patensöhne zu Besuch, so daß ich gerne noch das Mädchenzimmer neben der Küche zur Verfügung hätte, auch wenn es zwischendurch eine Weile leerstehen sollte. Ich sei jedoch gerne bereit, mit der Mietzahlung zu beginnen, sobald der Mietvertrag unterschrieben sei. Unsere Vermieterin war von der Offerte so entzückt, daß wir von ihr als Gegenleistung für ein so vorteilhaftes Arrangement alles hätten verlangen können. Die Freundschaft mit ihr und ihrem Mann wurde enger, obwohl unsere Großzügigkeit doch eher den Verdacht der beiden hätte erregen müssen. Aber selbst wenn ihnen Zweifel an unserer wahren Identität gekommen sein mochten, waren sie offenkundig geneigt, sich über solche Bedenken hinwegzusetzen, um so großzügige Mieter nicht zu verlieren. Sie gingen jetzt dazu über, uns öfter einzuladen. Hauptthema der Diskussion war immer die Lage an der Front und die Aussicht auf ein Ende des Krieges.

Nach einem solchen Gespräch, in dem ich wie üblich das große Wort geführt hatte, sagte die Vermieterin plötzlich zu ihrem Mann: »Ist es nicht sonderbar, Pete, wie klug Lexi das alles analysieren kann, obwohl er gar keine militärische Erfahrung besitzt?«

»Du hast natürlich nichts begriffen«, versetzte der Mann. »Lexi hat sogar sehr viel Erfahrung, aber er darf seine wahre Identität nicht verraten. Begreifst du denn nicht? Hast du nie was von der Abteilung Abwehr gehört?«

Die ungarische Spionage und Gegenspionage war als »Abteilung Abwehr« bekannt. Nur die zuverlässigsten Offiziere wurden ihr zugeteilt. Für den Hauptmann war ich also ein Angehöriger der Abteilung Abwehr und durfte mit niemandem darüber reden. Großartig! Am nächsten Tag wagte ich es, den BBC-Auslandsdienst etwas lauter zu stellen...

Manchmal erschienen spät nachts Leute bei uns, die aus ihrer Wohnung vertrieben worden waren oder heimlich ihr Arbeitsbataillon verlassen hatten. Dann nahmen wir sie für diese Nacht einfach in unser Zimmer. Einmal tauchte Emi, meine attraktive Freundin aus dem Luftschutzkeller unserer alten Wohnung am Kossuth-Lajos-Platz, mit fünf anderen Leuten bei uns auf. Sie hatten gehört, daß ihr Zimmergenosse, ein angeblicher Nationalsozialist, verhaftet worden war, und befürchteten nun, bei einer Durchsuchung ihrer Wohnung ebenfalls festgenommen zu werden. So mußten alle in unserem Zimmer auf dem Boden schlafen.

Mir war durchaus bewußt, daß mein Freund Ozma, der viel förmlicher war als ich, diese unerwarteten nächtlichen Invasionen nicht schätzte. Aber wenn ich das Für und Wider abwog, entschied ich mich immer für die Unglücklichen an der Tür. Ich muß zugeben, daß Ozma sich kein einziges Mal wirklich beschwerte; er duldete lieber stumm, als daß er mich gebeten hätte, ihm das Leben etwas erträglicher zu machen. Da er bereit war, seine Bequemlichkeit zu opfern, war ich bereit, ihm seine unleidliche Pfennigfuchserei zu verzeihen.

Eine ziemlich weit von Buda entfernte Unterkunft besorgte ich für die Schwester eines der jungen Männer aus dem Arbeitsdienst. Sie war ein Flüchtling aus einem Dorf in der Provinz und mir von jemandem empfohlen worden, den ich nicht kannte. Die Miete war für drei Monate im voraus bezahlt, und es gab reichlich Lebensmittel in der Wohnung. Wie es sich gehörte, stellte ich das Mädchen dem Vermieter vor – als ein Familienmitglied, das als Flüchtling aus der Stadt gekommen sei. Damit hielt ich meine Arbeit für getan. Aber einige Wochen später rief mich mein Vermieter ans Telephon. Es war Ella. Ich hatte Mühe, mich zu erinnern, wer Ella war.

Eine Woche später rief sie wieder an: Es sei etwas Dringendes vorgefallen, und sie müsse mich persönlich sprechen; sie habe mir etwas Wichtiges mitzuteilen. Zur verabredeten Zeit erschien sie, sorgfältig hergerichtet, auffallend gekleidet, das Haar zauberhaft verwandelt, am vereinbarten Treffpunkt, gleich einer leidenschaftlich entflammten Rose, die nur darauf wartete, gepflückt zu werden. Es stellte sich schließlich heraus, daß ihr einziges Problem ihre Einsamkeit und Langeweile war und sie mich für den Gefallen, den ich ihr getan hatte, zu entschädigen wünschte. Offenkundig fand sie mich anziehend. Sie schien nicht glauben zu wollen, daß jemand, der einem anderen eine Gefälligkeit erwiesen hatte, nicht eine andere Gefälligkeit als Gegenleistung erwartete.

Stunde um Stunde, Tag um Tag schlichen langsam dahin. Wie mit schweren Lasten bepackt, schienen wir uns durch die Zeit zu schleppen. Doch wurden diese Tage von einzelnen Episoden unterbrochen, die ein plötzliches, grelles Licht auf diese Maskerade warfen, auf diese verworrene Welt aus Tod, Wut und Haß.

Eines Morgens saß ich mit meinem Sohn in einem drittklassigen Café am Kiskörút, dem Kleinen Ring, beim Frühstück. Zwei junge Männer an einem Ecktisch fesselten meine Aufmerksamkeit. Ihre Kleidung war ramponiert, und sie sahen nach überstandenen Strapazen aus, was auf Flüchtlinge aus einem Arbeitslager schließen ließ. Ich überbrachte ihnen durch meinen Sohn 100 Pengő und die Einladung, sich zu uns zu setzen. Einer von ihnen, Miklós Schwartz, sagte, er sei an demselben Tag aus Nagyvárad geflohen, als man das Ghetto geräumt und seine Bewohner deportiert hatte. Seine Frau und sein Kind hatten zu denen gehört, die in die Viehwaggons gesperrt und abtransportiert worden waren.

An jenem Tag war sein unmittelbarer Vorgesetzter, ein Unteroffizier, mit folgendem Vorschlag zu ihm gekommen: »Hören Sie, Schwartz, ich will Ihnen etwas sagen. Warum sollen die Deutschen davon profitieren? Überlassen Sie sie doch besser mir. Es soll Ihr Schaden nicht sein.«

»Wovon zum Kuckuck reden Sie überhaupt? Was soll ich Ihnen überlassen?«

»Ihre Frau«, kam die Antwort.

»Sie begreifen«, sagte Miklós, zu mir gewandt, »daß ich in einer aussichtslosen Lage war, aber dieser Vorschlag ließ etwas in mir zerspringen. Ich bin nicht besonders kräftig, aber ich habe dem Schwein plötzlich einen solchen Schlag versetzt, daß er rücklings über die zwei Meter hohe Böschung gekippt ist, auf der wir standen. Seitdem bin ich auf der Flucht. Später lief mir zufällig ein Freund in die Arme, und jetzt sind wir gemeinsam unterwegs.«

Dieser Unbekannte aus einer Arbeitsbrigade war kein Einzelfall: Es dauerte nicht lange, und jeder ungarische Bürger hatte ein ähnlich gräßliches Erlebnis durchgemacht.

Kapitel 16

Das Gewissen der Welt

Selbst die wildesten Barbaren hätten sich der obszönen Behandlung geschämt, die Deutsche den Juden und anderen Minderheiten angedeihen ließen. In der Weltgeschichte ist diese Brutalität ohne Beispiel. In dem Maße, wie immer mehr Einzelheiten aus den deutschen Todesfabriken publik wurden, erwachte die zivilisierte Welt aus ihrer Lethargie und entdeckte ihr Gewissen wieder.

Der Papst protestierte energisch gegen die Verfolgungen. Klöster und andere kirchliche Organisationen kämpften darum, Hilfe gewähren zu dürfen, besonders zugunsten jüdischer Kinder. Das Rote Kreuz versorgte die Bedürftigsten mit Lebensmitteln und Medikamenten. Trotzdem war dies alles nicht mehr als ein Tropfen auf den heißen Stein.

Sogar Reichsverweser Horthy versuchte, wiewohl einigermaßen spät, die Situation zu entschärfen, indem er für einst hochangesehene Juden, die sich in der Vergangenheit um die oberen Ränge der ungarischen Gesellschaft besonders verdient gemacht hatten, Immunitätsbescheinigungen ausstellte. Diese Dokumente sollten ihren Empfängern das Schicksal ersparen, das andere Juden erwartete, und gaben ihnen zumindest nominell ihre alte Stellung in der Gesellschaft zurück.

Als ich eines Abends in unser Zimmer kam, brachte Ozma gerade letzte Retuschen an einem Brief an, den er dem Reichsverweser schicken wollte. Er las ihn mir vor.

Meine Reaktion war eindeutig. »Ich bin gegen jede Ausnahmeregelung, aber wenn du darauf bestehst, den Reichsverweser um Schonung zu bitten, dann bettele wenigstens nicht! Tu es energisch und bleib kühl und direkt im Ton. Dann mußt du dich später nicht schämen, daß du dich so erniedrigt hast.«

Ich bin überzeugt, daß Ozma seine Bittschrift nie abgeschickt hat. Falls doch, dann wurde ihr nicht stattgegeben; denn Ozma blieb bei mir und lebte weiter wie bisher.

Verschiedene neutrale Staaten Europas und Lateinamerikas, die in Budapest Botschaften und Konsulate unterhielten, gingen dazu über, ungarische Juden mit Immunitätsbescheinigungen auszustatten und sie in eigens zu diesem Zweck angemieteten Gebäuden in der ganzen Stadt unterzubringen. Im Laufe der Zeit errichteten die Schweiz, Schweden, Spanien und andere Nationen solche Zufluchtshäuser. Die Bittsteller mißachteten die Gefahr, aus den Menschenschlangen heraus verhaftet zu werden, die sich von morgens bis abends vor den Konsulaten bildeten; sie gingen das Risiko ein, noch im Augenblick ihrer potentiellen Rettung deportiert zu werden. Bald entstand ein Schwarzmarkt für diese Immunitätsbescheinigungen: Wenn der Besitzer einer solchen Urkunde Geld brauchte, konnte er sie jederzeit verkaufen und sich ein zweites Mal in der Schlange anstellen. Dies war auch eine gute Gelegenheit für Fälscher, so daß der Markt für gefälschte Dokumente besonders lukrativ wurde. Die Lage war bald so verworren, daß sogar Botschaftsangehörige nicht mehr sagen konnten, ob eine Immunitätsbescheinigung echt oder gefälscht war. Der hektische Kampf um diese Dokumente fand ein jähes Ende, als alle Bewohner aus zweien dieser Zufluchtshäuser von den Nationalsozialisten abgeholt und in der Donau ertränkt wurden. Man sah ihre Leichen flußabwärts treiben.

Ich für mein Teil machte nie ein Hehl daraus, daß ich diese Art von Protektion mißbilligte: Zuerst lenkt man die Aufmerksamkeit der Nationalsozialisten auf sich, indem man sich den gelben Stern an die Brust heftet, und dann zieht man eine Immunitätsbescheinigung aus der Tasche und wedelt ihnen damit triumphierend vor der Nase herum! Die vernünftigste Vorgangsweise für die Juden war es in meinen Augen, sich völlig zu separieren, um danach möglichst unauffällig in die übrige Bevölkerung einzutauchen. So machen es auch die Tiere: Wenn sie Gefahr wittern, bieten sie ihren Feinden nicht etwa ein gut

Tivadar Soros mit seinen Söhnen und seinem Schwiegervater (1931)

Tivadar Soros mit seinen Söhnen (1933)

Paul und George (1934)

Oben: Tivadar Soros'
Schwiegermutter, die
als junges Mädchen aus
dem Ghetto gerettet
wurde

Rechts: Schwiegermutter
mit George (1931)

Tivadar Soros' Frau Elisabeth mit Paul (1927)

Beim Skifahren in Österreich   Sommerfreuden in Friedenszeiten

George, die Großmutter und Paul (1943)

Links: Paul (1940)

Rechts: George (1946)

Oben: Tivadar und
Elisabeth Soros bei
ihrem Sommerhaus,
nach Pauls Flucht aus
Ungarn (1948)

Rechts: Tivadar Soros
in seinem letzten
Lebensjahr (1968)

Kriegsschäden in Budapest

Tivadar und Elisabeth Soros vor ihrem Sommerhaus (1952)

sichtbares Ziel; vielmehr besteht ihre natürliche Methode der Selbsterhaltung darin, mit dem Hintergrund zu verschmelzen und einfach zu verschwinden. Naturforscher nennen diese Erscheinung »Mimikry«. Immer, wenn Freunde oder Mandanten mich baten, ihnen bei der Beschaffung einer Immunitätsbescheinigung behilflich zu sein, versuchte ich, ihnen dies auszureden, und riet ihnen, den anderen Weg zu gehen.

Von Zeit zu Zeit erfuhren wir von anderen, erfolgreichen Fluchtmethoden. So retteten die Großindustriellen-Familien Chorin und Weiss sich selbst, ihre Angehörigen und offenbar auch einen Teil ihrer Habe, indem sie offiziell auf ihren Industriebesitz verzichteten und ihn den Göring-Werken, dem deutschen Unternehmen in der Hand Hermann Görings, überschrieben. Diese Rettungsmöglichkeit eröffnete sich aufgrund der heftigen Rivalität zwischen Hermann Göring und Heinrich Himmler: Göring sah im Erwerb dieses Industriegiganten eine Möglichkeit, Himmler auszustechen und seine eigene Stellung zu stärken, und sollte mit dieser Einschätzung recht behalten. Das Geschäft war äußerst vorteilhaft für ihn: Die gesamte Transaktion kostete ihn keinen Pfennig, bis auf die Ausstellung von fünfunddreißig oder vierzig offiziellen Pässen, die den »Verkäufern« die Auswanderung aus Ungarn erlaubten.

Dann gab es jene Gruppe von etwa 1600 orthodoxen Juden und Zionisten, die in einem Tempelgarten kampierten – bewacht und beschützt von der SS. Selbstverständlich war äußerst schwer zu ermessen, was dieser »Schutz« wert war. Einer meiner Onkel gehörte zu dieser Gruppe, mitsamt seiner ganzen Familie. Er gab zu, daß er für das »Glück«, dieser Gruppe anzugehören, ein Vermögen – mehrere hunderttausend Pengő – bezahlt hatte. Später sollte ich durch Emi mehr über dieses »Geschäft« herausfinden.

Emi war ein ungewöhnliches Mädchen. Ihr frappierendes Aussehen, ihre unverblümten Meinungen und ihr sarkastischer Humor verrieten Charakterfestigkeit, aber auch etwas Rätselhaftes. Eines Tages im Sommer wartete ich, wie vereinbart, an der Straßenbahnhaltestelle am Rudas-Bad auf sie; sie kam jedoch nicht. Im Laufe der Jahre habe ich mich daran gewöhnt, daß

Frauen, die nicht berufstätig sind, kein sehr präzises Zeitgefühl haben; so setzte ich mich geduldig auf eine Bank und hing meinen Gedanken nach. Plötzlich erschreckte mich eine Stimme: »Sie sind doch Elek Szabó, oder?«

Ich blickte auf; vor mir stand zu meiner Verblüffung ein recht unangenehm aussehender Militärpolizist. Woher wußte er meinen Namen? Er trug um den Hals eine Kette mit einer Seriennummer. Solche Bluthunde auch nur anzusehen war mir verhaßt. Ich nickte, um anzudeuten, daß ich in der Tat Elek Szabó war, und wartete ab, was als nächstes geschehen würde.

»Ich habe eine Botschaft für Sie. Fräulein Emi läßt Sie grüßen und möchte Ihnen mitteilen, daß sie bis zehn Uhr dreißig aufgehalten werden wird.«

Damit salutierte er zackig und ging davon. Das war echt Emi: Da sie keinen anderen Boten fand, schickte sie einfach einen Militärpolizisten von der Abteilung, die zur Bewachung der Donaubrücken abkommandiert war! Mir war bewußt, daß ihr seelisches Gleichgewicht nicht immer ganz in Ordnung war. Mit zweiundzwanzig Jahren verliebte sie sich hoffnungslos in einen vierzigjährigen Mann, der gerade in Scheidung lebte. Sie konnten einander nicht sehr oft sehen, weil er zum Arbeitsdienst eingezogen worden war. Alle ihre beträchtlichen Kraftreserven verwandte Emi darauf, ihren Geliebten mit Lebensmittelpaketen zu versorgen, damit er nicht hungern mußte.

Ich hatte versucht, ihr klarzumachen, daß es auch zur Lebenskunst gehört, die eigenen Gefühle mit einem gewissen Verantwortungsbewußtsein in Einklang zu bringen.

»Emi, du bist doch eine vernünftige Frau. Merkst du denn nicht, wie zwecklos es ist, sich an Joska zu binden? Es gibt doch so viele kluge, attraktive junge Männer, die mehr in deinem Alter sind.«

»Wenn du es unbedingt wissen willst«, hatte sie verärgert geantwortet, »ich habe eine Schwäche für ältere Männer. Wenn du nicht verheiratet wärst und ich deine Frau nicht kennen würde, würde ich mich auch in dich verlieben.«

»Danke. Sehr schmeichelhaft.«

»Bilde dir bloß nichts ein! Körperlich finde ich dich gar nicht besonders anziehend, aber irgendwie hast du immer Zeit für mich, wenn ich mit dir reden will. Zum Beispiel jetzt diese Situation mit Joska«, hatte sie geseufzt. »Die Liebe ist doch kein Ruder, das man irgendwie herumreißt, um dann in eine andere Richtung zu steuern. Vielleicht sollte ich dir gestehen, daß mich keine besonders intimen Gefühle zu Joska hinziehen, sondern Achtung und Ehrerbietung. In diesem blöden Arbeitsdienst ist Joska so niedergeschlagen und hoffnungslos, daß ich ihm sein Leben nicht noch elender machen will, als es so schon ist. Es wäre einfach grausam, ihm jetzt den Laufpaß zu geben! Das würde ihm seine letzte Hoffnung rauben. Er würde einfach zusammenbrechen.«

Über diese Unterhaltung dachte ich nach, als Emi um zehn Uhr dreißig aufkreuzte. Es war eine Freude, so strahlende Züge zu sehen! Nur Menschen mit sehr zarter Haut können wohl so leuchten. Emis Augen funkelten, und ihre Stimme war wunderbar einschmeichelnd, als sie zu mir kam und mich begrüßte.

Nach der Begrüßung kam sie gleich zur Sache. »Ich wollte dir nur auf Wiedersehen sagen. Ich habe mich entschieden.«

»Wofür?«

Meine Stimme verriet kein Erstaunen. Emi änderte ständig ihren Sinn.

Wie sie erzählte, hatte sich Sándor Csillag, Sohn eines Vorstandsmitglieds des Judenrats, in sie verliebt. Sie fand ihn nett, aber das war auch schon alles. Sein Vater hatte dafür gesorgt, daß Sándor − und auch Emi − auf eine Liste von Juden kamen, die von der SS in die Schweiz transportiert werden sollten. Diese Gruppe war aufgrund der Verhandlungen Kastners und Brands mit Adolf Eichmann, dem Chef des nationalsozialistischen Referats für »Judenangelegenheiten«, aus zionistischen und orthodoxen Juden ausgewählt worden.

Eichmann war ein eigenartiger Typ, ein absoluter Verbrecher, der sich damit brüstete, auf dem von Deutschland besetzten Territorium der Sowjetunion und anderswo Millionen von Juden vernichtet zu haben. Um seine Kenntnis des Judentums zu erweitern, hatte er sogar Jiddisch und Hebräisch gelernt. Doch jetzt, nach den jüngsten Rückschlägen der deutschen Armee und ihrem stetigen Rückzug an allen Fronten, schien die Befreiung Europas von den Nationalsozialisten nur noch eine Frage der Zeit zu sein. Daher waren die Juden für Eichmann nunmehr in erster Linie eine Ware, die es so profitabel wie möglich zu verkaufen galt, solange sie noch am Leben waren, anstatt sie umzubringen und mit typisch deutscher Gründlichkeit zu Seife zu verarbeiten.

»Emi, gebrauch doch deinen Verstand! Glaubst du wirklich, du kannst der SS vertrauen?«

»Natürlich nicht, aber wer garantiert mir, daß ich am Leben bleibe, wenn ich mich der Gruppe *nicht* anschließe? Ich kann dir im Vertrauen sagen, daß der Judenrat in Kontakt mit einem deutschen Juden in der SS steht, der ihm versichert hat, daß Eichmanns Leute es mit dem Verkauf der Juden gegen harte Dollars völlig ernst meinen.«

Aus ihrer Antwort ging eindeutig hervor, daß ihr Entschluß feststand: Sie wollte dorthin gehen, wo sie glaubte, Unterstützung zu finden. Wir verabschiedeten uns voneinander. Sie wandte sich um – und war vielleicht zehn oder fünfzehn Schritte gegangen, als sie plötzlich zurückgelaufen kam und mir einen Kuß auf die Wange gab. Ich habe sie nie wiedergesehen.

Was geschah mit der Gruppe? Sie wurden alle, einschließlich Emi, ins Konzentrationslager Bergen-Belsen transportiert, wo sie einige Monate bleiben mußten. Erst nach dem Krieg erfuhr ich, daß Eichmann und seine Leute zwei für das Vernichtungslager Auschwitz bestimmte Züge mit dreitausend Juden an Bord nach Österreich umlenkten, weil sie den ausländischen Juden, mit denen sie verhandelten, beweisen wollten, daß sie in der Tat die Macht über Leben und Tod der Juden hatten. Diese Juden überlebten die Naziherrschaft. Davon abgesehen war die 1600 Personen zählende Gruppe in Bergen-Belsen die einzige, die nach langwierigen Verhandlungen mit der jüdischen Gemeinde der Schweiz über das zu zahlende Lösegeld in die Schweiz einreisen durfte. Tatsächlich war ein großer Teil des Lösegeldes, das jeder einzelne in Form von Schmuck und anderen Wertsachen aufbringen mußte, bereits vor der Abfahrt aus Budapest von den Leitern der Gruppe an die Bande um Eichmann entrichtet worden.

Wenn wir also eine Bilanz über diese Vorgänge ziehen wollten, so hatten die Verhandlungen mit der SS natürlich das positive Resultat, rund viertausendfünfhundert Juden vor dem sicheren Tod in den Vernichtungslagern zu retten. Doch auf der anderen Seite unseres Hauptbuchs müßten wir einen viel größeren Negativposten verbuchen: Die freiwillige Kollaboration des Judenrats mit den Behörden, verbunden mit der Ahnungslosigkeit der Juden selbst, erleichterte, ja ermöglichte erst die Deportation von mehreren hunderttausend Juden aus Ungarn nach Deutschland. Ohne die freiwillige Kollaboration von seiten des Judenrats hätte dies nicht geschehen können.

Doch, Emi landetete glücklich in der Schweiz. Sie begann zu studieren. Sechs Monate später, kurz nach ihrem dreiundzwanzigsten Geburtstag, nahm sie sich das Leben. Ich weiß nicht, warum. Vielleicht hielt sie die Qualen und Wirrungen rund um ihre Beziehung zu Joska und Sándor nicht länger aus.

Später erfuhr ich noch von einem anderen Fluchtversuch – einem geradezu grotesken Beispiel für mangelnde Weitsicht. Eines Tages kam ein Pilot zu einem ehemaligen Bankdirektor. Er erklärte, er habe eine absolut vertrauenswürdige Kontaktperson, die gegen ein entsprechend hohes Bestechungsgeld bereit sei, ein Flugzeug für ihn zu organisieren. Anscheinend hatten zwei hochgestellte Persönlichkeiten garantiert, gegen eine hohe Geldsumme ein Flugzeug zur Verfügung zu stellen. Der Pilot plante, mit dem Flugzeug nach Kairo zu fliegen, und konnte zehn Personen mitnehmen, die bereit waren, die geforderte Summe zu bezahlen. Unter größter Geheimhaltung begannen die Vorbereitungen für den Flug. Der Preis für jeden Fluggast war auf 200 000 Pengő festgesetzt, die entweder in Naturalien (Schmuck, Kunstwerke und dergleichen) oder in bar zu entrichten waren. Schnell war eine zehnköpfige Gruppe beisammen, die nach Kairo mitfliegen wollte. Schließlich tauchte eines

Abends eine Limousine mit schwarz verhängten Fenstern auf, um die Gruppe zum Flughafen zu bringen.

Der Organisator des Fluges übergab jedem Passagier einen Routenplan und erklärte dann: »Über eines muß ich Sie noch in Kenntnis setzen. Die Magnetfelder im Flugzeug sind so stark, daß anfällige und hochwertige Armbanduhren mit Sicherheit Schaden nehmen, wenn sie nicht entsprechend geschützt sind. Wir werden deshalb eine antimagnetische Kapsel mitnehmen und empfehlen Ihnen, uns Ihre Uhren auszuhändigen, damit wir sie vorsichtshalber in dieser Kapsel verwahren.«

Brav folgten alle Passagiere diesem Rat. Als diese sorgfältigen Vorbereitungen abgeschlossen waren, kam man nach einer halbstündigen Zickzackfahrt durch die Straßen Budapests endlich an dem vermeintlichen Flughafen an. Kaum stiegen die Fluggäste aus der verhängten Limousine aus, als sie zu ihrem Entsetzen bemerkten, daß sie hereingelegt worden waren: Man hatte sie zum Ermittlungszentrum in Svábhegy gebracht. Um keinen Zweifel aufkommen zu lassen, daß dies in der Tat das Ermittlungszentrum und nicht der Flughafen war, wurden alle Personen brutal zusammengeschlagen. In diesem Zentrum liefen die organisatorischen Fäden für die Überstellung von Deportierten an die Vernichtungslager in Deutschland zusammen.

Dann wurde die Gruppe auf einen Lastwagen verfrachtet und zu einem Sammelpunkt an der Rökk-Szilárd-Straße gebracht. Durch einen unglaublichen Glücksfall wurde der Lkw jedoch an der Kreuzung József-Boulevard/Rökk-Szilárd-Straße in einen Unfall verwickelt: Der Laster stürzte um, und die Passagiere wurden auf die Straße geschleudert. Eine Person aus der Gruppe war die bekannte und sehr beliebte Filmregisseurin Elza Hös; sie merkte sofort, daß sie eine Chance zur Flucht hatte, zumal sie ganz in der Nähe wohnte und die Gegend gut kannte. In dieser ganzen unseligen Verwicklung war der Verkehrsunfall so etwas wie eine wunderbare Wende genau zum richtigen Zeitpunkt: Elza Hös und mehrere andere Personen konnten sich aus den Klauen der Massenmörder retten. Sie zog ihre alte, benommene Mutter mit sich in ein nahegelegenes Kaffeehaus und konnte sich in Sicherheit bringen.

Als Elza Hös mir dieses einzigartige und doch irgendwie typische Ereignis erzählte, konnte ich nicht an mich halten. »Elza, Sie sind doch eine kluge Frau. Wie konnten Sie bloß so naiv sein und sich in eine so offensichtliche Falle locken lassen?«

»Weil der ganze Plan so gut durchdacht aussah. Die Vorbereitungen waren so gründlich.«

»Aber das hätte Ihnen doch jedes Kind sagen können, daß es in ganz Ungarn kein Flugzeug gibt, das nonstop von Budapest nach Kairo fliegen kann! Das allein hätte bei Ihnen jeden Zweifel daran zerstreuen müssen, daß das Ganze eine abgekartete Sache war.«

»Sie haben bestimmt recht«, sagte sie nach einigem Nachdenken: »Aber ich hatte mich so darauf gefreut, einfach in ein Flugzeug zu steigen und hier herauszukommen, daß ich mich auf die tollsten Unternehmungen eingelassen hätte.«

Der Wunsch ist der Vater des Gedankens, sagt der Dichter, und er hat recht. Wenn wir etwas nur stark genug wünschen, verliert unser Gehirn die Fähigkeit, die Fakten zu prüfen, und Vernunft und Logik sind ausgeschaltet. Zuletzt können wir nicht einmal mehr richtig sehen. Ich habe mich hiervon im Laufe der Jahre durch Beobachtung meines eigenen Verhaltens überzeugt, nachdem ich bei vielen Gelegenheiten die Situation zu optimistisch eingeschätzt hatte, anstatt umsichtig die Tatsachen zu analysieren und auf das zu achten, was schiefgehen konnte, anstatt auf das, was vielleicht gutgehen mochte.

Kapitel 17

Trügerische Morgenröte

Im August 1944 begannen die Dinge endlich die Gestalt anzunehmen, die ich so ungeduldig erwartet hatte. Die militärischen Rückschläge der Deutschen blieben nicht ohne Folgen für die Politik der Satellitenländer. Die Alliierten flogen höchst wirkungsvolle Bombenangriffe, die eine Reihe wichtiger Militärstützpunkte in Deutschland zerstörten, und drangen mit dem Einmarsch in Frankreich auf bisher vom Feind besetztes Territorium vor. Im Osten zwang der stetige Vormarsch der Sowjetunion Rumänien, über eine Feuerpause zu verhandeln.

Am 18. August nahm der rumänische König die Waffenstillstandsbedingungen an, die unter anderem die Abtretung der bisher rumänischen Gebiete Bessarabien und Bukowina an die Sowjets vorsahen. Rumänien erhielt dafür die bis dahin ungarische Provinz Transsilvanien (Siebenbürgen). Eine weitere Bedingung war, daß die rumänische Armee künftig Seite an Seite mit der russischen kämpfte. Die Maßgaben dieses Waffenstillstands bereiteten faktisch dem späteren russischen Neo-Kolonialismus in Osteuropa den Weg.

Diese Entwicklungen hatten weitreichende Folgen für die Stellung Ungarns auf nationaler und internationaler Ebene, und die Regierung mußte einige drastische Veränderungen vornehmen. Zunächst entließ Ministerpräsident Döme Sztójay Anfang August drei seiner Kabinettsmitglieder – Imrédy, Jaross und Kunder –, die noch nazistischer gesinnt waren als er selbst.

Am 18. August löste die Polizei gewaltsam eine Kundgebung zur Unterstützung des deutschen Nationalsozialismus auf. Die Deutschen taten ihr Bestes, das »weltgeschichtliche Rad des Fortschritts« zu hemmen, und zitierten Reichsverweser Horthy nach Deutschland.

Am 23. August traf Horthy mit dem nationalsozialistischen Außenminister Ribbentrop zusammen, der sich bereit erklärte, die Einmischung der Deutschen in die inneren Angelegenheiten Ungarns zu reduzieren. Gleichzeitig mußte Horthy jedoch die Erklärung abgeben, daß die ungarische Armee weiterhin an der Seite der Deutschen kämpfen werde. Ende August entfernte Horthy dann Sztójay aus dem Amt und ersetzte ihn durch General Géza Lakatos.

All diese Ereignisse machten auch dem politisch Unbedarftesten klar, daß in Ungarn wichtige Veränderungen in der Luft lagen. Im September wimmelte Budapest von den wildesten Geschichten – namentlich kursierte das Gerücht, daß Ungarn dabei sei, mit den Achsenmächten zu brechen. Wie es hieß, wurde diese sensationelle Neuigkeit vor allem von Admiral Horthys Frau und seinem Sohn ausgestreut – eine Annahme, die sich darauf stützte, daß Horthys Frau angeblich teilweise jüdisch war und ihr Sohn jüdische Freunde hatte. Einem anderen Gerücht zufolge war Horthy von Hitler nach Deutschland »eingeladen« worden, hatte die Einladung jedoch abgelehnt. In höchster Erregung lauschten wir den einzelnen Geschichten und warteten, unter vielen Diskussionen, darauf, daß wenigstens eine von ihnen sich wirklich bewahrheitete.

Das Schicksal der ungarischen Juden war freilich zum großen Teil schon besiegelt. Anders als die Juden Budapests waren die Juden aus der Provinz bereits deportiert worden, auch diejenigen, die in Vororten Budapests wie Újpest und Kispest lebten. Wenn die Dinge sich jetzt in eine günstigere Richtung entwickelten, hatten die in Budapest verbliebenen Juden – vielleicht 100 000 oder 120 000 – gute Aussichten, gerettet zu werden.

Während der Herbst im milden Glanz eines Altweibersommers ins Land zog, erschien die strahlende Sonne wie ein Sinnbild für die unzähligen Strahlen unserer Hoffnung. Die Menschen schöpften Zuversicht und lernten wieder zu lächeln. Nach und nach kehrte mein kleiner Provinz-Peloton nach Budapest zurück. Als erste war Jutka wieder da. Sie hielt die idyllische Ruhe ihres Lebens am Plattensee nicht mehr aus, sobald sie wußte, daß ihr Vater und ihr älterer Bruder in der Stadt waren. Die beiden waren aus dem Arbeitslager entflohen, und ich versah sie mit falschen Ausweispapieren aus meiner Sammlung sowie mit Kleidung und anderen Utensilien. Mit Jutka kam der lahme Karcsi, den sie gebeten hatte, sie zu begleiten, weil er viel reiste und in diesen Dingen erfahren war. Ich brachte Jutka in der Luxuswohnung der Avas in Buda unter, wo sie von Avas' junger Schwägerin, die erst einige Tage zuvor nach Budapest gekommen war, herzlich willkommen geheißen wurde. Die Schwägerin war schon einige Monate schwanger und freute sich daher über eine so angenehme Gesellschafterin.

Karcsi, mein Bote, fuhr wieder nach Almádi, kam aber schon wenige Tage später mit zwei weiteren Schützlingen nach Budapest zurück. Diesmal hatte Julia ihm unseren Sohn George anvertraut, der das ereignislose, eintönige Dorfleben leid war. George kam bei Freunden unter, die er durch Baufluss kennengelernt hatte. Diese Freunde, die Hászkas, hatten ihm versichert, daß er ihrer Familie stets willkommen sein werde. Sie hatten zwei Kinder: einen sechsjährigen Jungen namens Otto (so benannt nach dem letzten Habsburger) und ein sechs Monate altes Mädchen. Die Hászkas waren katholisch und königstreu; sie gehörten zu jener politischen Gruppierung, die wieder die Herrschaft der Habsburger errichten wollte. Sie adoptierten George einfach als ihr drittes Kind und schenkten ihm reichlich die elterliche Liebe, die ihm fehlte und die er wirklich noch brauchte. Sowohl Hászka als auch seine Frau waren von früh bis spät damit beschäftigt, sich um die Kinder zu kümmern und den Garten zu pflegen. Dafür hatten sie keine Zeit, die Spezialnahrung zu besorgen, die für Säuglinge wichtig ist.

»Die Hászkas sind so gut zu mir«, sagte mein Sohn, als wir uns einige Tage später trafen. »Ich möchte gern irgend etwas für sie tun. Vielleicht könnten wir die Drogerien abklappern und versuchen, Babynahrung zu kaufen.«

So marschierten wir auf der Suche nach Babynahrung vom einen Ende der Stadt zum anderen und fragten in jeder Drogerie. Später fuhr ich sogar in die Vororte. Dabei stellte ich fest, daß es dort viel leichter war, spezielle Babynahrung aufzutreiben, weil die Bevölkerung dort ärmer war und sich diese Kost nicht leisten konnte. Unsere Streifzüge waren so erfolgreich, daß das kleine Hászka-Mädchen mindestens bis zu seinem Hochzeitstag mit Babykost eingedeckt war. Die Eltern waren einfach sprachlos. Leider wurde die Kleine dieser Nahrung bald überdrüssig und lehnte sie ab.

Am 13. Oktober kam schließlich Julia mit ihrer neuen besten Freundin, der Tanzlehrerin Elza Brandeisz. Elza zog in ihre leerstehende Tanzschule, voller Hoffnungen und in der Absicht, bald wieder mit dem Unterricht zu beginnen. Julia kam wunderbar braungebrannt zurück – sie sah heiter, ausgeglichen und elegant aus. Sie wollte gleich wieder in unsere alte Wohnung am Kossuth-Lajos-Platz ziehen.

»Liebes, ich bin ja auch Optimist, aber glaube mir, dafür ist es noch etwas zu früh. Laß uns lieber noch ein wenig warten.«

So zog sie zu den zwei Mädchen – Jutka und Avas' Schwägerin – in die Tardy-Straße. In der Eingangshalle des Gebäudes begrüßten uns verführerische Düfte: Im zweiten Stock bereitete Frau Avas eine Gans zu. Sie und ihr Mann waren erst am Tag zuvor nach Budapest gekommen, beladen mit Schätzen aus ihrem Dorf: Enten, Gänsen, Schweinefleisch, Eiern. Die frohe Botschaft hatte sich offensichtlich bis zum Wald herumgesprochen, und so waren die zwei voller Hoffnung nach Budapest zurückgeeilt. Ich blieb bis spät nachts bei ihnen, und wir kamen überein, daß Julia den folgenden Tag mit Paul verbringen sollte. Am Montag sollten sie dann wieder in die Stadt kommen, und wir wollten uns alle im Café Miénk treffen.

Dann kam der 15. Oktober.

Am frühen Morgen machte die Nachricht die Runde, daß der Sohn von Admiral Horthy von den Deutschen getötet worden sei. Einige Stunden später kündigte der Rundfunk eine wichtige politische Erklärung Horthys an; diese Erklärung wurde im Laufe des Vormittags mehrfach verlesen. Es war die Erklärung des Waffenstillstands, und sie hatte folgenden Wortlaut:

Seit der Wille der Nation mich zum Steuermann dieses Landes gemacht hat, war es das vornehmste Ziel der ungarischen Außenpolitik, die Ungerechtigkeiten des Vertrags von Trianon wenigstens teilweise zu beheben und die Revision dieses Vertrages mit friedlichen Mitteln zu betreiben. Leider haben sich unsere Hoffnungen auf ein Tätigwerden des Völkerbundes in dieser Hinsicht nicht erfüllt.

Als die jüngste weltweite Krise ausbrach, wurde Ungarn nicht von dem Wunsch geleitet, seine Grenzen zu erweitern. Wir hegten keine aggressiven Absichten gegen die Tschechoslowakische Republik, wie wir auch nicht den Wunsch hatten, verlorene Gebiete mit aggressiven Mitteln zurückzugewinnen. In Bácska sind wir zum Schutz der dort wohnenden Ungarn erst nach dem Zusammenbruch der damaligen jugoslawischen Regierung eingezogen. Und was die Ostgebiete betrifft, die uns Rumänien 1918 geraubt hat, so haben wir den friedlichen Schiedsspruch der Achsenmächte ebenso akzeptiert, wie es offenbar Rumänien tat.

In den Krieg gegen die Alliierten wurde Ungarn auf deutschen Druck aufgrund seiner geographischen Lage hineingezogen. Doch auch in diesem Krieg hatten wir nicht das Ziel, Eroberungen zu machen: Wir wollten niemandem auch nur einen Quadratmeter Landes wegnehmen.

Heute ist für jeden nüchtern denkenden Menschen offenkundig, daß das Deutsche Reich den Krieg verloren hat. Alle für das Schicksal ihres Vaterlandes verantwortlichen Regierungen haben hieraus die geeigneten Schlüsse zu ziehen. Schon der große deutsche Reichskanzler Bismarck hat gesagt, daß sich kein Volk auf dem Altar der Bündnistreue opfern darf. Im Bewußtsein unserer Verantwortung vor der Geschichte muß ich jede erdenkliche Maßnahme ergreifen, um weiteres unnötiges Blutvergießen zu vermeiden. Ein Volk, das in einem schon verlorenen Krieg, zur Wahrung fremder Interessen, den von den Vätern ererbten Heimatboden zum Schauplatz von Rückzugsgefechten machen ließe, verscherzte sich den Respekt der Weltöffentlichkeit.

Zu meinem Bedauern muß ich feststellen, daß das Deutsche Reich seine Bündnisverpflichtungen gegen uns schon lange verletzt hat. Seit langem – und gegen unseren Wunsch – wirft es mehr und mehr Teile der ungarischen Armee in Schlachten jenseits unserer Grenzen.

Eben weil ich darauf bestanden hatte, die ungarische Armee heimzuholen, zitierte mich dann der Führer des Deutschen Reiches im März dieses Jahres zu Gesprächen nach Klessheim und eröffnete mir dort, daß deutsche Truppen dabei seien, Ungarn zu besetzen. Ungeachtet meiner Proteste führte er diese Aktion durch, während ich in Klessheim festgehalten wurde. Gleichzeitig infiltrierte die Geheime Staatspolizei unser Land und nahm zahlreiche ungarische Staatsbürger fest, darunter auch mehrere Parlamentsabgeordnete und sogar meinen eigenen Innenminister. Der Ministerpräsident selbst entging der Verhaftung nur dadurch, daß er in einer neutralen Gesandtschaft Zuflucht suchte. Der Führer des Deutschen Reichs versprach mir, daß er diesen Kränkungen und Einschränkungen der ungarischen Souveränität Einhalt gebieten werde, falls ich eine Regierung einsetzte, die das Vertrauen der Deutschen genösse. Dies war der Grund für mich, die Regierung von Herrn Sztójay zu berufen. Die Deutschen haben jedoch ihr Versprechen nicht gehalten. Im Schutz der deutschen Besetzung übernahm es die Gestapo, das Judenproblem mit denselben Methoden wie anderswo zu erledigen, auf eine Weise, die mit den Geboten der Menschlichkeit unvereinbar ist.

Als der Krieg unsere Grenzen erreichte und schließlich in unser Land kam, versprachen die Deutschen geeignete Unterstützung, aber auch diese Verpflichtung wurde nicht auf die versprochene Art und in dem versprochenen Umfang erfüllt. Vielmehr haben die Deutschen auf ihrem Rückzug ungarisches Territorium verwüstet und zerstört.

Zuletzt gipfelten die verschiedenen Verstöße gegen das Bündnis in einem Akt offener Provokation. General Szilárd Bakay, der für die Aufrechterhaltung der inneren Ordnung verantwortliche Chef des Budapester Kommandos, wurde mitten im

Stadtzentrum von Spitzeln der Gestapo, die sich die schlechten Sichtverhältnisse zunutze machten, an einem nebligen Oktobermorgen beim Verlassen seines Autos vor seiner Wohnung aus dem Hinterhalt überfallen und entführt.

In der Folge mißbrauchten sie ihre Flugzeuge dazu, um über unserem Land Flugblätter abzuwerfen, die zum Aufstand gegen die derzeitige Regierung aufrufen. Ich besitze zuverlässige Informationen darüber, was die mit den Deutschen befreundeten Truppen mit diesem Aufruf zur Gewalt erreichen wollten: den Sturz der ungarischen Regierung, die ich in der Zwischenzeit errichtet hatte, und die Übernahme der Regierung durch ihre eigenen Leute. Und in der Zwischenzeit würde das Territorium unseres Landes in der Tat zum Schauplatz von Rückzugsgefechten.

Ich bin zu dem Ergebnis gekommen, daß ich die Ehre der ungarischen Nation gegen unseren früheren Verbündeten zu verteidigen habe, wenn er, anstatt uns geeignete militärische Hilfe zu gewähren, uns für alle Zeiten den größten Schatz der ungarischen Nation stehlen will: ihre Freiheit und Unabhängigkeit. Ich habe daher den Vertreter des Deutschen Reichs in Ungarn darüber informiert, daß ich eine Waffenstillstandsvereinbarung mit unseren früheren Kriegsgegnern unterzeichnen werde und daß wir als Gegenleistung für den Waffenstillstand die Einstellung aller feindseligen Handlungen planen. Im Vertrauen auf ihren Gerechtigkeitssinn möchte ich im Einvernehmen mit ihnen den Fortbestand des Lebens unserer Nation und die Verwirklichung unserer friedlichen Ziele sichern.

Ich habe unseren militärischen Befehlshabern die entsprechenden Instruktionen erteilt. Unsere Truppen sind daher gemäß ihrem Fahneneid und im Sinne der jüngst bekanntgegebenen militärischen Weisungen verpflichtet, den von mir ernannten Befehlshabern zu gehorchen.

Ich rufe alle anständigen und rechtschaffenen Ungarn auf, mir auf diesem Weg, der vielleicht manches Opfer kosten wird, zur Rettung des ungarischen Volks zu folgen.

Jeder hörte sich diese Erklärung an, aber es wurden viele abweichende Stimmen laut: »Zu spät.« »Der Zug ist längst abgefahren.« »Wir haben Transsilvanien verloren.«

Die vorherrschende Meinung war jedoch: »lieber spät als gar nicht«. Es gab viele Freudenbekundungen. Die Menschen strömten auf die Straße. Seit Wochen hatte ich nicht mehr auf das Wetter geachtet; das einzig Wichtige war, daß wir mit jedem Tag, der verging, unserer Befreiung ein Stück näher kamen. Jetzt bemerkte ich, daß es ein prächtiger Herbsttag war; die Bäume wetteiferten förmlich miteinander im Schmuck ihrer grünen, gelben und roten Blätter. An diesem Tag fanden nicht nur die heuchlerischen Nichtjuden, sondern auch die Juden den Mut, auf die Straße zu gehen, und viele von ihnen rissen sich den gelben Stern vom Mantel.

Zunächst steuerte ich das Haus am Eskü-Platz an, in dem ich vor Monaten mein neues Leben begonnen hatte. Frau Balázs war hocherfreut, mich zu sehen. Ich ging in den Keller und holte meine letzten Reserven aus einem Loch in der Wand: Banknoten und zehn Goldmünzen. Ich kam gerade noch rechtzeitig – das Papiergeld war durch die Feuchtigkeit schon fast verfault.

Balázs zeigte mir dann den Treppenschacht, wo Horthys Sohn verwundet worden war. Auf drei Stufen waren noch Blutflecke zu sehen. Miklós Horthy hatte sich in den Büroräumen des Freihafens, die sich in dem Gebäude befanden, mit dem Generaldirektor des Hafens, Bornemissza, verabredet. Die Deutschen hatten von dem geplanten Treffen erfahren, und am Abend vorher hatten sich zehn zivile deutsche Kriminalbeamte in Ledermänteln im Gebäude versteckt und gedroht, den Gebäudeverwalter Balázs zu erschießen, falls er irgend etwas verriet. Balázs hatte natürlich keine Ahnung, was los war, fand das Ganze aber unerfreulich. Vor Aufregung konnte er die ganze Nacht nicht schlafen. Am Morgen erschien verabredungsgemäß Horthys Sohn in Begleitung von zwei Leibwächtern. Balázs hörte die Schüsse aus dem Keller, wo man ihn eingesperrt hatte. Aber wie schwer Horthys Sohn verletzt war und wohin man ihn gebracht hatte, konnte er nicht sagen.

Und so wurde durch eine wunderliche Fügung des Schicksals für die gute Sache der Befreiung Ungarns vom deutschen Joch in unserem Haus am Eskü-Platz Blut vergossen.

Vom Eskü-Platz begab ich mich zu meinem Mandanten Schwartz. Seine riesige Wohnung in der Wekerle-Straße war voller Besucher, die sich auf Horthys Erklärung hin aufgeregt hier versammelt hatten. Auch viele Familienangehörige von Schwartz lebten hier, seitdem das Haus mit einem gelben Stern markiert war. Tagsüber war ihr Schlafbereich jedoch abgeschirmt, um die Überfüllung zu kaschieren. Unter den Augen des Patriarchen ging das alte Leben weiter; selbst die Bassethunde bekamen wie früher ihre Gerbeaud-Bonbons.

Die zwei halbwüchsigen Mädchen straften mit ihren abschätzigen Bemerkungen ihre äußere Erscheinung Lügen. Die ältere kam unentwegt auf Paul zu sprechen, von dem sie mit der ganzen Inbrunst ihrer vierzehn Jahre träumte, und unterhielt sich nur widerwillig mit Jancsi Danyi, Pauls Boxerfreund, den mein Sohn einige Monate vorher in die Familie geholt hatte und der ein häufiger Gast in dem Haus war. Am meisten überraschte mich, daß die Küche noch immer erstklassig war. Mir zu Ehren gab es Crêpes Suzettes, wie ich sie so vorzüglich seither nie wieder gegessen habe. Die Getränke wurden freigebig ausgeschenkt. Nach dem Essen sprachen wir wenig von der Vergangenheit und noch weniger über die Zukunft, die trotz unseres Schweigens in einen rosigen Schein gehüllt schien.

Die Familie hatte vier Mitglieder: Gyuri (Georg), seine Frau und zwei Töchter. Georg war ursprünglich mit einer Christin verheiratet gewesen, von der er aber geschieden war; aus dieser Ehe hatte es zwei Kinder gegeben, einen Jungen und ein Mädchen. Das Mädchen war bei der Mutter geblieben, der Junge kam zu seiner Großmutter väterlicherseits. Das Verhältnis zwischen den Kindern aus erster Ehe, der Großmutter und den Kindern aus zweiter Ehe war nicht gut. Natürlich riet ich ihnen, nicht in dem Gebäude mit dem gelben Stern zu bleiben. Als aber Frau Schwartz meine Meinung hörte, daß es in diesen gefährlichen Zeiten besser sei, getrennt voneinander zu wohnen, unterbrach sie mich einigermaßen indigniert: »Nun, das mag Ihre Meinung sein, Herr Rechtsanwalt. Ich persönlich möchte von niemandem aus meiner Familie auch nur einen Augenblick getrennt sein.«

Ich gab es auf, sie überzeugen zu wollen.

Die Schwartzens besaßen sehr viel Schmuck und baten mich um Rat.

»Vor allem eins: Was Sie auch tun, erzählen Sie niemandem davon, und auf keinen Fall dem Hausmeister! Schaufeln Sie eigenhändig ein Loch im Keller und verstecken Sie dort Ihren Schmuck. Erzählen Sie niemandem davon – auch nicht mir«, setzte ich hinzu, so als müßte die Wichtigkeit der Geheimhaltung noch eigens unterstrichen werden.

Nach dem Essen setzten wir uns zum Kartenspielen zusammen. Abends gegen fünf oder sechs rief mich Georg, mein Gastgeber, aus dem Zimmer.

»Ich wollte dir nur sagen, daß sie im Rundfunk eine Erklärung von der Pfeilkreuzler-Partei verlesen haben, von Szálasi.«

Sogar ich als passionierter Radiohörer zuckte nur verächtlich mit den Schultern.

»Mach dir keine Gedanken! Wird halt irgend so ein geheimer Untergrundsender der Pfeilkreuzler sein.«

Aber Georg kam noch zwei- oder dreimal in den Raum und brachte jedesmal beunruhigende Neuigkeiten aus dem Radio mit: »Szálasi hat die Macht übernommen ... Die Pfeilkreuzler-Partei hat eine Regierung gebildet ... Die Deutschen haben Szálasi ihrer Unterstützung versichert.«

Seine Hartnäckigkeit verfehlte jedoch ihre Wirkung auf mich: Nichts konnte mich von meiner Gleichgültigkeit abbringen. Ich wollte einfach nur essen, trinken und Karten spielen. Ich machte mir nicht einmal die Mühe, das Rundfunkgerät anzustellen, in eine solche Euphorie hatte mich die Erklärung Horthys versetzt. Es mochte sieben Uhr abends sein, als ich nach reichlichem Essen und unterhaltsamem Kartenspiel mit Danyi das Haus verließ. Draußen schlug uns beängstigende Stille entgegen. Die Straße lag völlig verlassen da; das einzige Geräusch war fernes Donnern. Als wir zur Hauptverkehrsader, der Andrássy-Straße, kamen, wurde uns die Ursache des Donners klar: Deutsche Geschütze und Panzer rollten in stetigem Zug durch die Stadt. Mein Herz gefror, und es lief mir kalt über den Rücken. Böser Vorahnungen voll, gingen wir die Andrássy-Straße hinunter.

Am Oktogon-Platz standen Menschen. Zeitungsverkäufer riefen: »Szálasis Erklärung! Die Pfeilkreuzler haben die Macht übernommen! Lesen Sie alles darüber!«

Ich kaufte eine Sondernummer, die nur aus einem Blatt bestand, und als lebte ich noch in einer Art Entrückung, fragte ich einen anderen Zeitungsleser, auf die Schlagzeile deutend: »Was sagen Sie zu diesem Wahnsinn?«

Als er mich einfach von Kopf bis Fuß musterte, ohne ein Wort zu sagen, war ich entsetzt: Endlich begriff ich, daß Horthys Putsch fehlgeschlagen und er selbst verhaftet worden war, daß Szálasis Deutschenfreunde die Macht übernommen hatten und daß meine Frage von eben ausgereicht hätte, um mich erschießen zu lassen. An der Ecke Oktogon / Andrássy-Straße, wo gerade eine vollbesetzte Straßenbahn davonfuhr, konnte ich schon sehen, wie dreizehn- bis vierzehnjährige Burschen in Zivil, den Patronengurt am Ledergürtel und die uralte, fast zu schwere Flinte übergehängt, mit unschuldigen Passagieren umsprangen: Beim Aussteigen stießen und mißhandelten sie Menschen, um »für Ordnung zu sorgen«.

»Onkel Lexi, ich will jetzt wirklich nicht nach Hause«, sagte Danyi ohne Umschweife.

»Komm mit zu mir; du kannst bei mir bleiben.«

Danyi machte nur eine Handbewegung und stieg in eine Straßenbahn. Vielleicht war ihm ein damals populärer Schlager eingefallen, den die Schauspielerin Karádi gerne sang:

> *Der Freiheit nachzujagen, hat kein'n Zweck:*
> *Was einmal kommen muß, das läuft nicht weg!*

Beim Nachhausegehen kam ich mir wie totgeprügelt vor. Leise schlich ich in mein Zimmer: Ich hatte keine Lust, mit den anderen Hausbewohnern zu reden.

Am nächsten Morgen erwachte ich durch den Lärm von Geschützfeuer. Ich lauschte gespannt, kleidete mich in fliegender Hast an und ging hinaus, um mich umzusehen. Eine unangenehme Kühle wehte mir entgegen, als ich auf die Straße trat. Auf der Andrássy-Straße gab es schon viele andere Frühaufsteher. Ich versuchte herauszufinden, was los war. Die Menschen zuckten nur die Achseln: Sie wußten auch nicht, was vor sich ging. Schließlich sagte jemand: »Irgendwer hat vom Balkon eines Judenhauses auf Pfeilkreuzler auf der Straße geschossen. Jetzt räuchern sie die Bude aus.«

In dem Geschützfeuer unterschied ich Maschinengewehre und gelegentlich sogar schwere Artillerie. Ich kam zur Népszínház-Straße. Vor dem Judenhaus eine Menschenmenge. Auf dem Asphalt Glassplitter und Steine. Ich versuchte, meine Aufmerksamkeit zu fokussieren, meinem Gedächtnis die Gesichter der Pfeilkreuzler einzuprägen, die aus dem Gebäude kamen – die Art, wie der eine seinen Knüppel hielt, die Wut im Blick eines anderen. Ich glaubte, daß ich eines Tages, wenn diese Menschen für ihre Greueltaten zur Rechenschaft gezogen würden – weil es Gerechtigkeit nicht nur in Büchern gibt –, mit Bestimmtheit würde sagen können: »Jawohl, er hat auch zu den Schlägern gehört.«

Ich konnte mich lange nicht entscheiden, ob ich mich als Jude fürchten oder als Nichtjude schämen sollte, weil ich diese Geschehnisse zuließ.

Ich lenkte meine Schritte ins Café Miénk: Es wurde Zeit für das Stelldichein mit meiner Frau und meinem Sohn. Die beiden kamen. Meine Frau tat ihr Möglichstes, um zu verbergen, wie sehr dieser Umschwung sie deprimierte, aber ich bemerkte die wortkarge, gespannte Art ihres Gesprächs – immer ein Zeichen für inneren Aufruhr und Notstand. Elza Brandeisz war auch mitgekommen. Sie trug einen kleinen Koffer bei sich und sagte, sie wolle sofort wieder aufs Land.

Dann wandte sie sich an Julia: »Und du willst wirklich nicht mitkommen?«

Fragend sah Julia mich an.

Aus der Richtung Népszínház-Straße näherte sich eine große Gruppe Juden; Pfeilkreuzler trieben sie vor sich her. Sie liefen mit erhobenen Händen, wie Kriegsgefangene. Eine junge Mutter drückte mit der rechten Hand ihr Baby an sich und hielt die Linke in die Luft.

Tränen strömten über Julias Gesicht.

»Geh mit Elza, Liebes. Fahr mit ihr mit. Jetzt, solange es noch Züge gibt.«

Ich wußte, daß sie nur meine Manövrierfähigkeit einschränken würde, wenn sie jetzt blieb. Und ich brauchte alle Stärke, die ich aufbieten konnte, wenn wir alle dieses neueste Grauen überleben sollten.

Auch Paul fand es richtig, wenn seine Mutter wieder aufs Land fuhr. »Wir Männer kommen hier leichter zurecht. George ist bei den Hászkas wunderbar untergebracht.«

Die Ereignisse jenes Tages erschütterten auch mich, wenngleich ich meine Betroffenheit verbarg und den Eindruck zu erwecken suchte, als stehe ich über allem.

Die Frauen brachen zum Bahnhof auf. Julia machte nicht einmal halt in der Tardy-Straße, um ihren Koffer abzuholen. Sie konnte Kleider von Elza bekommen, falls die Witterung kühl werden sollte.

Kapitel 18

Das Leben unter Szálasi

In Budapest begann der Alltag unter dem Szálasi-Regime. Wie mein Vermieter mit einem gewissen Nachdruck berichtete, war Szálasi im Ministerium erschienen und hatte jeden vereidigt, der bereit gewesen war, der Pfeilkreuzler-Partei Treue zu geloben. Szálasi hatte ihnen persönlich die Armbinde übergestreift. Zu den Vereidigten gehörte auch mein Vermieter. Zwei Tage später erzählte er mir flüsternd, daß er an diesem Morgen auf seinem Weg zur Arbeit, an der Donau entlang, in der Gegend zwischen dem Hotel »Ritz« und der Kettenbrücke die Leichen von sechzig jüdischen Frauen gezählt habe.

»Ist Ihnen klar, daß diese Frauen ermordet worden sind?« sagte er mit einem vielsagenden Ton. Aber seine Stimme verbarg Resignation, so als hätte man ohnedies nichts zu ihrer Rettung tun können.

Trotz der Pfeilkreuzler-Binde am Arm war der Hauptmann in jenem Augenblick, da er von diesen Greueln sprach, viel menschlicher als seine Frau, die sich mit dem Finger über die Kehle gefahren war und mit der Zunge geschnalzt hatte, um das Schicksal der auf die Straße getriebenen Juden anzuzeigen.

Das Pfeilkreuzler-Regime war sichtlich unbeliebt – nicht nur, weil die Juden noch mehr verfolgt wurden als unter Sztójay, sondern auch, weil das Schicksal des Landes jetzt noch fester mit dem Schicksal Deutschlands verknüpft wurde, über das sich nur die wenigsten Leute noch irgendwelche Illusionen machten. Aber niemand wagte, ein kritisches Wort gegen das Regime zu sagen. Und wenn er es doch getan hätte, hätte keine Zeitung es gedruckt, so daß es wirkungslos geblieben wäre. Nur eine einzige Publikation wagte es, Kritik an Szálasi zu drucken: die Satirezeitschrift *Pesti Posta*. Das Titelbild war in jener Woche ein ganzseitiges Porträt Szálasis – nur war der Kopf verkehrt herum aufmontiert. Darunter stand: »Szálasi kommt, als ob er ginge.«

In der folgenden Woche zeigte das Titelbild eine kurvige Landstraße mit einem Motorrad. Darauf saßen ein Mann und hinter ihm eine Frau (die »Motorradbraut«, wie man damals sagte), deren Haar im Wind flatterte. Die Bildunterschrift lautete: »Halt dich fest, Malwine – bald sind wir über den Berg!«

Beide Sätze wurden verdientermaßen im ganzen Land zum geflügelten Wort. Die Zeitschrift stellte ihr Erscheinen ein; was aus dem Herausgeber geworden ist, weiß ich nicht. Ich sollte vielleicht erwähnen, daß die Zeitungen aufgrund der Papierknappheit immer dünner wurden; trotzdem hatte die Presse genug Papier, um mehrere Tage hintereinander und auf mehreren Seiten die infantilen weltpolitischen Theorien des Außenministers zu referieren oder Richtigstellungen zu Äußerungen Szálasis zu bringen.

Szálasi verzapfte einen Blödsinn nach dem anderen. Seine erste Erklärung enthielt einen Satz, der geeignet war, sogar die Pfeilkreuzler aufzubringen. Er nannte nämlich als Quelle seiner Machtbefugnisse den deutschen Botschafter in Ungarn, Edmund Veesenmayer. In kleineren Ländern ist der Chauvinismus oft besonders ausgeprägt. Außerdem war Ungarn stolz auf seine Unabhängigkeit – und da behauptete ausgerechnet der Chef der Pfeilkreuzler, daß er seine Herrschaft dem deutschen Botschafter verdanke! Vergeblich wurden weitere Erklärungen oder Erklärungen zur Klarstellung der Erklärungen nachgereicht: Es war nicht mehr möglich, die Sache richtigzustellen. Niemand sah in Szálasi etwas anderes als eine deutsche Marionette.

Aus den Reihen der Pfeilkreuzler-Partei mußte eine neue Polizeitruppe gebildet werden, weil die alten Polizeioffiziere sich weigerten, an den Aktionen gegen Juden teilzunehmen. Sie retteten ihnen sogar oft das Leben, indem sie sie aus den Händen der Pfeilkreuzler befreiten, zur Polizeiwache eskortierten und dort später laufen ließen.

In jedem Stadtbezirk gab es ein oder zwei Pfeilkreuzler-Gebäude, die einzig dem Zweck dienten, Juden zu foltern und

»auszuschalten«. Menschen, die im Verdacht standen, Juden zu sein, wurden hierher gebracht, um auf ihr Judentum überprüft zu werden. Bei Männern war die Überprüfung ganz einfach. Dokumente spielten keine Rolle. Sie mußten sich einfach entkleiden, und wer beschnitten war, hatte wenig Chancen, lebend davonzukommen. Frauen hatten eine bessere Chance, weil es bei ihnen diese einfachen Kriterien nicht gab.

Eines Tages begegnete ich in Budapest zwei Frauen, die aus dem Ghetto Győr entkommen waren und die ich durch Emi kannte. Ich suchte den Kontakt zu dieser Gruppe auch während des Pfeilkreuzler-Intermezzos zu halten. Die zwei Frauen hatten so viele Handtaschen dabei, daß sie sie kaum tragen konnten.

»Wo haben Sie denn diese wunderschönen Taschen gekauft?« fragte ich.

»Wir haben sie nicht gekauft; wir haben sie hier in der Nähe geschenkt bekommen, im Pfeilkreuzler-Haus.«

»Im Pfeilkreuzler-Haus?« rief ich verblüfft aus (obwohl mich mittlerweile nichts mehr hätte verblüffen sollen).

»Ja, das ganze Haus ist voll mit gestohlenen Gegenständen. Sie hatten uns festgenommen und versucht, aus uns das Geständnis herauszuprügeln, daß wir Jüdinnen seien. Zwischen den Schlägen befragten sie uns nach unserer Religion. Wir konnten nur das Vaterunser und das Credo aufsagen, und auch das nur falsch und stockend. Wir sagten, durch die ständigen Folterungen hätten wir sogar unseren Namen vergessen. Diese Prügel und Verhöre dauerten zwei Tage. Schließlich kamen sie zu dem Schluß, daß wir doch keine Jüdinnen seien, und als Entschädigung für die erlittenen Prügel bekam jede von uns eine Armbanduhr geschenkt.«

Eine der Frauen hielt mir den Arm hin. »Da, sehen Sie. Ist die nicht schön?«

»Und zuletzt«, sagte die andere Frau, »haben uns die Pfeilkreuzler laufen lassen und eingeladen, jede Woche einmal wiederzukommen und uns irgend etwas auszusuchen, als Geschenk. Jeden Donnerstag, haben sie gesagt. Heute war unser dritter

Besuch. Kommen Sie doch nächste Woche mit und suchen Sie sich auch etwas aus!«

Schon der Gedanke beleidigte mein Gefühl für menschliche Würde – falls es so etwas wie menschliche Würde überhaupt noch gab.

Es fiel nicht schwer, einen anderen, weit vorteilhafteren Vorschlag von den Pfeilkreuzlern abzulehnen, der wenig später kam. Der Verwalter des Gebäudes an der Akácfa-Straße, der mittlerweile Ortsgruppenleiter seiner Partei geworden war, ließ mir durch die Familie Balázs eine Botschaft zukommen und mitteilen, daß er mir gerne behilflich sein wolle. Dieser Mensch war jetzt für eines der zwei Mietshäuser verantwortlich, für die ich früher der Bevollmächtigte gewesen war. Er pflegte jeden Monat in meinem Büro aufzutauchen und mir die Abrechnungen vorzulegen. Er war auch wie üblich am 1. April erschienen, kurz nach der Ankunft der Deutschen.

Als er mir das Geld und die Abrechnungen ausgehändigt hatte und schon gehen wollte, hatte ich zu ihm gesagt: »Setzen Sie sich einen Augenblick, Tóth, ich möchte Ihnen etwas mitteilen. Jetzt, wo die Deutschen da sind, muß ich es wirklich zur Sprache bringen: Glauben Sie nicht, daß ich nicht die ganze Zeit gewußt hätte, daß Sie Pfeilkreuzler sind. Leute aus dem Haus haben auch angedeutet, daß Sie wegen regierungsfeindlicher Umtriebe im Gefängnis gesessen haben. Ich hätte das Recht gehabt, Sie deshalb fristlos zu entlassen, aber ich habe es nicht getan. Und wissen Sie, warum nicht? Weil ich finde, wenn der Besitzer eines Hauses Jude ist, sollte wenigstens der Hausmeister Nazi sein.«

Vielleicht hatte dieser kleine Vortrag seine Wirkung nicht verfehlt, und Tóth ließ mir deshalb immer wieder ausrichten, daß ich an ihn denken solle, falls ich Hilfe benötigte.

Nach meiner festen Überzeugung war es unmöglich, mit den Nationalsozialisten oder der SS Geschäfte zu machen, geschweige denn zu einer Vereinbarung mit ihnen zu kommen. Für mich waren sie absolut nicht vertrauenswürdig. Es war durchaus möglich, daß Tóth es mit seinen guten Absichten ehrlich meinte, aber genauso gut konnte es sein, daß er einmal unter einen so starken ideologischen Druck geriet, daß er gezwungen sein würde, seinen ursprünglichen Absichten zuwiderzuhandeln. Unter meinen Anwaltskollegen gab es mehrere, die notorische Antisemiten oder Pfeilkreuzler waren. Von einem von ihnen hieß es, daß er mütterlicherseits jüdisches Blut in den Adern habe. Einige Zeit nach der Machtergreifung der Pfeilkreuzler begegnete ich diesem Kollegen zufällig auf der Straße. Er war offenkundig erfreut, mich zu sehen.

»Mein lieber Tivadar, ich bin jetzt in leitender Position! Ich bin für die wirtschaftlichen Angelegenheiten der Pfeilkreuzler-Partei zuständig. Die viele Arbeit macht mich noch wahnsinnig. Hättest du nicht Lust, als stellvertretender Direktor bei uns anzufangen? Schließlich sind ›wir‹ in diesen wirtschaftlichen Dingen die Fachleute.«

Das hatte mir gerade noch gefehlt: Parteifunktionär bei den Pfeilkreuzlern zu werden! Ich lehnte höflich, aber entschieden ab.

Er ließ nicht locker. »Hier, ich gebe dir für alle Fälle meine Telephonnummer. Vielleicht überlegst du es dir ja noch. In einer solchen Position wärst du vollkommen sicher.«

In der Tat gab es einige Leute, die ihr Heil in der Partei suchten. Einmal besuchte ich die Flüchtlinge aus dem Ghetto in Győr. Sie lebten zu siebt, Jungen und Mädchen, in einem einzigen Raum. Als ich eintrat, legte einer der Jungen gerade die Pfeilkreuzler-Binde und die übrigen Insignien der Partei an.

»Er macht sich an die Arbeit«, erläuterten seine Freunde.

Das war kein Einzelfall. Das Kommando Prónay meldete die Hinrichtung von fünf Juden, die man in seinen Reihen entdeckt hatte, und in den Zeitungen wurde über den Vorfall berichtet. Dem wunderbaren Eingreifen solcher Pseudo-Nazis verdankten manche Juden ihr Leben. Ich hatte von Juden in SS-Uniform gehört, und jetzt stand also einer mit der Pfeilkreuzler-Armbinde vor mir.

Mein eigenes Leben als angeblicher Christ kann, wie schon erwähnt, nur mit dem verglichen werden, was man in der Natur

»Mimikry« nennt: Das Tier nimmt die Farbe seiner Umgebung an, so daß es schwer auszumachen ist und seinen Peinigern entkommen kann. Die Pseudo-Nazis glichen jenen Schmetterlingen, deren majestätischer Flug den einer anderen Spezies nachahmt, welche einen penetranten Geruch verströmt. Dieser Geruch ist so stark, daß er Feinde fernhält. Die Imitatoren ähneln diesen Schmetterlingen in Farbe und Flug und werden von den Vögeln nicht belästigt, obwohl sie nicht die Fähigkeit haben, einen starken Geruch abzusondern.

Die Pfeilkreuzler-Regierung machte kein Hehl aus ihrer Absicht, die »Judenfrage« radikal zu lösen. Zu diesem Zweck sahen sie sich nach heimischen Methoden der Massenvernichtung um. Ende Oktober mobilisierten sie kräftige junge Frauen. Später holten sie jedermann, Alt und Jung, Männer und Frauen, aus den Judenhäusern und verfrachteten sie zur Ziegelei Újlaki, wo sie in Gruppen aufgeteilt und zur österreichischen Grenze geführt wurden. Wer nicht laufen konnte, wer stürzte oder sich am Wegrand niedersetzte, wurde von den Wachen umgebracht. Ein kleinwüchsiger Bursche aus meiner Bekanntschaft erzählte mir später, er sei nie in seinem Leben so dankbar für seine Statur gewesen wie auf diesem Marsch von der Ziegelei Richtung Wien. Einige Pfeilkreuzler-Wachen machten sich nämlich einen Jux daraus, miteinander um die Wette auf die größten unter den Marschierenden zu schießen. Und so fielen die Großen einer um den anderen, von Schüssen getroffen, zu Boden. Bald war die Straße nach Wien von Leichen gesäumt.

Als man in Mosonmagyaróvár an die Grenze kam, sollte die Gruppe eigentlich in Viehwaggons gesteckt werden, aber mittlerweile war das deutsche Eisenbahnsystem in Auflösung begriffen, so daß kein Zug zur Verfügung stand. Nach dreitägigem Warten ließ man alle Juden frei. Von denen, die nach Hause zurückkehrten, wurden manche erneut von Pfeilkreuzler-Wachen gefangengenommen und zur Parteizentrale gebracht. Die glücklicheren ließ man wieder laufen, nachdem man sie durchgeprügelt hatte. Die anderen wurden ans Donauufer geführt und erschossen.

Bei dieser Gelegenheit erhielt ich eine Botschaft von der »englischen« Gruppe. Man teilte mir mit, daß ich mich für einen nächtlichen Einsatz bereithalten solle. Ich mußte mich an einem Lastwagen einfinden, wo ich neben dem Fahrer Platz nahm. Wir fuhren zweimal die Fernstraße zur österreichischen Grenze ab und lasen Menschen auf, die sich nach Hause schleppten. An Bord nahmen wir nur Kinder und alle, die nicht mehr laufen konnten. Wir hoben die Unglücklichen schweigend in den kleinen Laster und fuhren sie nach Budapest ins jüdische Krankenhaus am Bethlen-Platz. Ich hatte so viel damit zu tun, die mitgebrachten belegten Brote auszuteilen, daß ich kaum Zeit hatte, mich zu fürchten. Obwohl mir von der Aufregung ganz heiß war, zitterte ich in dieser Nacht vor Kälte.

Im November wurde schließlich auch in Budapest ein Ghetto errichtet. Es befand sich im siebten Bezirk und umfaßte die Dob-, Rumbach- und Síp-Straße nebst unmittelbarer Umgebung – eine Gegend, in der ohnehin sehr viele Juden lebten. Hier wurden die verängstigten, verwirrten Juden zusammengetrieben. In der Regel wurde jeder Familie ein Zimmer zugewiesen, aber verschiedentlich waren auch bis zu zwanzig Menschen in einem Raum zusammengepfercht. Die hygienischen Verhältnisse waren im Ghetto bedeutend besser als in der Ziegelei, da die Leute ja in Gebäuden lebten, die als menschliche Behausung gedacht waren, und nicht unter freiem Himmel. Dank der Bemühungen des Roten Kreuzes gab es auch einen – allerdings unregelmäßigen und eingeschränkten – Nachschub an Lebensmitteln.

Das Ghetto warf für mich ein neues Problem auf. Meine Schwiegermutter, die nach Budapest zurückgekehrt war, fand sich nämlich im Ghetto wieder: Ich erhielt diese Nachricht eines Morgens von Balázs, zusammen mit der neuen Adresse. Was das Schicksal der Ghettobewohner betraf, so hatte ich die schlimmsten Befürchtungen, weshalb ich es für meine Pflicht hielt, meine Schwiegermutter so bald wie möglich herauszuholen. Die Juden mußten natürlich im Ghetto leben, aber die seit einiger Zeit geplante Evakuierung der im Ghettobezirk lebenden Christen war noch nicht abgeschlossen, teils weil es an Transportmitteln für den Umzug fehlte, teils weil keine geeigneten Wohnungen für die Evakuierten zur Verfügung standen. Da also noch immer eine ganze Reihe von christlichen Bewohnern im Bereich des Ghettos lebten, war ein gewisser ungehinderter Verkehr zwischen dem Ghetto und der Außenwelt entstanden. Die Christen durften kommen und gehen, wann sie wollten.

Meine erste Aufgabe bestand also darin, meiner Schwiegermutter die Nachricht zuzuspielen, daß wir ihre Botschaft erhalten hatten und uns um sie kümmern würden. Als unser Kurier fungierte ein sechzehnjähriger Nichtjude namens Imre. Anfangs erledigte mein jüngerer Sohn solche Botengänge für uns, aber später vertraute ich diese Aufgabe Imre an, um das Risiko für George zu verringern. Imre war vertrauenswürdig, besaß ein gutes Gedächtnis und eine gewisse Abenteuerlust und war sehr behende. Außerdem war er auf Geld versessen. Er wohnte bei seiner alten Mutter und verdiente den Lebensunterhalt für sie zwei. Als allererstes beschaffte ich mir die Adresse eines Bekannten, eines Christen, der im Ghetto lebte, so daß Imre, sollte er kontrolliert werden, jederzeit eine gute Ausrede parat hatte und sagen konnte, wohin er wollte. Imres erster Auftrag war, meiner Schwiegermutter auszurichten, daß sie mich am nächsten Morgen zwischen neun und zehn Uhr von einem der öffentlichen Fernsprecher in ihrer Straße im Café Miénk anrufen solle.

Am folgenden Tag erschien mir die Stimme am anderen Ende der Leitung wie eine Stimme aus einer anderen Welt.

»Mutter?«

»Ja, ich bin's.«

»Wie geht es dir?«

»Wie soll es mir gehen, wo ich hier festsitze!«

»Hör zu, ich möchte dich da herausholen und woanders unterbringen, unter dem Namen Rozália Bessenyei. Der junge Imre, der gestern bei dir war, wird dich abholen.«

»Und wo bringt er mich hin?«

»Zu Paul, und Paul wird dich dann in deine neue Unterkunft begleiten.«

»Und wo ist das?«

»Das kann ich jetzt noch nicht sagen, aber es wird eine anständige Bleibe sein, das verspreche ich dir.«

»Ich gehe nirgendwohin, wo man mich nicht kennt und ich mich die ganze Zeit als jemand anderer ausgeben muß!«

»Bitte, Mutter, sei nicht kompliziert! Du machst dir keine richtige Vorstellung von der Sache. Wenn jemand weiß, daß er einen Juden im Haus hat, verhält er sich im Ernstfall befangener, als wenn er es nicht weiß. Wenn jemand nicht weiß, daß sein Mieter Jude ist, verhält er sich viel natürlicher, falls er gefragt wird, ob Juden in seinem Haus wohnen.«

Es war zwecklos. Meine Schwiegermutter beharrte darauf, den Vermieter darüber aufzuklären, daß sie Jüdin sei und unter falschem Namen lebe.

Zwei Tage lang verbrachte ich meine ganze Zeit damit, herumzulaufen und nach einer Wohnung zu suchen, obwohl das Herumgehen in den Straßen damals nicht ungefährlich war. Es kam jedoch nie der Augenblick, wo ich einem verdatterten Vermieter hätte erklären müssen, daß ich eine Bleibe für eine verkappte Jüdin suche, da ich nichts Zumutbares fand.

Nach diesen vergeblichen Versuchen hatte ich plötzlich einen Einfall. Ich erinnerte mich an eine Familie, die ich einige Monate zuvor besucht hatte. Mir waren die Größe ihrer Wohnung und die relativ spärliche Möblierung aufgefallen. Ich suchte die Adresse heraus und besuchte die Familie. Dann erläuterte ich ihnen die Situation. Sie lebten zu dritt in einer Dreizimmerwohnung und waren bereit, ein Zimmer abzutreten – unter der Bedingung, daß ich nicht in bar, sondern mit Lebensmitteln bezahlte. Meine Schwiegermutter hatte auf diese Weise nicht nur eine Bleibe, sondern konnte auch ihre Mahlzeiten zusammen mit der Familie einnehmen. Damals gab es verschiedene Lebensmittel, die auch für bares Geld nicht mehr zu haben waren: Sie waren einfach vom Markt verschwunden. Mir war es in den letzten Monaten gelungen, umfangreiche Vorräte entweder auf dem schwarzen Markt oder in den Läden aufzukaufen, so daß ich mit meiner Zusage nicht zögerte, sondern nur die Einschränkung machte, daß die Familie diese Waren selbst herbeischaffen müsse, da es unmöglich war, Transportmittel aufzutreiben. Dann rechneten sie aus, wieviel Brennholz, Bratfett, Schmalz, Reis, Kaffee, Tee, Schokolade und so fort ich zu liefern hätte. Ich hatte keine Ahnung, wer diese Molnárs waren und wovon sie lebten, aber ich hatte den Verdacht, daß einer von ihnen, oder sogar alle, Pseudo-Christen waren.

Ich war froh, daß ich meine Schwiegermutter endlich aus dem Ghetto herausholen konnte. Alles verlief nach Plan: Imre, der so tat, als verlasse er das Ghetto in Begleitung seiner Mutter, spazierte einfach mit ihr hinaus. Am vereinbarten Treffpunkt wartete Paul auf ihn und gab ihm seinen Lohn, den Gegenwert von 15 Dollar in Banknoten. Dann führte Paul seine Großmutter zu ihrer neuen Bleibe. Er sagte ihr, wann sie Lexi anrufen könne – und schrieb ihr meine Telephonnummer auf einen Zettel.

Ich atmete auf. Eine Sorge weniger!

Das Glück war von kurzer Dauer.

Acht bis zehn Tage später läutete das Telephon.

»Wie geht es dir, Mutter? Was gibt es Neues?«

»Ich bin in großen Schwierigkeiten. Gestern kam ein junger Mann zu mir ins Zimmer und stellte sich als Beauftragter des Hausbesitzers vor. Er sagte mir, der Hausbesitzer habe erfahren, daß in seinem Gebäude ein Jude wohne, und habe der schuldigen Person vierundzwanzig Stunden Zeit gegeben auszuziehen, andernfalls würde er die Polizei rufen.«

»Und was hast du gesagt?«

»Was sollte ich sagen? Er hat gesagt, ich sei Jüdin. Und ich *bin* Jüdin.«

»Aber Mutter, hast du denn vergessen, daß du eine ungarische Dame und mit Baron Bessenyei verwandt bist? Warum hast du den Kerl nicht einfach hinausgeworfen? Wie kann er es wagen, einer Rozália Bessenyei vorzuwerfen, sie sei Jüdin? Du hättest ihm für diese Beleidigung ins Gesicht spucken sollen!«

»Eine Dame spuckt niemandem ins Gesicht«, sagte sie ruhig.

»Meinetwegen, aber auch eine Dame regt sich auf, wenn man

ihr eine solche Beleidigung an den Kopf wirft, wie du sie gehört hast! Du mußt lernen, wie man sich in solchen Situationen verhält – würdevoll, aber fest. Wenn du kannst, mußt du allen, die dir so etwas vorwerfen, einen Tritt versetzen oder die Augen auskratzen! Oder wenigstens mußt du sagen, daß du alles deinem Bruder weitererzählst, der Oberst bei den Husaren ist und sie mit dem Rapier in Stücke hauen wird.«

»Immer machst du dich über mich lustig, Lexi. Das meinst du doch nicht ernst?«

»Doch, das meine ich absolut ernst! Ich habe allmählich den Verdacht, daß Mama überhaupt keine echte Bessenyei ist. Eine Bessenyei hätte sich eine solche Beleidigung niemals gefallen lassen. Und wie kommst du mit den Molnárs aus?«

»Ich weiß wirklich nicht. Sie sind sonderbar.«

»Was meinst du mit sonderbar?«

»Immer, wenn ich ins Zimmer komme, unterbrechen sie alles, was sie gerade tun. Wenn ich sie etwas frage, antworten sie irgendwie zögernd. Bitte schick mir jemanden und laß mich woanders hinziehen.«

»Bitte, Mutter, mach dir keine Sorgen. Diese Sache gestern war einfach ein schlechter Scherz; es droht keine wirkliche Gefahr. Ich übernehme die Verantwortung; bleib, wo du bist. Du hast meine Telephonnummer; ruf mich an, wenn irgend etwas ist.«

Und damit verabschiedeten wir uns. Vor meinem geistigen Auge sah ich die Situation vor mir: Die Molnárs waren natürlich Fälscher oder »Wäschereibesitzer«. Meine Schwiegermutter mußte ihr Treiben bemerkt haben und hatte wohl aus lauter Langeweile neugierige Fragen gestellt: »Warum machen Sie dies? Wozu dient jenes?« Und da die Molnárs nicht gewillt waren, ihr Geheimnis mit meiner Schwiegermutter zu teilen, waren sie um plausible Antworten verlegen. Sie bereuten, sich auf den ganzen Handel eingelassen zu haben, und wollten aus dem Geschäft aussteigen; so baten sie einen Freund, der alten Frau Angst einzujagen und sie zum Ausziehen zu bewegen.

Eine Woche später kam wieder ein Anruf.

»Ich sage dir, Lexi, ich kann hier nicht länger bleiben. Diese Leute sind sehr ungeduldig; jetzt reden sie schon nicht mehr mit mir.«

Ich merkte an ihrer Stimme, daß sie schlimme Zeiten durchmachte, und sie tat mir auf einmal sehr leid. Ich versprach, ihr eine neue Unterkunft zu besorgen und ihr Bescheid zu geben, sobald ich etwas gefunden hätte. Da die jüngsten Erfahrungen gezeigt hatten, daß die Jagd auf Mietwohnungen mittlerweile aussichtslos war, versuchte ich es in Hotels, und ich hatte Glück: Schon nach kurzer Suche hatte ich ein Zimmer im »Carlton« gefunden, einem der besseren Hotels der Stadt. Noch erstaunlicher war, daß meine Schwiegermutter dieses Angebot auf der Stelle annahm. Was sie überzeugte, war allerdings nicht der Umstand, daß das »Carlton« als gutes Hotel galt, sondern die Tatsache, daß es nur eine Minute von ihrer Wohnung am Eskü-Platz entfernt war. So war sie sehr beglückt. Mein Sohn begleitete sie zum Hotel, wo sie sich als Rozália Bessenyei eintrug. Mein Sohn erzählte später feixend, daß sie, das Meldeformular in der Hand haltend, ausgerufen habe: »*Schema Jisroel*, jetzt kann ich es doch nicht ausfüllen. Ich habe meinen neuen Namen vergessen!«

Das war freilich eher der verschrobene Humor eines Enkelkindes: Meine Schwiegermutter pflegte nicht unvermutet ins Hebräische zu fallen. Vorerst schätzte ich mich jedenfalls glücklich, daß ich einen so guten Platz für sie gefunden hatte und dieses Problem erledigt war.

Kapitel 19

Neue Schrecken

Das Szálasi-Regime behauptete sich, und die Lage der Juden verschlechterte sich von Tag zu Tag. Das Schicksal der im Ghetto Zusammengetriebenen wurde immer grausamer. Wörter wie »furchtbar« oder »schrecklich« verloren nach und nach ihre Bedeutung: Es gibt keine Sprache für das tägliche Leiden im Konzentrationslager oder im Ghetto. Nicht nur Übervölkerung und Hunger folterten die Menschen, sondern auch Hoffnungslosigkeit und das Fehlen jeglicher Perspektive oder Linderung. Von Zeit zu Zeit tauchten Pfeilkreuzler auf und erschossen einfach alle Bewohner eines bestimmten Gebäudes; sie machten sich nicht einmal die Mühe, sie an die Donau zu treiben. Niemand wußte, wann er an die Reihe kommen, welches Haus das nächste sein würde, und so nahm der Schrecken kein Ende. Immer mehr Berichte über deutsche Massenvernichtungs- und Einäscherungslager sickerten durch, und auch die optimistischsten Menschen merkten jetzt, daß es keine Rettung mehr gab. Sie wurden apathisch, mutlos und verzweifelt. Ihr Lebenswille war gebrochen. Sie verloren den Appetit und verweigerten sogar die wenige Nahrung, die sie bekommen konnten. Sie starben wie die Fliegen.

Natürlich wurden Krankheiten durch die unhygienischen Wohnbedingungen und die grassierende Fehlernährung begünstigt. Zuletzt kam eine Zeit, wo der Tod die Lebenden nicht mehr schreckte, sondern einfach Teil der täglichen Routine wurde. Eine bestimmte Durchfallerkrankung wurde epidemisch und belastete die Menschen auch psychisch: Die von ihr Betroffenen kamen sich immer schmutzig vor. Sie wollten ständig gewaschen werden und ihre Wäsche wechseln. Es war unmöglich, sie im Bett zu halten: Noch die Todkranken schleppten sich zum Wasserhahn, um sich zu waschen, und wurden häufig dort, nicht im Bett, vom Tod ereilt.

Sogar Menschen, die aus wirtschaftlichen Gründen bislang verschont geblieben waren, wurden jetzt von den Pfeilkreuzlern ins Ghetto getrieben, doch gab es einige, die das besondere Privileg genossen, in ihrer eigenen Wohnung umgebracht zu werden. Ganz Budapest kannte Muki Knapp, der für sein Geschick als Geschäftsmann so berühmt war, daß auch die Deutschen sich seiner Dienste versicherten. Weder er noch seine Frau trugen den gelben Stern. Auf Geheiß der Deutschen unternahm Knapp mehrere Reisen nach Portugal, um lebenswichtige Industriegüter zu beschaffen. Er und seine Frau lebten am Kossuth-Platz in der Wohnung, in der sie immer gelebt hatten. Eines Tages kamen zwei bewaffnete Pfeilkreuzler in die Wohnung und erschossen die beiden.

Menschen, die im Schutz ausländischer Gesandtschaften lebten, wurden nicht ins Ghetto gesteckt, sondern wohnten in »geschützten« Häusern, das heißt in Häusern, die Ausländer zur Verfügung gestellt hatten. Bei verschiedenen Gelegenheiten wurden jedoch auch solche Häuser umstellt und die Bewohner zur Donau geführt und erschossen.

Das Rote Kreuz und Vertreter ausländischer diplomatischer Missionen inspizierten zwar regelmäßig das Ghetto, konnten aber wenig ausrichten. Es kursierte das Gerücht, daß die Pfeilkreuzler eines Nachts das ganze Ghetto in die Luft jagen würden. Diese Pläne gab es in der Tat, sie wurden jedoch nicht ausgeführt, weil noch nicht alle Christen ausgezogen waren.

Eine neue Verordnung der Pfeilkreuzler-Regierung verlangte von allen »Ariergatten«, ins Ghetto zu ziehen. In Ungarn gab es unter den Juden ein hohes Maß an Assimilation, was mit der Zeit zu vielen Mischehen geführt hatte, in denen der eine Partner Christ, der andere konvertierter oder bekennender Jude war. Der jüdische Partner in einer solchen Verbindung wurde auf ungarisch *árja-párja*, »Ariergatte«, genannt. Sogar Frau Horthy entstammte solch einer jüdisch-christlichen Familie, ebenso wie der berüchtigte antisemitische Politiker Béla Imrédy. Bisher waren die Partner von Mischehen von den judenfeindlichen Regelungen ausgenommen worden, doch das wurde jetzt anders. Neue Tragödien folgten. Manchmal zog der christliche Ehepartner aus Solidarität mit ins Ghetto, doch gab es auch eine Welle von Selbstmorden.

Einige Zeit später hatte ich Gelegenheit, eine tapfere Frau aus dem Adel kennenzulernen, die ins Ghetto verbannt wurde, weil sie versucht hatte, entflohenen Juden zu helfen. Aber Baronin Orczy war nicht leicht einzuschüchtern, sogar im Ghetto nicht, und da sie die Geheimnummer des Innenministers kannte, rief sie ihn an und terrorisierte ihn mit Beschimpfungen und Drohungen. Nichts hilft besser gegen Terroristen als Terror!

Kurz nach Inkrafttreten der neuen Bestimmung sorgte ein Pfeilkreuzler-Journalist, der regelmäßig im Innenministerium verkehrte, für eine Sensation, indem er unautorisiert im Telegraphenamt anrief und mitteilte, die Veröffentlichung des Dekrets sei irrtümlich erfolgt und müsse unverzüglich im Amtsblatt richtiggestellt werden. Aufgrund dieses Telephonanrufs meldete das Telegraphenamt pflichtschuldigst die Richtigstellung und gab bekannt, daß es auch künftig bei der bevorzugten Behandlung von »Ariergatten« bleiben werde. Die hieraus entstehende Konfusion genügte Baronin Orczy; sie nutzte die Gelegenheit, um durch telephonische Drohungen die Freilassung für eine Reihe von »Ariergatten« zu erwirken.

Wie es in der Vergangenheit bereits öfter geschehen war, schleppten sie diese rastlose Frau mit den blauen Augen und dem ernsten Gesicht in die Pfeilkreuzler-Zentrale, wo man ihr schon früher einen Zahn ausgeschlagen hatte. Ein Kriminalbeamter der Pfeilkreuzler traktierte sie zunächst mit bloßen Fäusten und dann mit einer Peitsche – bis er plötzlich einen anderen Einfall hatte.

Er unterbrach die Prügel und bot der Baronin eine Zigarette an.

»Möchten Sie rauchen?«

»Sehr gern.«

»Dies ist nicht das erste Mal, daß ich Sie in die Hände

bekomme, aber es scheint nichts zu nützen. Sie geben dreiste Antworten, als ob Sie überhaupt nicht in unserer Gewalt wären. Warum geben Sie Ihrem Herzen nicht einen Stoß und arbeiten in unserer Propaganda mit? Die Bezahlung ist gut. Wir brauchen standfeste, selbstsichere Frauen wie Sie, die nie um eine Antwort verlegen sind. Was meinen Sie?«

»Sie machen wohl Witze. Das ist meine Antwort.«

»Wieso?«

»Wissen Sie denn nicht, Sie armer Narr, daß Sie und Ihre Spießgesellen in spätestens zwei Wochen hängen werden?«

Der Beamte schlug ihr mit der Peitsche ins Gesicht.

Mein persönlicher Kontakt zum Ghetto hörte auf, nachdem wir meine Schwiegermutter herausgeholt hatten. Hin und wieder konnte ich noch durch Imre Lebensmittel und Zigaretten hineinschmuggeln, doch als sich später die Versorgungslage in der Stadt verschlechterte und ständige Bombenangriffe geflogen wurden, zog der Junge mit seiner Mutter zu Verwandten in ein kleines Dorf an der Donau.

Ozma und ich blieben zusammen. Was hätten wir sonst tun können? Wir waren zwar von ganz unterschiedlichem Temperament, aber wir ergänzten uns auf mancherlei Weise: Wir brauchten einander. Wir hatten auch unsere kleinen Differenzen. So bat mich Lajos einmal, eine gefälschte Geburtsurkunde für die Schauspielerin Kerényi, eine Freundin seiner Frau, zu besorgen. Ich lieferte das Dokument, und Lajos fragte, was er mir schuldig sei.

»Zweihundert Pengő.«

Er gab mir das Geld und meinte dabei mit säuerlichem Lächeln: »Manchmal verstehe ich dich einfach nicht, Lexi. Menschen, die du überhaupt nicht kennst, gibst du die Dokumente umsonst, und von mir verlangst du zweihundert Pengő.«

»Du bist so sparsam, Lajos, daß dir zweihundert Pengő nicht weh tun. Kennst du die Geschichte vom Wiener Bürgermeister Lueger? Der war ein notorischer Antisemit, aber eines Tages sah man ihn Arm in Arm mit einem Juden die Kärntner Straße entlangspazieren. Ein Freund fragte ihn, wie er, der Antisemit, sich in der Öffentlichkeit mit einem Juden sehen lassen könne. Darauf erwiderte Lueger: ›Wer Jude ist, bestimme ich!‹ Und so mache ich es mit dem Preis der Dokumente: Wer zahlt, bestimme ich.«

Diese kleinen Scharmützel sorgten auf jeden Fall dafür, daß unsere Beziehung nicht langweilig wurde.

Als im Herbst die neue Theatersaison begann, kauften wir vier Karten für die gesamte Spielzeit am Nationaltheater und an der Oper. Meistens verschenkte ich die Karten an junge Männer, die aus dem Arbeitslager entflohen waren, und drang darauf, daß sie sich in den Pausen das am Büfett angebotene, besonders köstliche Gerbeaud-Gebäck gönnten. So half ich ihnen, etwas menschliche Würde zurückzugewinnen – es war sozusagen meine dritte Front.

Nachdem meine Frau wieder aufs Land gezogen war, besuchte ich die Avas. Die Schwägerin hatte man wegen einer durch die Erklärung Szálasis und die damit hervorgerufene Angst und Panik ausgelösten Frühgeburt ins Krankenhaus bringen müssen. Jutka war nach Pest gezogen, weil die Familie der Schwägerin jetzt ebenfalls bei den Avas lebte und die Wohnung wirklich überfüllt war. Es machte mir Sorgen, daß so viele Menschen in derselben Wohnung lebten, besonders weil die anderen Leute in dem Gebäude ebenfalls heimliche Juden zu sein schienen. Gerade als ich zu Besuch war, gab es Luftalarm, und wir mußten alle in den Keller gehen. Während wir in dem Schutzraum saßen, hatte ich den Eindruck, daß die ganze Gruppe aus Juden bestand.

Avas beruhigte mich mit einer seiner Sentenzen *ex cathedra*: »Es wird nichts Schlimmes geschehen.«

Die Avas waren etwa vier bis fünf Wochen wieder in ihrer Wohnung, als eines Abends vier junge Männer vor der Tür standen. Klopfen. Ausweiskontrolle. Zu dem Zeitpunkt befanden sich vier Personen in der Wohnung: die zwei Avas, die Schwägerin und ihre Mutter. Als Avas nach seinen Papieren gefragt wurde, baute er sich ruhig zu seiner ganzen imposanten Größe auf und zog langsam und bestimmt die Brieftasche aus dem Jackett, um seinen Ausweis zu zeigen. Doch bevor er das tun konnte, gaben seine Knie plötzlich nach, und er stürzte zu Boden.

Die Frauen rannten herbei, um ihm zu helfen. Das unkontrollierbare Zucken der Beine, das der Schlaganfall augelöst hatte, und die angstvollen Schreie der Frauen brachten die Pfeilkreuzler so durcheinander, daß sie sich einer nach dem anderen davonstahlen – nicht nur aus der Wohnung, sondern auch aus dem Haus. Ich hatte Avas immer als den Inbegriff der Beherrschtheit gerade in Streßsituationen bewundert. Aber anscheinend haben auch äußerlich so gelassene Menschen ihre Emotionen: Eine kleine Ausweiskontrolle, und sie brechen zusammen. Paradoxerweise war dieser Anfall Avas' Rettung. Irgendwie schafften es seine Angehörigen, einen Krankenwagen aufzutreiben und ihn ins Krankenhaus zu bringen. Schließlich kam er nach Budakeszi ins Sanatorium, wo er, von seiner Frau betreut, bis zum Ende der Pfeilkreuzler-Episode ruhig ausharrte.

Wenige Tage später erfuhr ich von einer schlimmeren Tragödie, einer Heimsuchung des Schicksals, die ausgerechnet meine besten Mandanten, die Familie Schwartz, ereilte. Georg und seine Familie besaßen einen Mietshaus-Neubau in der Ipoly-Straße. Der Makler schlug der Familie vor, in die letzte noch leerstehende Wohnung des Hauses einzuziehen, und sie baten mich um meinen Rat. Ich bestand darauf, daß es unklug sei, wenn die Familie zusammenblieb, aber sie entschlossen sich doch zum Einzug. Das Hauspersonal blieb in der alten Wohnung, und eines der Mädchen brachte ihnen jeden Tag eine warme Mahlzeit in den Neubau. Das Mädchen war sehr hübsch, und einer der diensttuenden Polizisten an der Straßenecke bemerkte sie und knüpfte ein Gespräch mit ihr an. Hieraus entstand eine Freundschaft, und das Mädchen erwähnte beiläufig, daß es seinen jüdischen Herrschaften immer das Abendessen bringe. Der Polizist, der Mitglied der Pfeilkreuzler-Partei war, machte von der Sache sofort Meldung. Eines Abends kamen die Pfeilkreuzler, führten das Ehepaar, die zwei kleinen Töchter und den Gebäudeverwalter zur Donau und erschossen sie.

Etwa zur selben Zeit kam ein anderer meiner Mandanten um, der Essigfabrikant Pauer. Ich spazierte eines Tages im Dezember durch die Rákóczi-Straße und bemerkte zu meiner großen Verblüffung, daß seine Fabrik noch in Betrieb war. So ging ich hinein und fragte die Sekretärin: »Wo ist der Chef?«

»In seinem Büro.«

Pauer war Junggeselle und ein sehr wohlhabender Mann. Er hatte mich verschiedentlich als Anwalt engagiert, um bei ausländischen Gesandtschaften Erkundigungen darüber einzuziehen, ob sie den Kauf von Auszeichnungen des Roten Kreuzes, der Malteserritter und so fort ermöglichen könnten. Ich ging also in sein Büro, wo er mich sehr herzlich begrüßte. Ich konnte nicht meine Verwunderung verhehlen, ihn noch in seinem Haus, in seinem Büro zu finden.

In der Annahme, er werde auf meinen freundschaftlichen Rat hören, stellte ich ihn zur Rede: »Hören Sie, Sie fordern das Schicksal heraus, wenn Sie so weitermachen. Die Pfeilkreuzler sind höchstens noch ein paar Monate an der Macht. Sie haben doch ein gutes schwäbisches Gesicht; niemand wird sich darum kümmern, wenn Sie untertauchen und irgendwo für eine Weile als sogenannter Christ leben.«

Pauer gehörte zu den Mandanten, die ich für das Besorgen von Dokumenten ordentlich zur Kasse gebeten hätte.

»Verehrtester, das ist in meinem Falle wirklich nicht nötig.«

»Wieso nicht? Gelten die Judengesetze für Sie nicht?«

»Doch, natürlich, aber ich habe Einfluß bei gewissen Leuten und brauche daher wirklich nicht zu verschwinden. Bitte sagen Sie es nicht weiter, aber der Budapester Polizeichef hält mich täglich über die Lage auf dem laufenden.«

Und während ich dastand, rief er den Polizeichef an, offenbar um mir zu beweisen, daß er gute Beziehungen zu den richtigen Leuten hatte. Der Polizeichef versicherte ihm, daß die Lage unverändert sei.

Drei Tage später wurden Pauer und seine Mutter in einer Ecke des Fabrikhofs erschossen. Dieser Mann hatte seine guten Verbindungen höher eingeschätzt als sein Leben.

Die Katastrophen, die meine besten Freunde ereilten, hinterließen tiefe Spuren in mir, obwohl ich versuchte, mir ein dickes Fell zuzulegen. Ich fragte mich oft, wie ich mich verhalten würde, sollte ich den Pfeilkreuzlern in die Hände fallen und dem sicheren Tod ins Auge sehen. Ich würde wohl – so stellte ich mir vor – nicht auf meine Hinrichtung warten, sondern versuchen zu fliehen, auf jede erdenkliche Weise davonzukommen. Auf jeden Fall wäre es besser, von den Wachen erschossen zu werden, in einem Kampf auf Leben und Tod umzukommen, als einfach aufzugeben.

Die große Frage war natürlich, ob ich die Kraft besitzen würde, so zu handeln. Das war gewiß die Frage, die meine Alpträume verursachte... Eine Tür ging auf, und ich starrte in einen riesigen Revolver, Kaliber 45, den ein Pfeilkreuzler auf mich richtete... Jemand saß an meinem Bettrand und versuchte, mir die Hände zu fesseln. Ich versuchte zu schreien, brachte aber keinen Laut heraus... Oft träumte ich, ich sei einem Erschießungskommando in die Hände gefallen. Genau in dem Augenblick, als der Befehl zum Feuern kam, wachte ich auf. Das Erwachen aus einem solchen Traum erfüllte mich natürlich immer mit Erleichterung – aber nicht nur darüber, daß der Traum vorbei war. Vor allem war ich zufrieden mit der Art, wie ich mich benommen hatte. In meinen Träumen wurde ich nie von Panik überwältigt, gab nie nach, winselte nie um Verzeihung. Ich kontrollierte nach solchen Träumen auch immer, ob mein Herz schneller schlug als gewöhnlich.

Nach Alfred Adler, einem Psychologen, dessen Anschauungen denen Sigmund Freuds entgegengesetzt waren, stellen Träume nicht das an die Oberfläche gelangende Unterbewußte des Träumenden dar, sondern seine Wünsche. Meine Träume waren keine Garantie, daß ich im Ernstfall standhalten würde. Niemals machte ich mir im Traum Gedanken über die Möglichkeit, daß meinen Söhnen oder meiner Frau etwas zustoßen könnte. Doch beschloß ich, in Zukunft vorsichtiger und wachsamer zu sein. Mit leiser Selbstkritik verurteilte ich mein jüngstes Verhalten, als ich, wohl in einem Anfall von Großspurigkeit oder Trotz, neun Juden vom Arbeitsdienst zum Abendessen in das berühmte Restaurant »Gundel« eingeladen hatte – zu einer Zeit, als man dort abends wegen der Lebensmittelknappheit ohnehin nur für vierzig Personen kochte. Außerdem waren wir laut und undiszipliniert gewesen.

Am 9. Dezember kam zum letzten Mal der lahme Karcsi im Auftrag meiner Frau zu mir. Zuvor war er im November dagewesen und hatte einen großen Korb mit frischen Pilzen, saurer Sahne und einer dicken, fetten Gans gebracht – Geschenke von Tante Zsuzsi und Julia. Von Julia war ein langer Brief dabeigewesen. Getreulich schilderte sie mir das Leben in Almádi. Aus Pest angekommen, war sie wieder zu dem pensionierten Schuldirektor gegangen und hatte ihr altes Zimmer gemietet. Allerdings fiel ihr nicht auf, daß das Zimmer weder einen Ofen noch einen Kamin besaß. Als daher einige Tage später die herbstlichen Regenfälle einsetzten, zog sie sich eine so schwere Erkältung zu, daß sie notgedrungen zur Familie Brandeisz in deren Einzimmerwohnung ziehen mußte. »Aber Du wirst es nicht glauben«, schrieb sie weiter:

Ein Wunder ist geschehen. Jeden Abend bin ich bei stockdunkler Nacht zurück in mein Zimmer im Haus des Schuldirektors gegangen, am anderen Ende des Dorfes – mindestens eine halbe Stunde zu Fuß. Um diese Zeit war kein Mensch mehr auf der Straße. Und zum ersten Mal in meinem Leben hatte ich keine Angst! Meine Schritte hallten in der Stille wider, und gelegentlich bellte mich ein Hund an oder lief eine Weile mit mir mit. Als mir der Arzt sagte, ich hätte eine schlimme Nebenhöhlenentzündung und brauche Wärme, lud mich Elza ein, zu ihr zu ziehen, als sei es das Natürlichste von der Welt. Als eine Nachbarin, die in einem Dreizimmerhaus wohnt, Tante Zsuzsi fragte, wie sie für mich überhaupt noch Platz schaffen könne, sagte Tante Zsuzsi: »Wir sind doch gewohnt, in einem Zimmer zu leben, da bringen wir sie auch noch unter!« Elza ließ mich auf ihrem Bett schlafen: Wir liegen in entgegengesetzter Richtung auf einem ziemlich breiten Sofa, und jede von uns hat ihre eigene Daunendecke. Ich bin nicht sicher, ob ich selbst früher mein Bett mit irgend jemandem geteilt hätte! Ich weiß nicht, ob Du Dir vorstellen kannst, in was für einer anderen Welt ich jetzt lebe. Jeden Abend liest Zsuzsa etwas aus der Bibel vor, und manchmal singt sie auch Psalmen. An den Hängen der Káptalan-Berge stehen dichte Kiefern. Jetzt, wo ich mich mit einigen Nachbarinnen angefreundet habe, ziehen wir dort zum Pilzesammeln hin. Wenige Stunden nach dem Regen, wenn alles noch naß ist, sprießen die Pilze aus dem Waldboden. Sie riechen so würzig! Man muß auf den Weg achten, den die Pilze nehmen – wir nennen es die Pilzbahn. Denn dort, wo man einen bestimmten Pilz findet, gibt es immer noch andere: Sie bahnen sich ihren Weg unter den toten Kiefernnadeln. Und diese Farben, die sie haben! Du siehst ja selbst, wie ungewöhnlich sie sind. Rosa, hellblau, gelb. Und sie sind alle garantiert genießbar. Ich kann sie jetzt mit absoluter Sicherheit bestimmen und erkenne den Unterschied zwischen den eßbaren und den verschiedenen giftigen. Ich gehe immer noch zu den Felsőörs, den Leuten vom Land hier, und stehe noch auf gutem Fuß mit Onkel Mihálcsa …

Karcsis Reise im Dezember war sehr beschwerlich. Die deutschrussische Front näherte sich damals immer mehr dem Süden Ungarns, und so mußte er einen Umweg über den Norden machen und auf dem einzigen noch offenen Weg, über Győr, nach Budapest kommen, wobei er sich von Militärlastern mitnehmen ließ. Trotzdem zauberte er eine riesige gebratene Schweinelende aus dem Rucksack. In ihrem Begleitbrief schrieb Julia, daß sie nach Veszprém gefahren sei, wo sie in einer Werkstätte ihr kleines Kurzwellenradio hatte reparieren lassen; jetzt konnte sie nachts das deutschsprachige Programm der BBC hören. Die Reise nach Veszprém war abenteuerlich gewesen: Es verkehrten keine Züge, so daß sie einen Teil des Weges auf einem Fuhrwerk zurückgelegt hatte und den Rest gegangen war, ihr Kurzwellenradio im Rucksack. Sie wollte von allen wissen, wie es ihnen gehe – ihrer Mutter, den Kindern, Jutka. Und ob ich wüßte, warum sie im französischsprachigen Programm ständig den Satz wiederholten »Le bâton du maréchal est en bakélite«?

Durch Karcsi ließ ich Julia eine goldene Kette, eine Brosche und Dutzende von Zigaretten zukommen, damit sie auch etwas zum Tauschen hatte, falls Tante Zsuzsis Vorrat an Garn zur Neige gehen sollte.

Unser unternehmungslustiger Bote schaffte es mit Mühe und Not, durch die Front und die Linien dahinter zu Julia zurückzukehren und ihr meinen Brief und das Paket zu überbringen – aber das erfuhr ich erst viel später. In der Zwischenzeit waren wir monatelang voneinander abgeschnitten. Die Deutschen zogen sich gelegentlich aus dem Gebiet um den Velencer See zurück, um es wenig später zurückzuerobern. Der Velencer See liegt an der Straße zum Plattensee.

Kapitel 20

Razzia

Jeden Tag ging ich ins Café Miénk hinüber, das in der Nähe meiner Wohnung lag. Ich hatte mich an die Atmosphäre gewöhnt und schaute auch dann gern dort vorbei, wenn aufgrund der Lebensmittelknappheit kaum etwas anderes auf der Karte stand als eine große Tasse heißer Tee – und manchmal nicht einmal das.

In der letzten Zeit hatte ich mich gewundert, wie oft man in dem Café Französisch sprechen hörte. Damals sprach ich gut Französisch, und so freundete ich mich bald mit einem Franzosen an, der mich seinerseits mit anderen Angehörigen der französischen Kolonie in Budapest bekanntmachte.

Es war eine wunderliche Gruppe aus französischen Soldaten oder Arbeitslagerhäftlingen, die aus Deutschland geflohen waren und nun einen ähnlichen Status hatten wie wir. Wie wir hüteten sie sich davor, den Behörden in die Hände zu fallen. Je besser ich diese Menschen kennenlernte, desto absurder fand ich die Vorstellung von der »Dekadenz« der Franzosen. Wenn sie vom Krieg nicht begeistert waren und unnötige Risiken scheuten, so war das nur verständlich.

Diese schlanken, agilen Burschen waren unheimlich clever und steckten voller Ideen. Sie sprachen oder verstanden kein Wort Ungarisch, aber trotzdem fanden sie Mittel und Wege, sich in diesen harten Zeiten durchzukämpfen und sogar gut zu leben. Die Franzosen nennen diese Fähigkeit, diese Begabung, sich auch unter widrigsten Umständen durchzuschlagen, *se débrouiller*. Die Vorkriegsvorstellung vom *savoir vivre*, der Lebenskunst der Franzosen, wich während und nach dem Krieg der *débrouillardise*, dem Sichdurchwurschteln. Die Franzosen beherrschten diese neue Kunst perfekt.

In Ungarn wurde Französisch von Gebildeten und Wohlhabenden gesprochen, weil es als schick galt, aber auch von Menschen,
die vor dem Krieg in Frankreich gearbeitet hatten. So konnten
die Franzosen die Bekanntschaft von allerlei Ungarn machen
und auf die Hilfsbereitschaft ihrer neuen Freunde zählen.

Diese französischen Burschen, die aus irgendeinem deutschen
Kriegsgefangenen- oder Arbeitslager ausgerissen waren und sich
abgemagert und abgerissen nach Budapest durchgeschlagen hatten, zeigten sich schon wenige Tage später gut, ja elegant gekleidet, vielleicht sogar – zur Steigerung des Effekts – von einem
Hauch Eau de Cologne umweht. Noch bemerkenswerter war, wie
sie sich im Handumdrehen eine Freundin oder Frau zulegten.

Damals beurteilte das Bürgertum die Zukunft Ungarns außerordentlich besorgt und pessimistisch. Hauptziel der Frauen war
es, einen Lebensgefährten zu finden. Ein Franzose, als jemand
von der Seite der Sieger, war eine besonders begehrte Partie. Das
erklärte, warum die französischen Burschen, wenn man sie
wenige Tage später wiedersah, schon nicht mehr allein an ihrem
Tisch im Café saßen. Die Frau, mit der sie auftraten, stellten sie
als *ma femme* oder *mon amie* oder *ma fiancée* vor. Man muß ihnen
lassen, daß man keinen von ihnen je mit einer unattraktiven
Frau gesehen hat: In dieser Hinsicht legten sie hohe Maßstäbe
an. Sie huldigten offenkundig dem Grundsatz, daß eine Frau, die
man erobern will, schön sein muß. Die aufgewandte Energie
ist dieselbe, ob das Mädchen nun schön ist oder nicht. Mangelte
es kriegsbedingt an Bridgepartnern, so fand sich immer ein
Franzose, der – Belagerung hin oder her – mit den Worten
»Pourquoi pas?« am Spieltisch Platz nahm.

Wie sie sich über Wasser hielten, weiß ich nicht, wohl aber
weiß ich, daß sie alles, was ich sie zu beschaffen bat – Arzneien,
Lebensmittel, was auch immer –, stets aufzutreiben wußten; es
war fast, als kontrollierten sie den schwarzen Markt. Ich will nur
ein Beispiel anführen.

Eine Jüdin, die sich versteckt hielt, suchte mich auf, wobei sie
sich auf Emi berief. Sie wollte für 6 000 Pengő ihr goldenes
Armband verkaufen. Ich verstand nicht viel von Schmuck, aber

als ich das Armband sah, hätte ich der Frau gern auf der Stelle das Geld gegeben, wenn ich nicht gerade selbst knapp bei Kasse gewesen wäre; hätte ich meine Ersparnisse dafür verwendet, wäre es mir schwergefallen, neues Geld zu beschaffen. So versprach ich lediglich, daß ich versuchen würde, es für sie zu verkaufen. Ich dachte an die Burschen aus Frankreich. Sie enttäuschten mich auch nicht und erklärten sich sogleich bereit, den Verkauf für mich zu tätigen. Als meinen Bevollmächtigten stellte ich ihnen meinen jüngeren Sohn George vor. Zwar waren seine Französischkenntnisse sehr spärlich, aber er sollte die Männer ja auch nur begleiten, während sie nach einem Käufer suchten.

Stunden vergingen, aber der Junge kam nicht wieder. Ich fing an, mir Sorgen zu machen. Der Mechanismus der menschlichen Geduld funktioniert nach Prinzipien, die denen der logischen Vernunft genau entgegengesetzt sind, wie jeder von uns aus eigener Erfahrung bestätigen wird. Man wartet zum Beispiel auf eine Straßenbahn. Sie kommt nicht. Man wird mit jeder Minute ungeduldiger, obwohl logisch betrachtet die Wahrscheinlichkeit, daß die Straßenbahn kommt, mit jeder Minute zunimmt. Ich hätte also, wenn ich logisch gedacht hätte, um so ruhiger werden müssen, je länger mein Sohn ausblieb.

Das Problem ist eben, daß man der Sorge nicht mit Logik beikommt. Im Laufe der Jahre ist mir klargeworden, wie irrational der Zusammenhang zwischen der Zeit und den Geschehnissen ist. Nehmen wir das Problem des Alters. Die Menschen werden alt, die Haare fallen aus, das Gesicht bekommt Runzeln, aber gerade, wenn wir älter sind, brauchen wir ein attraktives Äußeres, müssen äußerlich dieselben bleiben, die wir gewesen sind.

Es war schon nachmittag, als ich endlich ein Geräusch an der Tür hörte. Es war George – freudig erregt. Er stellte eine kleine Säule Geldmünzen auf den Tisch.

»Wo warst du denn so lange?« fragte ich, mit meiner Sorge herausplatzend.

»Es war wirklich interessant. Ich hätte nie gedacht, daß es noch so viele Cafés in Budapest gibt! Und so viele Spiegel, die noch nicht zerbrochen sind! Das einzige, was mir unheimlich war, war, daß sie immer das Armband mitnahmen und mich im Café warten ließen, bis sie zurückkamen.«

»Und wie bist du mit deinem Französisch zurechtgekommen?«

»Sehr gut – weil sie sehr geschickt mit den Händen geredet haben! Der Franzose sagte ›je prends le bijou‹ und zeigte dabei auf seine Tasche. Dann sagte er ›mon ami‹ und zeigte auf seinen Freund, und ›reste ici‹, und zeigte mehrmals auf den Fußboden. Mit anderen Worten, er ließ mir einen Franzosen als Pfand da, was meine Bedenken milderte, aber natürlich nicht ausräumte. In jedem Café haben sie einen Apéritif bestellt, aber weil ich nicht genau wußte, was es war, bin ich auf Nummer Sicher gegangen und habe Himbeersaft getrunken. An dem einen Tag heute habe ich mehr Französisch gelernt als in zwei Wochen bei Tante Lili!«

Die Transaktion sah im einzelnen so aus: Die Franzosen verkauften das Armband für 20 000 Pengő (George hörte sie mehrmals die Worte »vingt mille« sagen.) Davon erhielt George 12 000. Der Verkäuferin gab ich 7 000, da mein eigenes Gefühl für Anstand von mir verlangte, die geforderten 6 000 Pengő auf meine Kosten um weitere tausend aufzustocken. Ein gewiefter Geschäftsmann fände mein Verhalten zweifellos sehr unethisch, da ich 7 000 Pengő für etwas zahlte, was ich für 6 000 hätte haben können.

Wir waren mit den Franzosen noch immer gut befreundet, als plötzlich eines Tages etwas geschah, das mich um einige von ihnen recht bange werden ließ.

Eines Abends im Dezember umstellte die Militärpolizei das Café Miénk. Alle Tische waren besetzt; unter den Gästen waren viele Franzosen. Ich saß allein. Plötzlich erstarrten alle. Es war, als schalle das Wort »Razzia« durch den Raum, obwohl niemand es laut ausgesprochen hatte. Ein Trupp von bulligen Polizeioffizieren ging von Tisch zu Tisch; ihre Uniformen rochen nach Schweiß, die schweren Stiefel krachten auf den Boden. Die Personen, die der Anführer des Trupps bezeichnete, mußten ihren Platz verlassen und sich zu den Wachtposten an den Ausgängen begeben. Nur die Auswahl der zu überprüfenden Personen erfolgte im Café; die eigentliche Überprüfung schloß sich in der berüchtigten Hadik-Kaserne an, dem Büro für Gegenspionage. Das alles wußte ich sofort, ohne daß ich mich von meinem Platz gerührt hätte: Ich merkte es am Flüstern der Kellner und der Gäste, an der Bewegung ihrer Münder. Mit jeder Minute kam die Polizei näher an meinen Tisch. Mehrere Franzosen waren bereits durchsucht worden. Zwei Tische weiter mußte ein gutaussehender Mann in Leutnantsuniform und mit feinen, intellektuellen Zügen aufstehen.

Wenn ein Gast nicht schnell genug auf den Finger reagierte, der auf ihn zeigte, wurden die Polizisten wütend und ordinär. »Nun mach schon, oder du kriegst einen Tritt in deine verdammten Eier, daß du platt bist!«

Nie in meinem Leben hatte ich Offiziere so obszön zu anderen Menschen sprechen hören. Bei einigen Franzosen saßen elegant gekleidete Damen am Tisch, die über diese unflätige Sprache entgeistert und entsetzt waren. Schließlich kamen die Polizisten an meinen Tisch. Ich saß ruhig, aber so konzentriert da, wie ich nur konnte.

»Wie alt sind Sie?«

»Zweiundfünfzig«, sagte ich entsprechend meinen Ausweispapieren (in Wirklichkeit war ich fünfzig).

Sie gingen weiter. Offenbar waren sie auf der Suche nach Deserteuren und interessierten sich daher nicht für mich, weil zweiundfünfzig die Altersgrenze für den Militärdienst war. Ich atmete ein wenig auf.

Woher sie auf einmal kam, weiß ich nicht, aber plötzlich wurde ich einer Frau gewahr, einer bezaubernden Brünetten, die an meinem Tisch stand.

Sie sprach mich flehentlich an. »Darf ich mich zu Ihnen setzen, mein Herr? Wie ich sehe, sind Sie allein. Man hat den Leutnant mitgenommen, mit dem ich hier war. Jetzt habe ich wirklich Angst.«

Ich weiß nicht, warum, aber ich lehnte ab – vielleicht wegen meiner eigenen, ungewissen Lage. »Es tut mir sehr leid, gnädige Frau, aber ich muß leider nein sagen. Fragen Sie mich nicht, warum. Ich habe meine Gründe«, antwortete ich leise, aber so nachdrücklich ich konnte.

Zufällig sah ich auf die Uhr: halb acht. Für acht Uhr war ich hier mit Paul verabredet. Wenn er jetzt, während die Razzia im Gange war, hereinkam, war er ein toter Mann. Irgendwie mußte ich ihn anrufen.

Ich forderte das Schicksal heraus, wenn ich zum Telephon ging. Würden diese Bestien nicht sofort auf mich aufmerksam werden? Aber ich konnte auch nicht einfach nur dasitzen und warten: Ich mußte anrufen. Ich durfte mein eigenes Leben aufs Spiel setzen, indem ich Risiken einging, aber ich hatte nicht das Recht, das Leben meines Sohnes zu gefährden. So ging ich zum Apparat. Ich sprach Paul und bat ihn, nicht zu kommen. Das Ganze verlief völlig reibungslos. Danach setzte ich mich wieder an meinen Tisch. Glück gehabt!

Nach der Razzia rückten die Gäste zusammen, um zu reden. Durch solche Erlebnisse kommen sich die Menschen näher. Wir besprachen die Ereignisse des Abends. Insgesamt waren sieben Franzosen abgeführt worden, alle im wehrpflichtigen Alter.

Gegen halb zehn begann das Café sich zu leeren. Einer plötzlichen Regung folgend, wandte ich mich nicht gleich zum Gehen, sondern trat an den Tisch der Dame, die mich zuvor angesprochen hatte, und machte mich erbötig, sie nach Hause zu bringen, falls sie dies wünsche.

Als wir auf der verdunkelten Straße standen, erklärte ich mein Verhalten: »Jetzt kann ich Ihnen sagen, warum ich Sie nicht an meinem Tisch Platz nehmen ließ.«

»Das würde ich wirklich gerne wissen – obwohl mir ein paar Leute von der Polizei sofort einen Platz an ihrem Tisch angeboten haben.«

»Es ist ganz einfach: Ich bin Jude.«

»Sie sind Jude und gehen in Cafés!« Ihre Stimme verriet Überraschung.

Im Laufe unseres Gesprächs fand ich heraus, daß sie eine

Zweizimmerwohnung am József-Boulevard besaß. Ich tat ihr so leid, daß sie mich großzügigerweise zu sich einlud. Die Einladung lehnte ich ab, doch ich fragte sie, ob ich im Notfall ihre Adresse und ihre Wohnung für einen meiner Freunde verwenden dürfe.

Am nächsten Tag war der erste Geschäftsordnungspunkt, das Café aufzusuchen und nach den Franzosen zu fahnden. Zu meiner Genugtuung erfuhr ich, daß vier von ihnen im Schutz der Dunkelheit die Flucht gelungen war, noch bevor sie die Kaserne erreicht hatten. Ich meinerseits beschloß, das Café künftig am Abend zu meiden. Ferner beschloß ich, weniger oft aus dem Haus zu gehen, und auch das nur vormittags. Freilich begegnete ich dabei immer weniger Bekannten.

Doch eines Morgens lief jemand hinter mir her und rief mir atemlos nach: »He! Herr Doktor, Herr Doktor!«

Der hagere, verhärmte Mann kam mir zwar bekannt vor, doch konnte ich ihn nicht gleich einordnen.

Er bemerkte meine Verlegenheit und half mir auf die Sprünge: »Sie haben mich doch vor ein paar Jahren in diesem Verfahren wegen Rassenschande verteidigt.«

Zu der Zeit waren sexuelle Beziehungen zwischen Christen und Juden strafbar. Da ich mit derartigen Fällen relativ wenig zu tun hatte, erkannte ich ihn sogleich wieder.

»Wie ist es Ihnen denn ergangen?« fragte ich, lebhaft interessiert. »Soweit ich mich erinnere, haben Sie damals in Újpest gewohnt.«

»Da habe ich mich nicht mehr hingetraut, da haben mich zu viele Leute gekannt«, erwiderte er seufzend. »Sie können sich gar nicht vorstellen, was ich durchgemacht habe!«

Ich interessiere mich immer für die Geschichte eines Menschen, und so ermutigte ich ihn, mir die seine zu erzählen. Vielleicht konnte ich ihm auf irgendeine Weise behilflich sein.

»Ich war im Knast, aber wegen der russischen Offensive mußten sie den Platz Gott sei Dank räumen. Sie haben uns einfach laufen lassen, wohin wir wollten. Die Knastbrüder haben mir gesagt, wenn man kein Dach über dem Kopf hat, muß man in die Szív-Straße gehen, da hat die Heilsarmee ein Wohnheim, und jeder kann umsonst unterkriechen. Also mache ich mich in die Szív-Straße auf. Es ist ein kalter, friedlicher Tag. Nach anderthalb Jahren hinter Gittern denke ich mir, es muß doch hübsch sein, wenigstens eine nette Straße langzulaufen und meine Freiheit zu genießen. Also nehme ich Kurs auf die Andrássy-Straße. Ich laufe die verschneite Straße entlang und atme in tiefen Zügen die frische, kalte Luft ein.

Vor einem Gebäude spricht mich plötzlich so eine bewaffnete Wache an. ›Sind Sie nicht Jude?‹ fragt er. ›Klar bin ich Jude‹, sage ich. ›Dann komm mal mit‹, sagt er. – Erst als ich drin war, habe ich gemerkt, daß das die Andrássy-Straße 60 war, die Zentrale der Pfeilkreuzler.«

»Aber wußten Sie denn nicht, was mit den Juden passiert?« fragte ich ungläubig.

»Wissen Sie, Meister, der Knast ist ein komischer Ort. In den anderthalb Jahren im Knast habe ich nichts von der deutschen Besetzung gehört, nichts von Juden, die gelbe Sterne tragen, oder von den Ghettos oder den Morden. Im Knast haben wir von dem ganzen Zirkus nichts gewußt. Niemand hat sich um deine Nationalität oder deine Religion geschert, und niemand hat zu dir ›Saujude‹ gesagt. Wir hatten alle dasselbe Sackleinen an und haben uns alle nur für zwei Dinge interessiert: Was gibt es zu essen, und wann kommen wir raus? Glauben Sie mir, Meister: Echte Demokratie, das gibt es nur im Knast!«

»Und was haben die Pfeilkreuzler mit Ihnen gemacht?«

»Ein paarmal hab ich eins in die Fresse gekriegt, aber richtig malträtiert haben mich die Wächter nicht. Die haben mehr auf die ulkige Tour gemacht. ›Freu dich, Jude, heute abend wirst du ganz groß zum Essen eingeladen, mit ein paar ganz phantastischen Leuten.‹ ›Wo soll denn das sein?‹ frage ich mißtrauisch. ›Im Jenseits!‹ brüllen sie und schütten sich aus vor Lachen. Ich fand das gar nicht komisch. Um Mitternacht ließen sie uns alle in Reih und Glied antanzen. Wir waren barfuß und trugen nur unsere Unterwäsche am Leib. Dann mußten wir uns zu zweit aufstellen, und jeder wurde an seinen Nachbarn gefesselt. Wir dürften so fünfzig bis sechzig gewesen sein, Männer, Frauen und Kinder.

Dann ging es zu Fuß auf der Andrássy-Straße Richtung Donau. Auf dem Asphalt lag eine dünne Schneedecke, aber ich habe die Kälte nicht gespürt, obwohl wir barfuß waren. Unterwegs sage ich leise zu meinem Kumpel, einem Buchhalter so etwa in Ihrem Alter, fünfundvierzig bis fünfzig: ›Komm, wir müssen das Seil lockern, damit wir notfalls die Hände freihaben.‹ ›Was soll's?‹ fragt er ganz apathisch. ›Na komm schon, es tut doch nicht weh‹, sage ich zu ihm. Und er hat mich das Seil lockern lassen. Eigentlich sind wir langsam marschiert, aber irgendwie waren wir dann doch sehr schnell am Fluß. Jeweils zwei von uns mußten sich auf die verschiedenen Stufen stellen, die ins Wasser führen. Dann erschossen die Wächter die zwei auf der untersten Stufe; wenn einer nicht gleich tot war und ins Wasser fiel, haben sie mit ihren Gewehrkolben nachgeholfen. Dann mußten die nächsten zwei Leute auf die unterste Stufe. Niemand hat geschrien, jedenfalls habe ich nichts gehört. Die Gruppe wurde immer kleiner, und ich merkte, daß wir als drittnächste an der Reihe waren. Dann entstand plötzlich eine Bewegung. Ein zehn- bis zwölfjähriges Mädchen war an der Reihe. Einer der Wächter hatte Mitleid mit der Kleinen: ›Die überspringen wir. Laßt sie laufen.‹ Durch die Unterbrechung versammelten sich immer mehr Wächter an der Spitze unseres Zuges. In dem Moment ziehe ich plötzlich die Hand aus der Schlinge und sause wie ein Gespenst in meiner weißen Unterwäsche über den weißen Schnee in Richtung Kálvin-Platz. Sie haben nicht mal auf mich geschossen. Als ich keine Luft mehr bekam, wurde ich langsamer.

Dann höre ich in der Ferne das Geräusch von gleichmäßigem Marschieren. So marschieren nur deutsche Soldaten! Ich laufe, was ich kann – wie ein gejagtes Tier, noch schneller sogar. Inzwischen ist es etwa drei Uhr morgens. Schließlich sehe ich ein Tor offenstehen. Ich bin in einem Hof, vermutlich von einem Unternehmen mit Pferdefuhrwerken. Vor meinen Füßen dampft ein großer Haufen frischer Pferdemist. Ich atme tief ein, um vielleicht auf diese Weise warm zu werden. Jetzt merke ich erst, wie kalt es ist. Ich versuche, mir die Füße zu wärmen, aber es gelingt nicht. –

Ich weiß nicht, wie lange ich dort gestanden habe. Es war wohl ziemlich lange, weil ich vor Kälte gezittert habe. Dann ging hinter einem der Fenster das Licht an. Ich schlich näher. Neben der Tür fand ich ein Namensschild und versuchte, im Dunkeln mit den Fingern die Buchstaben zu ertasten: Hausmeister. Dann versteckte ich mich wieder und wartete ungeduldig, in der Hoffnung, daß die Gestalt, die sich hinter dem Fenster bewegte, das Haus verlassen würde. Es war immer noch dunkel, als der Hausmeister herauskam. Endlich! Ich wie der Blitz in das Zimmer. Aber bevor ich mich noch umdrehen kann, höre ich die Angstschreie einer Frau: ›Hilfe! Hilfe!‹ Ich versuche, sie zu beruhigen: ›Keine Angst, ich tue Ihnen nichts.‹ Aber sie schreit wie am Spieß weiter. Ich wage nicht, Gewalt anzuwenden, und ziehe mich notgedrungen aus dem warmen Zimmer zurück und laufe wieder ins Freie.

Am Tor lief ich dann direkt zwei Nationalgardisten in die Arme, die auf dem Heimweg von der Nachtschicht waren. Sie guckten auf meine Füße, sahen, daß ich fast nichts anhatte, und hielten mich an. Ich mußte ihnen erklären, was geschehen war. Aber kaum hatte ich angefangen, da luden sie mich in ihre Wohnung im zweiten Stock ein, und dort erzählte ich ihnen den Rest meiner Geschichte. Die zwei Nationalgardisten waren Brüder, und der ältere von ihnen war verheiratet. Der Tisch in der Wohnung war gedeckt, und die Frau bereitete gerade das Essen vor, weil die zwei nach Hause kamen. Sie rührten aber kaum etwas an, so sehr waren sie damit beschäftigt, mich zu mästen! Nach dem Mittagessen ließen sie mich erst gehen, als sie mich von Kopf bis Fuß neu eingekleidet hatten. Sehen Sie sich den Mantel an, den ich anhabe! Der ist von denen.«

So hatte diese traurige Geschichte auch ihre erbauliche Seite. Das menschliche Herz kannte noch etwas Wärme. Ich lieh dem Mann ein paar hundert Pengő, zum Zeichen meiner eigenen Solidarität.

Kapitel 21

Abwarten

Die Luftangriffe wurden häufiger. Jetzt waren auch russische Flugzeuge daran beteiligt, und sie richteten beträchtlichen Schaden an den Backsteinbauten der Stadt an. Die vielen Angriffe beeinträchtigten auch die Stromversorgung, so daß die Straßenbahnen unzuverlässiger verkehrten und, was noch schlimmer war, alle Lichter ausgingen. In solchen Situationen konnten wir nicht mehr lesen und auch nicht Radio hören. Unser Gebäude erhielt seinen Strom allerdings von einem kleinen Hilfskraftwerk, so daß er bei uns von Zeit zu Zeit wiederkam, während der Rest der Stadt keinen hatte. In vielen Häusern funktionierte auch die Wasserversorgung nicht mehr, weil der Wasserdruck nachließ; bestenfalls gab es im Erdgeschoß ein tröpfelndes Rinnsal. Viele Restaurants öffneten erst gar nicht, und wenn sie es doch taten, taten sie es nicht lange und konnten nichts servieren, weil es nichts zu servieren gab. Ich fand es an der Zeit, meine Söhne wieder zu mir zu holen, weil es immer gefährlicher wurde, auf der Straße unterwegs zu sein. Erheblichen Einfluß auf diese Entscheidung hatte die Zerstörung der Margaretenbrücke. Die Brücke war vermint gewesen; die Deutschen hatten offenbar die Absicht, auf ihrem Rückzug alle Donaubrücken zu sprengen. Doch aus uns unbekannten Gründen erfolgte diese Explosion viel früher als geplant. Die Brücke war voller Passanten gewesen und wurde gerade von einer vollbesetzten Straßenbahn mit Anhänger überquert, als es geschah. Alle Passagiere ertranken im Fluß. Mein jüngerer Sohn mußte einen langen Umweg machen, um zu meiner Wohnung zu gelangen. Danach ließ ich ihn nicht mehr zu den Hászkas zurück.

Meine Söhne behielten ihre Rolle als Patenkinder bei; die anderen Leute in dem Gebäude kannten sie als solche von ihren früheren Besuchen und hatten von mir erfahren, daß sie bald einziehen würden.

Seit unsere Vermieterin jene Geste des Halsabschneidens gemacht hatte, war ich jedem unnötigen Gespräch mit ihr nach Möglichkeit aus dem Weg gegangen; jetzt aber mußte ich meinen ganzen Charme aufbieten, um eine Lösung für diese neue Situation zu finden. Ich wollte, daß sie uns jeden Tag eine warme Mahlzeit kochte. Die Frau war geldgierig, und so konnte sie, nach anfänglichem Sträuben, nicht widerstehen, als ich ihr anbot, sie nicht nur für das Kochen zu bezahlen, sondern auch alles zu besorgen, was sie im Haushalt benötigte, so daß sie sich um diese Dinge überhaupt nicht kümmern mußte. Später sickerte im Zusammenhang mit dieser Kochvereinbarung durch, daß zwei Flüchtlinge in dem Mädchenzimmer neben der kleinen Küche wohnten – in demselben Zimmer, das ich schon vor Monaten zur Sicherheit gemietet hatte!

Die Vermieterin erklärte, die zwei Flüchtlinge hätten ihr leid getan, und so habe sie ihnen etwas Raum in der Küche und eine Unterkunft gewährt. Vielleicht hatte ich unrecht, und sie besaß doch ein gutes Herz. Oder auch nicht. Vielleicht wollte sie nur die doppelte Miete aus dem Mädchenzimmer herausschlagen.

»Bei diesem Betrieb jetzt in der Küche sollten wir sie vielleicht einladen, mit uns zu essen«, schlug sie vor.

Wir konnten ihr diese Bitte kaum abschlagen und lernten also beim ersten Abendessen die Flüchtlinge kennen. Ein Blick genügte, und ich sah, daß sie mit uns im selben Boot saßen. Die Frau war eine liebenswerte Person, um die vierzig und mit einem netten Lächeln. Sie war als Kriegsflüchtling gemeldet und erzählte dauernd von dem schönen Leben, das sie früher geführt hatte, in einem gepflegten Anwesen mit großem Haushalt und vielen Bediensteten – wie eine Gräfin. So nannten wir sie einfach »die Gräfin«. Ihr Freund, dessen Rasiergewohnheiten etwas zu wünschen übrigließen, war ein hochgewachsener, intelligent aussehender Mann um die sechzig, dessen äußerliches Verhalten seine inneren Ängste verriet. Diese Ängste wurden zur regelrechten Qual, sobald ihm bei Tisch Fragen gestellt wurden.

»Wo kommen Sie denn her?«

»Aus Nógrádverőce«, sagte er nach kurzem Nachdenken.

Ozma spitzte plötzlich die Ohren; sein Lokalpatriotismus war erwacht. »Wen kennen Sie denn in Verőce? Entschuldigen Sie, wenn ich frage; ich besitze dort ein Sommerhaus.«

Die Verlegenheit des Mannes war so mit Händen zu greifen, daß auch mir unbehaglich zumute wurde; ich fühlte mich verpflichtet einzugreifen.

»Herr Fényes hat doch vor fünfzig Jahren in Verőce gelebt, als er noch klein war. Und du wohnst erst seit zwei Jahren da. Da kann er dich doch kaum als Lokalprominenz kennen!«

Aus der Art, wie ich ihn anfuhr, muß Ozma die Situation begriffen haben; jedenfalls verstummte er. Das Gespräch wandte sich wieder der Gesundheit der Gräfin zu.

Nach dem Essen nahm ich den Mann beiseite. »Sie haben nichts zu befürchten, jedenfalls nicht von uns«, sagte ich ihm, und er fiel fast in Ohnmacht, als er erfuhr, daß wir auch Juden waren.

Größtenteils verbrachten wir unser Leben im engen Raum unserer Wohnung. Eines Nachts entdeckte ich unerwartete Gäste. Ich hatte das Licht angemacht und blickte zufällig auf die Wand, wo ruhig und würdevoll eine Wanze kroch. Aus meiner Gefangenschaft in Rußland wußte ich, wie man sich dieser bösartigen Geschöpfe erwehrt, ohne sie berühren zu müssen. Bewaffnet mit einem Streifen Papier und einem Streichholz, verwandelte ich den kleinen Blutsauger in Asche. Das war im allgemeinen die beste Art der Ungeziefervernichtung, aber natürlich hinterließ sie einen Fleck an der Wand.

Ich beschloß, der Vermieterin meine Entdeckung zu verschweigen, weil ich befürchtete, sie könnte das Auftreten von Wanzen meinen diversen illegalen Schlafgästen in die Schuhe schieben und mir verbieten, sie künftig hereinzulassen. Wir konnten ohnedies keine Hilfe von außen holen, weil die Schädlingsbekämpfungsunternehmen in Budapest nicht mehr arbeiteten. Da ich keine andere Wahl hatte, gewöhnte ich mir an, bei Nacht, wenn alles schlief, mehrere Male Licht zu machen und meine erprobte Methode der Insektenvertilgung anzuwenden. Die Brandflecken an der Wand wurden von Tag zu Tag mehr. Aber schließlich fand eine dieser Jagdexpeditionen ihren glorreichen Höhepunkt: Es gab keine Wanzen mehr an der Wand. Wahres Glück muß allerdings von Dauer sein. Auch nach mehreren Tagen waren keine Wanzen mehr zu sehen: Sie hatten sich augenscheinlich zurückgezogen, doch kündeten noch die Brandflecken an der Wand von unseren Kämpfen. Mir kam der Gedanke, sie mit zwei großen Landkarten, einer von Ungarn und einer von Europa, zu verdecken, die ich einige Monate zuvor gekauft hatte. Die Verantwortung für dieses Unternehmen übertrug ich meinem Sohn. Ich war ein großer Anhänger der Arbeitsteilung!

Die zwei Landkarten mit ihren hellen Farben verliehen dem Raum eine ungewohnte Frische. Wie sie da so hingen, nahmen sie sich wie zwei surrealistische Bilder aus. Später waren sie aber nicht nur interessante Dekoration, sondern wurden zum Ausgangspunkt eines aufregenden, um nicht zu sagen besessenen Spiels.

Zur Zeit der Belagerung Budapests war es fast unmöglich, das Haus zu verlassen, und so begannen wir zum Zeitvertreib, uns anhand dieser Landkarten Quizfragen zu stellen.

»Wie viele Dörfer hat Frankreich?«

»Wie viele Flüsse hat Italien?«

»Wie weit ist es von Budapest nach München?«

Gewonnen hatte, wer mit seinem Tip den auf der Landkarte gegebenen Informationen am nächsten kam. Wie es bei solchen Spielen zu gehen pflegt, führten wir später auch genaue Regeln und kleine Belohnungen ein, die den Ruhm des Sieges versüßten. Wir hatten noch drei Schachteln Gerbeaud-Kekse in Reserve (vor dem Krieg hatte Gerbeaud die besten Kekse Ungarns hergestellt). Jeder von uns bekam eine Schachtel, und von nun an wurde der Sieger in unserem Quiz mit Keksen belohnt. Dieses neue Spiel ließ uns dem Schach untreu werden, in dem mein älterer Sohn es bereits zu solcher Fertigkeit gebracht hatte, daß niemand außer ihm Gewinnchancen hatte.

Bei dem neuen Spiel gab es auch kritische Augenblicke. Ich lag mit meinen Antworten immer ziemlich gut, so daß mich mein jüngerer Sohn eines Tages fragte: »Nichts für ungut, Onkel Lexi, aber bereitest du deine Antworten vorher vor?«

»Wie meinst du das?«

»Nun, wenn du zum Beispiel nach der Entfernung zwischen Paris und London fragst: schaust du dann vorher auf die Karte, damit du die beste Antwort hast?«

»Du meinst, ob ich schummle?«

»Nein, nicht normalerweise, aber vielleicht beim Spiel?«

Ich fand, daß Verteidigung unter meiner Würde war, und sagte daher einfach: »In meinem Regiment war ich der Beste im Schätzen von Entfernungen. Du weißt, daß ich das schon früher erzählt habe; das habe ich nicht eben erst erfunden. Aber machen wir es in Zukunft anders: Wir stellen reihum die Fragen, dann hat jeder dieselben Chancen.«

Einige Tage verliefen unsere Spiele nach den neuen Regeln friedlich und harmonisch. Trotzdem blieb mir das Glück gewogen.

Eines Morgens, als wir gerade anfangen wollten, ergriff mein älterer Sohn das Wort: »Ich spreche nicht nur für mich selbst, sondern auch für George. Lieber Patenonkel, die Art, wie du an unser Spiel herangehst, ist nicht über jeden Tadel erhaben.«

»Das verstehe ich nicht. Worüber beklagt ihr euch denn jetzt?«

»Seit wir mit dem Spiel angefangen haben, hast du immer nur gewonnen. Daran ist an sich nichts auszusetzen. Das Problem ist, daß du deine Gewinne immer gleich aufißt.«

Ich war baff über diesen Einwand. »Soweit ich weiß, ist es nicht verboten, seinen Gewinn aufzuessen. Wie du weißt, esse ich gerne Süßigkeiten.«

»Es stimmt, daß es nicht direkt verboten ist, weil vorher niemand daran gedacht hat. Aber es ist unfair, weil du unsere Chancen schmälerst, die Kekse zurückzugewinnen.«

»Aus unserer Sicht ist es eher eine moralische als eine materielle Frage«, fiel George ein.

Diese Bemerkung zeigte, daß er auf der moralischen Ebene

bleiben wollte. Ich versuchte ohne Erfolg, den Kindern zu erklären, daß sie auch dann nicht sicher sein konnten, die Kekse zurückzugewinnen, wenn ich sie nicht aß. Und wenn sie ihren ganzen Vorrat verloren, wie wollten sie dann weiterspielen? Auf Kredit? Mit Schuldschein? Ab wann würde es mir erlaubt sein, meine Gewinne zu verzehren? Wir konnten uns über diese Fragen nicht einigen, und so hörte das Spiel auf. Um den Frieden wiederherzustellen, machte ich den hochherzigen Vorschlag, um die Kekse Schach zu spielen. Ich hatte genügend angesammelt, und so glaubte ich, diesen Vorschlag machen zu können. Wir begannen zu spielen, aber es zeigte sich, daß meine Söhne, die im allgemeinen besser spielten als ich, nun, da es um ihre letzten Kekse ging, unbesonnener als sonst agierten – mit dem Ergebnis, daß sie öfter verloren als gewannen. So mußten wir den Wettstreit um die Kekse aufgeben und uns darauf beschränken, allein um die Ehre zu spielen.

Jetzt entdeckte Paul aber seine schachlichen Fähigkeiten wieder und begann, mich öfter zu besiegen als vorher. Unser Vermieter, der Hauptmann, war schon ganz verzweifelt: Seit Wochen hatte er keine Partie gewonnen, ja er wagte es gar nicht mehr, mit Paul zu spielen. So mußte ich zum Trost einige Partien mit ihm absolvieren, um seine Stimmung zu heben.

Eines Tages im Dezember wartete eine wunderschöne Überraschung auf uns.

Pauls Freund Danyi kam zu Besuch – ungewaschen und unrasiert, aber mit einem großen Rucksack auf dem Rücken.

»Wie geht es dir, Jancsi?«

»Nicht so besonders. Stellt euch vor, ich bin den ganzen Weg von Soroksár zu Fuß gelaufen! So weit sind die Russen schon. Unser ganzer Trupp, der zum Grabenausheben abkommandiert war, ist einfach weggelaufen. Als die Männer hörten, daß die Russen kommen, sind sie einfach abgehauen. Mir fiel ein, daß vermutlich auch alle aus dem Gemeindeamt getürmt sind, aber ihre Stempel dagelassen haben, also bin ich vorbeigegangen und habe sie eingesteckt, weil ich mir gedacht habe, du kannst sie vielleicht gebrauchen, Onkel Lexi. Ich habe sie alle mitgebracht.« Und damit kippte er den Rucksack um und förderte stolz siebenunddreißig verschiedene Stempel zutage.

»Danke, daß du an mich gedacht hast!« sagte ich, aber insgeheim war ich ein wenig betroffen. Was um alles in der Welt fing ich mit so vielen Stempeln an, zumal jetzt, wo alles dem Ende zuging?

»Aber jetzt geh und wasch dich, und iß etwas, damit du wieder zu Kräften kommst.«

Danyi wurde der Schrecken der Vermieterin: Er aß so gern, daß er alles aufaß, was auf den Tisch kam. Es machte mir Spaß, seinem gesunden Appetit zuzusehen: Er konnte ohne weiteres zwei Pfund Wurst ohne einen Bissen Brot verdrücken. Zu Weihnachten schenkte ich ihm ein Heftchen Lebensmittelkarten, die ab 1. Januar galten. Der nahegelegene Schwarzmarkt mit diesen Karten funktionierte noch.

Zwei Tage vor Weihnachten rückten die Russen bis zum Széna-Platz im Herzen Budas vor. Mitglieder der Szálasi-Regierung und andere prominente Pfeilkreuzler packten schleunigst alles zusammen, was sie zwischen die Finger bekamen, und fuhren in beschlagnahmten Lastwagen und Taxis gen Westen. In der ganzen Stadt war kein Mietwagen und kein Taxi mehr aufzutreiben.

Am 24. Dezember verlas der Nachrichtensprecher im Radio eine neue Verordnung, deren Brutalität und Grausamkeit bei weitem alles übertraf, was wir bisher erlebt hatten:

Jeder männliche Ungar, der sechzehn Jahre oder älter ist, hat sich zum Wehrdienst zu melden.

Jeder, der dieser Generalmobilmachung nicht Folge leistet, *ist zu erschießen.*

Wer Juden versteckt, *ist zu erschießen.*

Wer Waren hortet oder zu überhöhten Preisen verkauft, *ist zu erschießen.*

Am Ende jedes Satzes verlauteten die Worte »ist zu erschießen« (tatsächlich bedeutete die ungarische Wendung eher »ist niederzumetzeln«).

Mit anderen Worten: Wer dieser Verordnung nicht Folge leistete, wurde nicht nach Recht und Gesetz abgeurteilt, ja nicht einmal vor ein Kriegsgericht gestellt, sondern einfach auf der Stelle ermordet. Der Text der Verordnung bewies, daß die Pfeilkreuzler-Regierung nicht nur das Spiel, sondern auch den Kopf verloren hatte: Ihre einzige Hoffnung war, durch nackten Terror etwas Zeit zu gewinnen. Der verzweifelte Ton der Verordnung bestärkte uns in unseren Hoffnungen.

»Das ist nicht mehr das Ende vom Anfang, sondern der Anfang vom Ende«, sagte Ozma.

Unsere hoffnungsfrohe Stimmung veranlaßte uns, wie unsere christlichen Vermieter das Weihnachtsfest zu feiern. Wir besaßen eine Konservendose mit Lebensmitteln, von der sich aber das Etikett gelöst hatte, so daß wir nicht wußten, was sie enthielt. Die blitzende Dose, die sich über ihren Inhalt ausschwieg, reizte immer wieder unsere Phantasie. Dauernd spekulierten wir darüber, was sie enthalten mochte: Gulasch mit Paprika? Oder Corned beef?

Wir entschlossen uns, mit dem Feiern zu beginnen und die Dose zu öffnen. In Ermangelung eines Dosenöffners schnitten wir mit einem Hammer und einem Meißel den Deckel auf und entfernten ihn gespannt. Zu unserer großen Überraschung enthielt die Zwei-Pfund-Dose mehrere Scheiben Ananas, was sogar in friedlicheren Zeiten zu den seltenen Delikatessen gehörte. Seit Jahren hatten wir keine Ananas mehr gesehen, geschweige denn gegessen. Wir kamen überein, daß jeder von uns jeden Tag ein Stück Ananas essen durfte. Da wir zu fünft waren, konnten wir auf diese Weise unser Leben für die nächsten vier Tage verschönern.

Doch immer, wenn ich in meinem Leben zu sparen versuchte, zog ich den kürzeren. So war es auch diesmal: Am dritten Tag wurden unsere köstlichen Ananasstücke schlecht, und wir mußten die Rationen für den vierten Tag wegwerfen.

Der Hausherr und seine Frau luden uns zum weihnachtlichen Abendessen ein, aber in besonderer Festlaune schienen sie nicht zu sein, ja sie wirkten ausgesprochen bedrückt. Ich glaubte, dies könne daran liegen, daß die Stieftochter der Hausherrin, eine Pfeilkreuzlerin, kürzlich in den Westen geflohen war. Es stellte sich jedoch heraus, daß der Grund ihres Kummers ein anderer war. Während wir noch beim Essen saßen, nahm mich der Hausherr beiseite. Er war sichtlich nervös und wußte offenbar nicht, wie er anfangen sollte.

»Lexi, was glauben Sie? Werde ich in Schwierigkeiten kommen, weil ich Möbel besitze, die man den Juden weggenommen hat?«

»Wieso sollten Sie in Schwierigkeiten kommen? Sie haben die Möbel doch von der Regierung, oder?«

»Ja, schon, aber was ist, wenn die Pfeilkreuzler-Regierung stürzt?« flüsterte er.

»Die stürzt nicht!« sagte ich, um ihn aufzumuntern.

»Aber wenn sie doch stürzt? Was dann?« fragte er beharrlich, offenbar um weiteren Zuspruch zu erhalten.

»Haben Sie eine Quittung, aus der hervorgeht, daß Sie die Möbel bezahlt haben?« erkundigte ich mich, um den Experten für solche Dinge zu spielen. Der Hauptmann kratzte sich verlegen den Kopf.

»Ich möchte sie ja gerne bezahlen, aber bisher hat mir niemand gesagt, wieviel.«

»Sehen Sie zu, daß Sie eine Quittung erhalten«, wiederholte ich.

»Ich fürchte, dafür ist es zu spät«, erwiderte er verzweifelt.

»Aber bestimmt bekommen Sie eine. Wo Sie doch so gute Beziehungen haben«, versicherte ich.

Er machte ein langes Gesicht und kehrte mit einer mutlosen Geste zum Eßtisch zurück. Wir setzten uns wieder.

Es ist verblüffend, wie leicht man seinen gesunden Menschenverstand einbüßt, wenn einen die Habgier übermannt. Mein Vermieter besaß für bürgerliche Begriffe eine wirklich anständige Wohnung und hatte keinerlei Verwendung für das Sammelsurium an ramponierten alten Möbeln, das er sich zugelegt hatte. Es war ein großer Aufwand gewesen, sie in die Wohnung zu schaffen: Die Familie hatte sie auf einem kleinen Handwagen hierhertransportiert, weil sich keine andere Möglichkeit fand. In der Wohnung gab es kaum genug Platz für die Möbel, die im Wohnzimmer der Familie praktisch nur im Wege standen. Ein etwas kräftigerer, beleibterer Mensch wäre nicht einmal durch die Diele gekommen. So traf es sich ganz gut, daß die Familie ohnehin nur relativ selten in ihrer Wohnung war: Die meiste Zeit verbrachten sie im Luftschutzkeller. Und jetzt befürchteten sie, daß ein Regimewechsel Probleme mit sich bringen könnte: Die Angst stand ihnen ins Gesicht geschrieben.

Die militärischen Siege der Russen und ihr allmählicher Vormarsch auf Budapest erfüllten mich mit Hoffnung und einer gewissen heimlichen Freude. Trotzdem war unsere Festtagsstimmung nur von kurzer Dauer: Wir mußten uns darüber klar werden, wie wir es mit der Notstandsverordnung halten wollten.

Die Ausrufung der Generalmobilmachung bedeutete, daß alle Männer zwischen sechzehn und fünfzig Jahren sich zum Kriegsdienst melden mußten. In diese Kategorie gehörte natürlich auch mein Sohn Paul. Sein biologisches Alter war achtzehn Jahre, das auf seinen Ausweisen angegebene siebzehn. Bei seiner Größe und guten Figur sah er jedoch eher wie neunzehn aus. Es gab keine Möglichkeit, seine Papiere noch einmal zu ändern und ihn sechzehn oder jünger zu machen. Ich studierte die Verordnung aufmerksam und achtete auf die Ausnahmeregelungen, aber keine schien auf Paul zuzutreffen. Es blieb nichts weiter übrig, als Paul zu verbieten, in der nächsten Zeit die Wohnung zu verlassen. Seit einiger Zeit waren wir bei Luftalarm nicht mehr in den Schutzraum im Keller gegangen, weil unsere Parterrewohnung fast auf einer Ebene mit dem Schutzraum lag und in mancher Hinsicht sogar ein günstigerer Ort war, falls das Gebäude getroffen wurde: Es war leichter, Verschüttete aus einer Parterrewohnung zu bergen als aus dem Luftschutzkeller.

Da wir uns nicht im Schutzraum aufhielten, konnte Paul auch schwerlich unerwünschte Aufmerksamkeit durch sein Alter erregen. Da es aber in unserem Gebäude kein fließendes Wasser mehr gab, war es jetzt Georges Aufgabe, die Wassereimer aus dem Keller des Marktes in unserer Nähe hinauf in die Wohnung zu tragen. Bis jetzt hatten die zwei Jungen diese Aufgabe unter sich aufgeteilt – je nachdem, wer eine Arbeit »schuldig« war. Dieses System muß ich erklären. Jeden Abend zwischen neunzehn und zweiundzwanzig Uhr wurde der Strom abgestellt. Nun hatte uns wieder einmal die Wettleidenschaft befallen, und wir schlossen tagsüber Wetten ab, wann genau der Strom wegbleiben würde. Wer mit seinem Tip am besten lag, war Tagessieger. Wenn wir als Wetteinsatz keine Schokolade oder Kekse mehr hatten, konnte die Befreiung von einer Stunde Arbeit statt eines Gerbeaud-Kekses eingesetzt werden. Manchmal hatten wir auf diese Weise Arbeitszeit für viele Tage oder gar Wochen gespeichert.

Wenn wir abends im Dunkeln saßen, merkten wir erst, wie hungrig wir waren. Als wir einmal so um den Kachelofen saßen, der den Raum erwärmte, schlug einer von uns vor, in der Asche Kartoffeln zu backen. Das Experiment war ein solcher Erfolg, daß es bald zur abendlichen Routine wurde. Wir luden auch den Hausherrn und seine Frau ein, und das Kartoffelbacken wurde zum Höhepunkt des Tages. Gebackene Kartoffeln riechen herrlich. Wir haben nie untersucht, ob es der Geruch der Kartoffeln oder das Gerede unserer Vermieter war; jedenfalls wußte bald das ganze Haus, daß bei Lexi Szabó und seiner Familie jeden Abend Kartoffeln gebacken wurden, und es verging kein Abend, an dem nicht ein oder zwei Leute unter irgendeinem Vorwand hereingeschneit kamen, um unsere Kartoffeln zu probieren.

Sogar die neue Drohung mit sofortiger Erschießung hatte, wie alles Schlechte, auch ihre gute Seite. Café- und Restaurantbesitzer gerieten in eine solch panische Angst vor dem Horten, daß sie wieder aufmachten. Zwar blieben die Jalousien geschlossen, aber irgendeine Tür war immer auf, und wenn schon nichts anderes, bekam man immer eine Tasse heißen Tee, freilich manchmal ohne Zucker.

Auch den Kaufleuten saß der Schrecken in den Knochen, und sie verkauften alles, was sie auf Lager hatten. In unserem Viertel wurde ein Kaufmann erschossen, weil er für seine Bohnen mehr als den amtlichen Preis verlangt hatte. Die Straßen boten ein deprimierendes Bild. An der József-Avenue hatte man zwei Männer an einer Laterne aufgeknüpft und am Kragen des einen ein Blatt Papier befestigt, auf dem stand: »So geht es dem Juden, der sich versteckt!« Auf dem Blatt am Kragen des anderen stand: »So geht es dem Christen, der einen Juden versteckt!«

Der Wind zauste beide Blätter mit der nämlichen Gleichgültigkeit.

Die Passanten wandten den Kopf ab, wenn sie ausdruckslosen Gesichts an der Laterne vorbeihasteten, doch einzelne bildeten kleine Gruppen und kommentierten den Vorfall.

Auch ich blieb stehen und riskierte die Bemerkung: »Es wäre vielleicht besser, die Kriegsgerichte würden sich der Leute annehmen, die wir für schuldig halten.«

Ein rotgesichtiger Bursche funkelte mich so böse an, daß es mir das beste schien, den Mund zu halten.

Kapitel 22

Belagerung

Das Leben in Budapest wurde immer schwieriger. Wir hatten seit Wochen keine deutschen Flugzeuge mehr gesehen. Jeder, der gedient hat, weiß, wieviel leichter es sich kämpft, wenn man nicht auf feindliche Flugzeuge zu achten braucht. Aber die Deutschen hatten nicht nur keine Flugzeuge – jedenfalls sahen wir keine –; auch ihre Flakgeschütze funktionierten offenbar nicht mehr. Von Zeit zu Zeit brummten russische Flugzeuge erstaunlich niedrig über die Stadt hinweg und nahmen die Straßen unter Beschuß.

Einmal ging ich gerade mit George zum benachbarten Markt hinüber, um Wasser zu holen. Auf dem Rückweg sagte er plötzlich: »Sieh mal, Vati, wie niedrig das Flugzeug da fliegt! Und diese roten Blitze!«

Ich schaute auf und riß ihn mit einem Ruck in unseren Torweg. Wir drückten uns flach gegen die Wand des Treppenhauses. Mit mächtigem Dröhnen und einem Geräusch wie *pick pick pick* brauste das Flugzeug über unser Haus hinweg. Als wir danach auf die verstummte Straße hinausblickten, lagen zwei Passanten tot auf dem Gehsteig.

Die Zahl der getöteten Menschen – und auch Pferde – auf der Straße nahm stetig zu. Die Pferdekadaver erwiesen sich als sehr nützlich: So manche emsige Hausfrau lief mit einem scharfen Messer auf die Straße, schnitt sich ein Stück Fleisch herunter und eilte mit der Beute heim zu ihrer hungrigen Familie.

Die öffentlichen Dienstleistungen brachen fast völlig zusammen. Nur eines funktionierte nach wie vor reibungslos – die Lebensmittelinspektionen durch unseren Hausherrn, den Hauptmann. Keinen Tag waren wir ohne Brot. So wenig die Bäckereien auch backen mochten, der Hauptmann bekam immer seinen Laib Brot. Für uns war das wichtig: Wir bekamen unser täglich Brot; wir brauchten nicht zu hungern.

Jutka, die Freundin meines älteren Sohnes, zog zu uns. Ihr Vater saß in irgendeinem Dorf im Großen Ungarischen Tiefland fest. Er hatte dort Lebensmittel beschaffen wollen, als die Russen plötzlich den Ort besetzten.

Eines Tages berührte ich zufällig Jutkas Hand und bemerkte, daß sie förmlich glühte. Wir holten das Thermometer: Sie hatte 40 Grad Fieber. Sofort suchten wir nach einem Arzt und fanden einen im Nachbarhaus. Er kam und untersuchte Jutka sorgfältig.

Die Diagnose war sehr entmutigend: »Rippenfellentzündung im fortgeschrittenen Stadium. Wenn Sie sie gut füttern, kann sie durchkommen.«

Jutka war ein außergewöhnliches Persönchen. Mit ihrer sanften Stimme, ihrer Weisheit und ihrem steten Lächeln erfüllte sie gleichsam alles um sich herum mit Harmonie. Ihr Wesen bezauberte jeden.

»Kleines, weißt du, was der Arzt gesagt hat?«

Sie sah mich mit ihren lieben Augen an. Die traurige Warnung des Doktors klang mir noch in den Ohren, daher sagte ich absichtlich streng: »Wenn du nicht normal ißt, mußt du sterben.«

»Du willst mir nur Angst machen, stimmt's?«

»Überhaupt nicht. Du weißt doch, daß ich in ernsten Dingen nicht spaße.«

Wir beschlossen, Jutka nicht in ihre alte Wohnung zurückzulassen. Sie sollte mein Bett bekommen, und ich wollte auf dem Boden bei den Jungen schlafen. Um Jutka zum Essen zu bewegen, holten wir unsere heimlichen Reserven hervor. Bei ihren Besuchen bei uns hatte sie immer auffallend wenig gegessen, aber ich hatte das auf ihre guten Manieren zurückgeführt: Sie wollte nicht, daß wir ihretwegen unsere Vorräte plünderten. Aber jetzt nahm sie die Sache ernst. Sie versuchte erkennbar, sich zum Essen zu zwingen. Anscheinend hatte meine Direktheit Wirkung gezeigt.

Jutkas Krankheit warf einen Schatten auf die ganze Familie: Wir alle liebten sie sehr. Nachdem sie einige Tage bei uns wohnte, kam bei einem Gespräch zufällig heraus, wodurch sie so krank geworden war. Von der Familie Avas war sie nach Pest gezogen, um bei einer Freundin zu wohnen, die ebenfalls teilweise jüdisch war. Ich war davon ausgegangen, daß Jutka dort gut untergebracht sei, aber seit der neuesten, drakonischen Verordnung wollten die Eltern des Mädchens Jutka nicht mehr im Haus haben: Sie hatten wohl das Gefühl, daß dieses Risiko angesichts ihrer eigenen mangelnden »Rassereinheit« zu groß war. Sie wohnten im obersten Stockwerk ihres Mietshauses. Als die Nachbarwohnung von einer Bombe getroffen wurde und die Mieter auszogen, legten sie eine Matratze zwischen die Ruinen, auf der Jutka fortan die Nächte verbringen mußte. Der Wind pfiff um die kahlen Wände, und durch die Decke regnete es herein. In diesem Verlies hatte Jutka die letzten Wochen geschlafen. Zu uns hatte sie kein Wort davon gesagt, um uns nicht noch mehr Scherereien zu machen, als wir ohnedies schon hatten.

Und auch jetzt, als sie krank in unserem Zimmer lag, hörte ich sie nie jammern. Sogar Lajos war freundlich und lieb zu ihr, obwohl er wirklich darunter litt, daß wir jetzt zu fünft in dem Zimmer waren. Paul wurde durch die unfreiwillige Haft in dem Raum immer gereizter. Ständig warf er mir vor, daß ich nichts täte, um ihm die Dinge zu »richten«. Ich schlug ihm vor, wenn er so ungeduldig sei, solle er der Verordnung Folge leisten und sich unter dem Namen József Balázs zum Militär melden. Dann hätte er sich wenigstens ordnungsgemäß angemeldet, und wir hätten etwas Zeit gewonnen, um einen Ausweg zu finden, bevor er tatsächlich eingezogen wurde. Aber dies gefiel Paul auch nicht. Schließlich fanden wir die Lösung: Wir ließen das Dorf Soroksár eine Bestätigung ausstellen, daß Paul dort als Bäcker beschäftigt und daher unabkömmlich war. Der einzige Schönheitsfehler an diesem ungemein amtlich wirkenden Dokument war, daß sich Soroksár bereits in der Hand der Russen befunden hatte, bevor die jüngste Verordnung in Budapest in Kraft getreten war...

Jutkas Arzt, Dr. Katona, kam täglich zur Visite. Penicillin war damals noch unbekannt, aber selbst wenn es im Ausland erhältlich gewesen wäre, hätte uns dies nichts genützt, da es während der Belagerung unmöglich war, an Medizin, welcher Art auch immer, heranzukommen. Der Arzt verabreichte seiner jungen Patientin den letzten Rest seines zusammengeschmolzenen Arzneimittelvorrats. Dieser gutmütige Mann mit der beginnenden Glatze äußerte sich sehr abfällig über das Pfeilkreuzler-Regime, aber da ich ihn vorher nicht gekannt hatte, konnte ich nicht sagen, ob er schon immer so gedacht hatte oder ob diese Kommentare lediglich ein Symptom der gegenwärtigen Krise waren. Als nämlich die Niederlage der Deutschen sich immer sicherer abzeichnete, versuchten immer mehr Menschen, eine gewisse Distanz zwischen sich und die Pfeilkreuzler-Partei, das ungarische Pendant zur NSDAP, zu legen.

Dieses Verhalten wurzelt in der menschlichen Natur. Generell hatten die Menschen die Schlagworte der Pfeilkreuzler-Presse über die jüdisch-bolschewistisch-plutokratische Front geglaubt – die zu beweisen schien, daß die Juden die mächtigsten Menschen auf Erden waren: Durch ihre teuflische Schlauheit und ihr Netz von Kontakten hatten sie gleichzeitig die kapitalistischen Länder des Westens und den russischen Bolschewismus in der Hand. Die Folgen waren klar: Welche dieser Gruppen auch Budapest als erste erreichen mochte – die westlichen Kapitalisten oder die russischen Kommunisten –, ihr erster Schritt würde zweifellos die Bestrafung beziehungsweise Belohnung der ungarischen Bevölkerung für ihr Verhalten gegen die Juden in Zeiten der Krise sein. So entwickelte sich die Tendenz, ja geradezu eine heimliche Massenbewegung mit dem Ziel, die Menschen mit einem geeigneten Alibi auszustatten. Jedermann versuchte, sich vorsorglich zu entlasten. Reihenweise listeten die Leute Zeugen und Kontakte auf, die belegen sollten, daß sie das Regime sabotiert und wie viele Juden, vor allem aber wieviel jüdischen Besitz sie gerettet hatten. Gerüchten zufolge begannen manche Leute, dem Ghetto einen Besuch abzustatten und nach dem jeweiligen jüdischen Nachbarn zu sehen. Lästermäuler nannten diesen plötzlichen Sinneswandel »Alibi-baba«. Der Ausdruck bezeichnete wirklich eine Eigenschaft, die latent in jedem

Menschen vorhanden ist: die Tendenz, sein Mäntelchen nach dem Wind zu hängen.

Es ist durchaus möglich, daß auch Dr. Katona auf ein Alibi erpicht war; denn als ich ihm aufgrund seiner scharfen Bemerkungen gegen das Regime diskret erklärte, ich gehöre einer Geheimgesellschaft an, die es sich zum Ziel gesetzt habe, Juden zu helfen, bot er mir sogleich seine Dienste an. Ich versprach ihm lediglich, seine Offerte weiterzuleiten. Wenige Tage später erklärte ich ihm, daß die Gesellschaft zehn Krankenhausbestätigungen benötige, die dem Inhaber bescheinigten, sich einer Operation wegen Phimose unterzogen zu haben; dazu überreichte ich ihm einen Mustertext. Binnen achtundvierzig Stunden hielt ich die zehn Bestätigungen in Händen, mit freiem Raum für die Namen.

Wie kam es zu diesem Bedarf an Bestätigungen über eine Phimoseoperation?

In Ungarn war die Beschneidung von Knaben nicht generell Usus; nur die Juden beschnitten ihre kleinen Söhne aufgrund ihrer religiösen Überzeugungen. Bei der Personenüberprüfung von Männern kam es daher den Pfeilkreuzlern vor allem darauf an festzustellen, ob jemand beschnitten war oder nicht. Nun gibt es als Krankheitsbild des Mannes die (zumeist angeborene) Vorhautverengung, Phimose, die sich beim Erwachsenen operativ durch eine Beschneidung beheben läßt. Hierüber stellt das Krankenhaus eine Bestätigung aus.

Diese Bestätigungen waren jedoch von zweifelhaftem Wert. Ich weiß von einem Fall, in dem Pfeilkreuzler einen Christen erschossen, obwohl seine Bestätigung absolut echt war, und von einem anderen Fall, wo es jemandem gelang, mit heiler Haut aus der Zentrale der Pfeilkreuzler herauszukommen, obwohl seine Bestätigung eine Fälschung war. Den wirklichen Wert dieser Bestätigung konnte man so zusammenfassen: Sehr wahrscheinlich war sie nutzlos, wenn man sie brauchte, aber es konnte nicht schaden, sie zu haben.

Und so verteilte ich die Bestätigungen. Je eine gab ich Danyi, Ozma und natürlich meinen zwei Söhnen. Auf diese Weise wurde das Vorhautproblem, das eine ständige Gefahr für unser pseudo-christliches Leben darstellte, in aller Stille erledigt.

Paul las sich die Bestätigung aufmerksam durch und schüttelte dann ungläubig den Kopf: »Patenonkel, meinst du nicht, daß es die Pfeilkreuzler sehr sonderbar finden werden, wenn sie unsere Papiere überprüfen und jeder von uns fünf Christen eine Bestätigung vorlegt, daß ihm die Vorhaut im Krankenhaus entfernt worden ist? Ist das nicht reichlich happig?«

Ich gab keine Antwort, aber ich hätte Paul daran erinnern können, daß es für manche Probleme in unserem Leben keine perfekte Lösung geben kann.

Der harte Passus der jüngsten Verordnung über die »sofortige Erschießung« bewirkte genau das Gegenteil von dem, was er bezweckt hatte: Er beschleunigte einfach den Zusammenbruch. Jeder versuchte, noch schnell das sinkende Schiff zu verlassen. Sogar die Menschen, die sich freiwillig zum Militär gemeldet hatten, dann dem Einberufungsbefehl nachkamen und zum Ausheben von Verteidigungsgräben in die Außenbezirke der Stadt beordert wurden, desertierten binnen weniger Tage. Sah man sich während eines Bombenalarms im Luftschutzkeller um, so war jeder zweite Mann im Raum ein Deserteur. Ich freundete mich mit einem Feldwebel aus unserer Nachbarschaft an und lud ihn zu einem Glas Weinbrand ein. Bevor er aufbrach, hängte er sich ein Maschinengewehr um den Hals.

Ich zeigte auf die Waffe und fragte: »Wozu brauchst du die denn?«

»Weißt du, Bruderherz, es ist immer gut, wenn man beweisen kann, daß man im Dienst ist!«

Er kam verschiedene Male zu uns herüber. Ich mochte seine vergnügliche Art zu sprechen und seinen Sinn für Ironie. Einmal verabschiedeten wir uns voneinander an der Tür, und er ging schon zur Diele hinaus, als mein Blick auf das Maschinengewehr fiel, das noch im Zimmer stand.

Ich lief ihm nach. »He, Bruderherz! Dein MG!«

»Ach, macht nichts. Ich nehm' sie das nächste Mal mit«, sagte er leichthin.

»Aber ich kann dich doch nicht ohne sie gehen lassen! Wer weiß, was dir auf der Straße passiert.«

Er kratzte sich am Kopf und kam unwillig zurück. Aber ohne seine geliebte »Gitarre« mochte ich ihn wirklich nicht ziehen lassen.

Mittlerweile standen auf allen Straßen verlassene Geschütze und Bazookas (Panzerabwehrwaffen) herum, aber niemand machte sich die Mühe, sie einzusammeln. Die Insignien der Pfeilkreuzler verschwanden aus dem Straßenbild; niemand trug mehr ihre Armbinden.

Meine Schwiegermutter, unsere Matrone, hatte wieder Probleme. Das Hotel, in dem sie lebte, wimmelte von entwurzelten Existenzen unterschiedlichster Provenienz. Es gab Leute, die eigentlich nach Jugoslawien wollten und nun hier festsaßen, Adlige, die nicht in ihr Landhaus konnten, und Pseudo-Christen, die in schwierigen Zeiten irgendwie durchzukommen suchten. Die Hotelbewohner waren ein so bunter Haufen, daß es kein Wunder war, wenn die Behörden eines Abends unter ihnen nach Leuten suchten, die sie im Verdacht hatten, Juden zu sein, um sie an die Donau abzuführen. Unter den Verdächtigen war auch meine Schwiegermutter.

Sie befolgte zwar nicht meinen früheren Rat, den Pfeilkreuzlern eine Standpauke zu halten, aber sie erklärte doch ganz entschieden: »Ich bin keine Jüdin.«

Sie wiederholte dies mehrere Male, und schließlich hatte ihre Festigkeit die gewünschte Wirkung. Die anderen wurden abgeführt; sie wurde als einzige freigelassen.

Ich erfuhr von all dem, als sie mich in der Wohnung in der Vásár-Straße aufsuchte, zu einer Zeit, wo sich sonst niemand auf die Straße traute.

»Aber wie hast du mich gefunden, Mutter?« fragte ich.

»Balázs hat mir die Adresse gegeben.«

Ich hatte Balázs die strikte Anweisung erteilt, meine Adresse keinem Menschen mitzuteilen. Ich konnte mir vorstellen, wie meine Schwiegermutter dem armen Mann zugesetzt haben mußte, bevor er sich über meine Instruktionen hinwegsetzte.

»Nimm Platz, Mutter, aber sprich bitte leise!« (Jutka war gerade eingeschlafen.) »Und jetzt erzähl mir: Was gibt es Neues?«

»Es gibt Schwierigkeiten«, flüsterte sie kaum hörbar. »Der Hotelportier hat mir erzählt, daß der deutsche Kommandant die Evakuierung des Hotels angeordnet hat. Ich muß eine neue Wohnung finden.«

»Der Portier kann erzählen, was er will. Eines steht fest, Mutter: Du mußt im Hotel bleiben. Zu uns kannst du nicht kommen; wir sind schon zu fünft, Jutka und Lajos schlafen in den Betten und wir anderen auf dem Fußboden. Für eine Wohnungssuche ist jetzt nicht die Zeit.«

»Aber es ist doch ein Befehl von den Deutschen!«

»Die Deutschen sollten sich daran gewöhnen, daß sie nichts mehr zu befehlen haben.« Zu diesem Zeitpunkt war halb Budapest bereits in der Hand der Russen. »In ein paar Tagen ist die Belagerung vorbei. Hör auf meinen Rat, Mutter. Sag dem Kommandanten, daß du Rotkreuzschwester bist und die Verwundeten pflegen wirst, aber geh ja nicht aus dem Hotel.«

»Das kann ich nicht sagen. Ich verstehe doch nichts von Krankenpflege.«

»Aber wie man Kartoffeln schält, weißt du doch, oder? Geh in die Küche und fang an, Kartoffeln zu schälen. Es gibt keine einzige Armee auf der Welt, die nicht Kartoffelschälerinnen braucht.«

Es war ihr anzusehen, daß sie auch dieser Idee nicht viel abgewinnen konnte.

»Wenn du nicht Kartoffeln schälen willst, versuch es mit putzen. Wichtig ist nur, daß du im Hotel bleibst. Und jetzt bringt dich Paul nach Hause, und er wird auch mit dem Portier reden.«

Meine Schwiegermutter erhob keine Einwände. Später erzählte mir Paul, wie es weitergegangen war. Der Portier geriet in große Verlegenheit, als Paul ihn fragte, wo er in dem Hotel das Büro des deutschen Kommandanten finde; er wolle mit ihm über die Evakuierung sprechen. Es stellte sich heraus, daß kein anderer Hotelgast zum Ausziehen aufgefordert worden war. Der Portier hatte die ganze Geschichte erfunden, um ein Zimmer für jemand anderen freizubekommen – gegen ein Bestechungs-geld natürlich.

Es ist schon bemerkenswert, wie die Menschen immer die Schwachen, die Schutzlosen, die Ungebildeten ausbeuten. Das sind dann die Leute, die exorbitante Zinsen zahlen und sich völlig wirkungslose Wunderarzneien aufschwätzen lassen oder mit einem kupfernen Ring anstelle eines goldenen betrogen werden. Als guter Psychologe hatte unser Hotelportier geahnt, daß meine Schwiegermutter zu den Menschen gehörte, die sich von der Vorstellung eines deutschen Befehls blenden ließen. Sobald sie ausgezogen war, konnte er das leere Zimmer an einen anderen Gast vergeben und dabei einen schönen Schnitt machen.

Zu der Zeit, als meine Schwiegermutter bei mir auftauchte, waren die Tage der Pfeilkreuzler bereits gezählt. Wie wir über die BBC erfuhren, rückten die Russen jeden Tag ein Stück weiter vor und besetzten in Budapest immer neue Straßen und Stadtviertel. Der Vormarsch ging zwar nicht so schnell vonstatten, wie ich weiterhin hoffte, aber der Fortschritt der Russen war stetig, und es bestand kein Zweifel daran, daß die Stadt ihnen bald in die Hände fallen würde. Schon hatten sie die Margaretheninsel im Herzen der Stadt erobert. Mit den Bewohnern der Insel ergaben sich ihnen auch rund fünfzig deutsche Soldaten.

Die von der Pfeilkreuzler-Soldateska verübten Grausamkeiten wurden von Tag zu Tag schlimmer. Sie merkten, daß ihnen nicht mehr viel Zeit blieb. Nicht nur bei Nacht, sondern auch am hellichten Tag, vor aller Augen setzten sie jetzt ihre Verbrechen fort. Bemerkenswerterweise gab es aber immer jemanden, der entfliehen und von ihren Greueltaten Zeugnis geben konnte. Ende Dezember ermordeten sie alle Patienten der jüdischen Krankenhäuser an der Városmajor- und an der Maros-Straße in Buda; einige von ihnen folterten sie sogar, bevor sie sie töteten. Anführer der Aktion war ein psychotischer Pater namens Kun, ein ehemaliger Mönch. Die Patienten und Pseudo-Patienten des jüdischen Krankenhauses an der Bethlen-Straße fürchteten um ihr Leben, nicht zuletzt, weil es in dem Krankenhaus eine

Spezialabteilung für die Verwundeten gab, die sich schwimmend aus der Donau hatten retten können. Als die Deutschen einmal eine Razzia in dem Krankenhaus veranstaltet hatten, waren die Patienten auf den Dachboden geflüchtet, weil es kein anderes Versteck gab. Die Pfeilkreuzler holten jetzt ebenfalls mehrere Patienten aus dem Krankenhaus an der Bethlen-Straße, ließen aber die übrigen ungeschoren.

Im Gegensatz zu Pater Kun gaben sich die Ordensleute der Stadt größte Mühe, jüdische Kinder zu retten. Im Männerkloster an der Vörösmarty-Straße waren neben einigen christlichen auch rund fünfzig jüdische Kinder untergebracht. Im Kloster herrschte ein strenges Regiment. Viele der früher verzogenen Kinder verabscheuten diese Disziplin, das Unterrichten en bloc, die autoritären Erziehungsgrundsätze. Ein kleiner zehnjähriger Junge riß sogar aus. Auf der Straße, die von der Belagerung ruiniert war, sah die Welt freilich ganz anders aus, als er es sich vorgestellt hatte. Er traute sich nicht weiterzugehen, sondern wartete vor dem Kloster, bis er mit einem Besucher heimlich wieder hineinschlüpfen konnte.

Irgendwie erfuhren die Pfeilkreuzler, daß das Kloster jüdische Kinder versteckte. Vier Pfeilkreuzler führten Anfang Januar 1945 diese Kinder ans Ufer der Donau und ermordeten sie auf die erprobte Weise. Auch in diesem Fall gelang es zwei Jungen, sich zu retten. Der eine von ihnen hatte früher auf einer Donauinsel gelebt und war von klein auf ein kräftiger Schwimmer gewesen. Er wartete den Schuß nicht ab, sondern ließ sich gleich ins Wasser fallen. Im Januar liegt die Temperatur der Donau nahe dem Gefrierpunkt, und natürlich holte er sich eine Lungenentzündung – aber er überlebte. Der andere Junge wurde am Arm verletzt, schaffte es aber dennoch wegzuschwimmen.

Die Pfeilkreuzler begannen jetzt auch, die Bewohner von Gebäuden umzubringen, die unter ausländischem Schutz standen. Am 30. Dezember ermordeten sie die meisten Bewohner des schwedischen Hauses in der Katona-József-Straße 16. Am 3. Januar 1945 wurden die ausländischen Juden ins Ghetto verbracht, weil sie dort sicherer zu sein schienen.

Außer der Ermordung von Juden bestand die Tätigkeit der Pfeilkreuzler-Regierung offenbar hauptsächlich darin, in der ganzen Stadt Durchhalteplakate zur Ermutigung der verzweifelten Einwohner zu kleben. An eines dieser Plakate erinnere ich mich noch, weil der Entwurf und der Text einfach grotesk waren. Von ferne glich es einer Illustration aus einem Anatomielehrbuch. Das Bild zeigte einen Menschen mit blutigem Körper, dem man die Haut abgezogen hatte. Um der naturalistischen Wirkung willen war der Körper mit einzelnen schwarzen Haarbüscheln besetzt. Darunter stand in großen Lettern: »SIE WOLLTEN MEINE UHR!« Der Zweck dieser Plakate war es, Stimmung gegen die Russen zu machen.

Einziges Gesprächsthema in unserem Haus war die Frage, was geschehen mochte, wenn die Russen die Stadt übernahmen. Bekannte wie unbekannte Mieter fragten mich nach meiner Meinung. Ich tat mein Bestes, sie, so gut es ging, zu beruhigen. Ich erzählte ihnen, daß ich viele Jahre in russischer Kriegsgefangenschaft verbracht hatte und gut Russisch sprach. Die Russen seien im allgemeinen brave Leute, sagte ich, und es gebe keinen Grund, Angst vor ihnen zu haben, weil es anständige Burschen seien, selbst wenn sie zum Jähzorn neigten.

Eines konnte ich allerdings nicht sagen: Daß es mein sehnlichster Wunsch war, die Russen auf der Türschwelle zu sehen!

Bald sprach sich im Luftschutzkeller herum, daß ich Russisch konnte, und es dauerte nicht lange, bis mich der Kommandant des örtlichen Flakverbandes mit zwei vertrauenswürdigen Kollegen besuchte.

»Wir würden gerne mit Ihnen darüber sprechen, welche Vorkehrungen wir für den Empfang der Russen treffen sollten, sobald sie kommen.«

Ich hatte keine Ratschläge anzubieten, versprach aber, sofort zur Verfügung zu stehen, sobald ich vom Eintreffen der Russen verständigt würde. Ich sagte auch, ich würde alles tun, um zu verhindern, daß irgend jemand zu Schaden käme.

Wir wagten uns nicht mehr auf die Straße, sondern höchstens in den Vorgarten, um etwas frische Luft zu schnappen. Wir waren die einzigen, die sich in ihrer Wohnung aufhielten; die anderen lebten im Luftschutzraum.

Das Geräusch von Maschinengewehren wurde immer lauter und kam immer näher. Nacheinander barsten alle Fensterscheiben in unserem Zimmer. Wir deckten die Fensterhöhlen mit Pappe ab. Zum Glück verfügten wir über einen ausreichenden Vorrat an Pappe und Reißzwecken.

Explosionen oder Querschläger zerbrachen jetzt nicht mehr das Fensterglas, sondern schlitzten die Pappe auf. Mein jüngerer Sohn war damit beschäftigt, die Risse so rasch wie möglich zu reparieren, damit das Zimmer nicht auskühlte. Er legte vorbereitete Papierstreifen zurecht, um die Löcher möglichst schnell flicken zu können.

»George, hör mit dem Hämmern auf!«

Als früherer Offizier hatte ich längst bemerkt, daß wir in einem bestimmten Teil des Zimmers ganz ungefährdet waren, während man in der Nähe des Fensters leicht von einer in spitzem Winkel heranfliegenden Kugel getroffen werden konnte.

George war in seine Arbeit vertieft und hörte meinen Zuruf nicht — oder wollte ihn nicht hören.

Ich hob die Stimme:»Laß doch das Fenster in Ruhe!«

Diesmal war es unmöglich, daß er mich nicht hörte.

»Warum läßt du mich das hier nicht fertigmachen, Vater?«

Wie leicht wäre es gewesen, das Naheliegende zu sagen: weil ich Angst um dich habe. Aber irgend etwas hielt mich zurück — eine Hemmung, ein Erziehungsgrundsatz, wer weiß? Deshalb sagte ich nur:»Ich muß deine Fragen nicht beantworten. Tu endlich, was ich dir sage, und hör auf damit!«

Mürrisch trat George vom Fenster zurück, als wolle er sagen: »Jetzt verstehen sich auch schon Vati und ich nicht mehr!«

Kapitel 23

Der 12. Januar 1945

Drei Tage lang blieben wir im Haus. Meistens hielten wir uns in unserem Zimmer auf; nur manchmal gingen wir auf den Hof hinaus, um frische Luft zu schöpfen. Wir hatten uns wärmer als sonst angezogen, fast wie zum Skilaufen, weil dauernd kalte Luft durch die zerstörten Fenster drang. Von der Straße hörte man immer wieder Maschinengewehrfeuer. Nach Lesen war uns nicht zumute; dafür hatten wir viel Zeit, um nachzudenken. Der Kriegszustand, in dem wir seit dem Einmarsch der Deutschen lebten, hatte meine Gefühlswelt verändert. Das Leben als Opfer der Verfolgung schärfte meinen Sinn für das Leiden anderer; die Lage *aller* Opfer von Verfolgung ging mich jetzt an, wurde Teil meiner eigenen Lage. Die Greueltaten der japanischen Regierung trieben *mir* die Schamröte ins Gesicht; die Maßnahmen gegen südafrikanische Schwarze waren eine Kränkung für *mich*. Es war, als empfände ich Verantwortung für die ganze Welt. Dieses Gefühl ist auch heute noch da, wo ich in den USA lebe. Es läßt mich in der U-Bahn der alten schwarzen Dame, die so müde aussieht, meinen Platz anbieten; und es treibt mir die Tränen in die Augen, wenn mir jemand von einer spontanen Geste der Großzügigkeit erzählt.

Ich habe mich nie vom Haß versklaven lassen. Hitlers Nationalsozialismus hat viele meiner liebsten Freunde und zwei meiner Brüder das Leben gekostet. Aber ich kann Hitler und das, wofür er stand, nicht mit dem ganzen deutschen Volk gleichsetzen. In diesem Geist habe ich auch meine zwei Söhne zu erziehen versucht.

Wie wenn das Schicksal diese meine Überzeugung auf die Probe stellen wollte, kam vom Badezimmer her plötzlich ein lautes Krachen. Was war geschehen? Einer meiner Söhne ging, um nachzusehen.

»Da ist ein deutscher Soldat im Bad!«

Jetzt kamen wir alle angelaufen. Da stand er, ein blonder, blau-äugiger deutscher Jüngling in voller Montur, das Kinn so glatt wie Babyhaut. Das Badezimmerfenster mit seiner Milchglas-scheibe wurde normalerweise nie geöffnet. Nun stand es offen. Der Zufall hatte es gefügt, daß dieser versprengte deutsche Soldat, Vertreter der Macht und Stärke des Großdeutschen Reichs, auf einmal vier Juden gegenüberstand, die die Möglich-keit hatten, ihn mit derselben sinnlosen Grausamkeit und Bös-artigkeit zu behandeln, die seine deutschen Landsleute gegen Millionen von Juden bewiesen hatten. Mit seinen blauen Augen und blonden Haaren war er die ideale Verkörperung jenes Ariertums, in dessen Namen die nazistischen Rassenfanatiker es unternommen hatten, ganze Völker zu versklaven und Rassen zu vernichten. Mußte die *lex talionis* in Kraft treten, das Gesetz der Vergeltung, »Auge um Auge, Zahn um Zahn«? Hatte dieser Soldat sich schuldig gemacht? War es richtig, ihn für etwas zu bestrafen, was er vielleicht nicht selbst getan, ja womöglich nicht einmal gebilligt hatte? Und wogen andererseits die »Arier« sol-che Fragen mit derselben Gewissenhaftigkeit ab?

Wir fügten dem Burschen kein Leid zu.

»Wie alt sind Sie?« fragte ich auf deutsch.

»Ich bin siebzehn«, antwortete er eilfertig.

»Rauchen Sie?«

»Ja.«

Er nahm die Zigarette, die ich ihm anbot, zündete sie an und inhalierte tief. Wie er erklärte, stand vor dem Haus ein russischer Panzer. Das war offenbar die Quelle des Maschinengewehrfeuers, das wir dauernd gehört hatten. Der Soldat war vor den Russen in den Keller unseres Hauses geflüchtet und dort auf der Suche nach einem Ausweg in den Lichtschacht geraten. Unser Bade-zimmerfenster ging auf diesen Lichtschacht hinaus, und so hatte er die Scheibe des äußeren Fensters eingeschlagen und das innere aufgedrückt. Als es nachgab, war er kopfüber ins Bad gepurzelt.

Vielleicht eine Viertelstunde redeten wir miteinander. Dann erhob sich die Frage, was wir mit ihm machen sollten.

Dem vierzehnjährigen George schienen die Tränen in den Augen zu stehen. Ich drückte dem arischen Soldaten ein paar Zigaretten in die Hand und erteilte ihm den Befehl: »Sie werden jetzt auf demselben Weg hinausgehen, auf dem Sie gekommen sind!«

Meine Söhne halfen ihm auf das Fensterbrett, und dann verließ der bewaffnete Vertreter des Großdeutschen Reiches das jüdisch besetzte Territorium.

Vielleicht war es grob von uns, ihn seinem Schicksal zu überlassen, ohne ihm gute Ratschläge oder wenigstens ein paar Kleidungsstücke mitzugeben, damit er, als Zivilist getarnt, die Chance hatte, den Russen zu entkommen. Aber als Pseudo-Christen hatten wir eben noch nicht jene Stufe des Christentums erklommen, wo wir bereit gewesen wären, Brot für Steine zu geben...

Doch zurück zum Schicksal der Deutschen!

Wie steil war der Weg, der vom Deutschland eines Goethe, eines Schiller, eines Beethoven hinunterführte zu diesem mitleiderregenden kleinen Soldaten des Hitlerreichs! Als die nationalsozialistische Herrschaft begann, hätte niemand diesen Absturz ahnen können – vielleicht nicht einmal Hitler selbst.

Am 29. Januar 1933, einen Tag vor der Ernennung Hitlers zum Reichskanzler, bestellte Goebbels, damals Innenminister, später Propagandaminister, nacheinander die jüdischen Rechtsanwälte seines Bekanntenkreises zu sich ins Büro und erklärte ihnen, daß die Nationalsozialisten am nächsten Tag die Macht übernehmen würden. Er riet ihnen, das Land so rasch wie möglich zu verlassen. Ich habe dies von einem befreundeten Rechtsanwalt erfahren, der damals zugegen war. Sogar in der schwarzen Seele eines Goebbels gab es also so etwas wie einen Funken menschlicher Freundlichkeit.

Zu Beginn der Hitlerzeit förderten die Nationalsozialisten noch die Auswanderung nach Palästina und erlaubten den Juden sogar, nach Entrichtung einer »Reichsfluchtsteuer« ihre Besitztümer mitzunehmen. In Ungarn sah das Programm der Pfeilkreuzler-Partei vor, daß Weltkriegsteilnehmer, die das Silberne

Ehrenzeichen trugen, nicht als Juden zu behandeln seien. Wie furchtbar war die *inversio in peius*, die Wende zum Schlimmsten, welche sich in zehn kurzen Jahren vollzogen hatte, daß die Ausrottung der Juden mit allen den Nazis zu Gebote stehenden Mitteln als die »Endlösung der Judenfrage« betrachtet werden konnte!

Es waren indes auch noch andere Gruppen von der Vernichtung betroffen. Ein Nachschlagewerk, das ich kürzlich konsultierte, listete als Opfer der Deutschen auf:

15 000 000 Russen
2 000 000 Polen
1 000 000 Griechen
1 000 000 Jugoslawen.

Für die Theorie der Rassereinheit wurden hingemetzelt:

5 000 000 Juden
2 000 000 Zigeuner und andere.

Ist das kollektive Solidaritätsgefühl der Menschen stark genug, um ähnliche Massenmorde in Zukunft zu verhindern? Ich weiß es nicht. Wir können nur hoffen, daß es so sein möge.

Wenn man zu lange auf etwas gewartet hat, kann man sich nicht richtig freuen, wenn es endlich kommt. Das Warten kostet so viel Kraft, daß man, wenn der ersehnte Tag endlich kommt, nichts weiter fühlt als den Stein, der vom Herzen fällt.

So war es auch jetzt, als kurz nacheinander verschiedene Leute mit derselben Botschaft hereinstürmten: »Die Russen sind da!«

Es war der 12. Januar 1945, zwei Uhr nachmittags.

Wir hatten das schwerste Abenteuer unseres Lebens überstanden.

Ich eilte nach draußen. Vor der Tür standen drei Russen. Trotz ihrer zerrissenen Kleidung konnte man sehen, daß es Offiziere waren.

Ich sprach sie auf russisch an: »Kommen Sie auf eine Tasse Tee herein.«

Das war der wörtliche Sinn des Satzes, aber für einen Russen hieß er: »Fühlen Sie sich wie zu Hause.«

Und das taten sie auch.

Dank meiner Russischkenntnisse wurde mein Zimmer zum Stützpunkt des Bataillonskommandos. Es gab drei oder vier Bataillonskommandeure, die für vier- bis fünfhundert Mann verantwortlich waren. Die Männer trugen zerschlissene, gefütterte grünliche Uniformen. Sie sahen erschöpft aus, waren aber guter Dinge. Ich gab mir Mühe, den aufmerksamen Gastgeber zu spielen, indem ich am Radio den Moskauer Sender suchte (und endlich auch fand) und Wein und Gebäck auf den Tisch stellte.

Einer der Russen packte sich gleich den ganzen Teller damit voll. Ein anderer wies ihn zurecht: »Du hast vielleicht Nerven, all diesen Menschen hier ihr Essen wegzufuttern! Nun komm schon! Sie haben uns vielleicht ihren letzten Bissen aufgetischt.«

Schweigend legte der andere die Kekse zurück.

Ein hünenhafter Russe mit einem Schal um den Hals forderte mich auf, ihn auf den Hof zu begleiten. Ich ließ den Schrank offen, legte meine Armbanduhr neben das Radio und ging mit ihm hinaus. Er bat mich, ihm den Tunnel zu zeigen, der in die von ihm angezeigte Richtung führte. Ich erklärte ihm, daß man nur unterirdisch von einem Luftschutzkeller zum nächsten kam, und auch das nur im selben Häuserblock.

Er sah mich vorwurfsvoll an. »Ich dachte, Sie wären unser Freund. Jetzt wollen Sie uns auf einmal nicht helfen.«

»Ich kann Ihnen nur die Wahrheit sagen. Wenn es keinen Tunnel gibt, ist es für Sie keine Hilfe, wenn ich behaupte, daß es einen gibt.«

Mir fiel ein, daß gar nicht weit von uns, vielleicht zwei Häuserblocks entfernt in der Rökk-Szilárd-Straße, das berüchtigteste aller Pfeilkreuzler-Gebäude stand. Ich hätte gar zu gerne miterlebt, wie sich die Pfeilkreuzler beim Eintreffen der Russen aufführten.

»Wissen Sie was? Wenn Sie das wichtigste Gebäude in diesem Stadtviertel, da an der Rökk-Szilárd-Straße, einnehmen wollen, bringe ich Sie gerne hin. Aber es geht nur auf der Straße.«

Der Vorschlag besänftigte ihn, bedeutete aber wohl auch eine Enttäuschung; jedenfalls war an diesem Tag nichts mehr auszurichten. Wir verabschiedeten uns, und ich ging zurück in unser Zimmer. Wenige Minuten später führten zwei russische Soldaten einen hochgewachsenen Ungarn von vielleicht vierzig Jahren herein. Sie hatten ihn in einer nahegelegenen Werkstatt aufgegriffen, in der sie ein ganzes Arsenal von Panzerabwehrwaffen entdeckt hatten. Ich sollte den Mann befragen.

Flehentlich und am ganzen Leibe zitternd, erklärte er: »Um Gottes willen, hilf mir, Bruder! Es stimmt, Bruder, da waren Panzerfäuste drin, aber ich schwöre dir, Bruder, ich wollte sie gegen die Deutschen werfen. Ich bin doch für die Kommunisten; ich habe deswegen sogar im Knast gesessen, ich schwöre es, Bruder!«

Ich ließ ihn reden. Jedes zweite Wort war »Bruder«, und das war genau die Anrede, die die Pfeilkreuzler untereinander gebrauchten – was darauf schließen ließ, daß er eben kein Freund der Kommunisten, sondern ein Pfeilkreuzler war. Was sollte ich tun? Wenn ich diesen Verdacht den Kommunisten mitteilte, hätten sie den Mann ohne weiteres nach draußen geführt und erschossen. Dieses Verfahren entsprach jedoch nicht meiner juristischen Denkweise. Man kann einen Menschen schwerlich aufgrund seiner Ausdrucksweise erschießen. So gab ich eine günstige Darstellung, und die Russen ließen den Mann laufen. Später machte ich mir die Mühe, Erkundigungen einzuziehen, und stellte fest, daß der vermeintliche Pfeilkreuzler tatsächlich die Wahrheit gesagt hatte.

Gegen vier Uhr nachmittags, als es zu dämmern begann, marschierten die Bataillonskommandeure ab. Die Armbanduhr lag unberührt an ihrem Platz; sie hatten nichts mitgehen lassen. Sie boten mir sogar an, mir auszuhelfen, aber ich lehnte höflich ab. Persönlich hatte ich niemals Schwierigkeiten mit den Russen.

Die Ereignisse der vorangegangenen Stunden machten mich wie von selbst zum Hausdolmetscher unseres Gebäudes. Am Abend baten mich die Hausbewohner dringend, in den Schutzraum zu kommen. Es begrüßte mich ein blonder russischer Soldat, kaum älter als neunzehn oder zwanzig. Während er mit mir sprach, ließ er vor meiner Nase dauernd den Revolver um seinen Zeigefinger rotieren, als sei er soeben einem Wildwest-film entstiegen. Was er wollte, war mir nicht recht klar.

»... alle Männer zum Arbeitseinsatz vortreten...«

Das Getue mit dem Revolver machte mich richtig wütend, aber ich behielt die Beherrschung. Mit gespielter Ruhe sagte ich: »Wenn Sie etwas von mir wünschen, legen Sie erst einmal den Revolver weg. Ich bin ein nervöser Mensch und rede nicht gerne, während jemand die Waffe auf mich richtet.«

Er mochte die Entschlossenheit in meiner Stimme spüren; jedenfalls ließ er sein Schießeisen langsam sinken.

Unter erheblichen Schwierigkeiten wählte er die Männer aus und führte sie zu irgendeinem Arbeitseinsatz ab. Sie marschier-ten sechs oder acht Kilometer, bis in die Außenbezirke der Stadt, wo sie an einer Straßenbahnhaltestelle warten mußten. Nichts geschah. Schließlich zogen die russischen Wachen ab. Bei Tages-anbruch beschlossen die Männer, wieder nach Hause zu gehen.

Aber nicht alle diese Exkursionen nahmen ein so glückliches Ende.

Wenige Tage später erfuhr ich, daß die Russen viele Men-schen, die angeblich *malenki robot* (kleine Arbeitseinsätze) verrich-ten sollten, als »Kriegsgefangene« nach Sowjetrußland verschleppt hatten.

Die russischen Soldaten erlaubten sich auch, wie die meisten Soldaten, schamlose Überfälle auf Frauen. Schändungen und Deportationen wurden zu alltäglichen Vorkommnissen.

So war das Hitler-Regime gestürzt, und das Leben ging wei-ter, aber eine Rückkehr zu Ruhe und Frieden gab es nicht. Die russische Besatzung brachte neue und bedrohliche Gefahren. Reglementierung und die Ideologie des Klassenkampfes – sie erforderten einen neuen Tanz, eine neue Maskerade, um den Alltag erträglich zu machen. Wieder mußten wir ein Spiel spielen, dessen Regeln wir nicht kannten, sondern erst lernen mußten.

Hitler war mit seinem Schmierentheater gescheitert. Aber die neue Schau hatte auch ihre spannenden Momente!

Doch das ist eine andere Geschichte.

Nachwort des Herausgebers

Der Einfluß, den Tivadar Soros auf seine Söhne ausgeübt hat, ist unübersehbar: Das bestätigen die zahlreichen öffentlichen Hinweise George Soros' auf seinen Vater sowie die Äußerungen Paul Soros' in den Familienerinnerungen und neuerdings im Vorwort zu dem vorliegenden Buch. *Maskerado* ist das wichtigste öffentliche Zeugnis dieses Einflusses – eine subjektive Geschichte Budapests unter den Nationalsozialisten und ein aufschlußreiches Porträt ihres Autors. Tivadar Soros war ein sehr charmanter, sehr anstrengender und überaus einfallsreicher Mann, für den ein Leben des Abenteuers im Ersten Weltkrieg und des anspruchsvollen Komforts in Friedenszeiten nur die Vorbereitung auf jenen Überlebenstest bedeuteten, dem er mit seiner Familie 1944 durch das Auftauchen deutscher Soldaten in den Straßen seiner ihm einst so nahen Heimatstadt unterworfen wurde. »Das war die große Stunde meines Vaters«, hat George Soros geschrieben, »weil er wußte, wie er sich zu verhalten hatte. Er verstand die Situation; ihm war klar, daß die normalen Regeln außer Kraft gesetzt waren. ... Ich hatte einen Vater, den ich vergötterte, der die Lage im Griff hatte, der wußte, was zu tun war, und der anderen half.« Kurz gesagt, dieser Tivadar Soros, hinter dessen scheinbar unbekümmertem Optimismus sich ein wachsamer und schlauer Beschützerinstinkt verbarg, war der Vater, von dem jeder Junge träumt, wenn Gefahr droht. Für den vierzehnjährigen George war diese Zeit der Gefahr ein großes Abenteuer – eine Zeit, in der er und seine Familie ihren ganzen Scharfsinn mobilisieren mußten, um zu überleben. Jahre später erinnerte sich Elisabeth Soros an die Kindheit ihrer zwei Söhne und sprach dabei auch von der ungemein starken Liebe des Vaters zu seinen Kindern und davon, daß er sie nie von oben herab behandelte, sondern sie immer zu fordern und zu ermutigen suchte. »Weißt du«, sagte er einmal zu ihr, »ich wollte immer, daß sie mein Niveau erreichen. Sie sollten die Dinge so sehen, wie sie sind.« Tivadar hatte die Lektionen gelernt, die ihm das Leben erteilt hatte, und diese Lektionen halfen ihm und seiner Familie zu überleben.

Die Erinnerungen von Elisabeth Soros, aufgezeichnet in New York in den 1980er Jahren, etwa zu der Zeit, als die gut Achtzigjährige als älteste Absolventin der Fordham University geehrt wurde, schlagen die Brücke zwischen zwei Welten – der alten und nun versunkenen Welt des mitteleuropäischen Bürgertums in der Zeit zwischen den Weltkriegen und der neuen Nachkriegswelt der Chancen und Möglichkeiten in Amerika. Elisabeth Soros' zwei Söhne überschritten diese Brücke zwischen der alten und der neuen Welt und brachten es beide zu großem Erfolg. *Maskerado* macht ihre Leistungen verständlich; vor allem aber bietet das Buch das faszinierende Porträt eines Mannes, der eine Aufgabe fand, und der Herausforderungen, die er zu bestehen hatte. Ich behaupte nicht, den Menschen namens Tivadar Soros völlig zu erfassen; wohl aber glaube ich, daß das Buch diejenigen Facetten seines Charakters vorführt, die er der Nachwelt übermittelt wissen wollte, und daß die ungewöhnliche Publikationsgeschichte dieses Buches wert ist, erzählt zu werden, weil auch sie uns etwas über Tivadar Soros und seine Zeit verrät. In Soros verbanden sich klare und einfache Werte mit einer Bereitschaft, Kompromisse zu schließen und zu überzeugen. Er verschwendete seine Zeit nicht an Kämpfe, von denen er wußte, daß er sie nicht gewinnen konnte, und ebensowenig an ethische Grundsatzdebatten, wenn Menschenleben auf dem Spiel standen. In *Maskerado* wird wenig moralisiert und wenig gezaudert: Es gibt nur den zupackenden Optimismus dessen, der weiß, daß eine Aufgabe auf ihn wartet – eine Aufgabe, die ihm zugefallen war und die er freudig und zielstrebig erfüllte.

Maskerado beschränkt sich auf einen Zeitraum von weniger als einem Jahr in der ungarischen Geschichte, ein Jahr jedoch, in dem Hunderttausende von ungarischen Juden und zudem noch

viele andere Ungarn zum Untergang verurteilt waren. Der elf-
monatige Zeitraum zwischen der deutschen Besetzung Ungarns
im März 1944 und der Befreiung Budapests durch die Russen,
die im Februar 1945 abgeschlossen war, zerfällt in drei deutlich
unterscheidbare Phasen. Die jüdische Bevölkerung Ungarns
hatte seit langem verschiedene Formen der Diskriminierung
erduldet, wie sie im damaligen Mitteleuropa leider nicht ungewöhnlich waren. Mit den Jahren hatten die ungarischen Juden
gelernt, mit solchen Restriktionen zu leben, und es herrschte
eine Art von wohlwollendem Einverständnis auf allen Seiten,
daß diese Einschränkung zwar nicht fallen, daß aber auch das
labile Gleichgewicht zwischen den Volksgruppen nicht ernsthaft
gestört werden würde. Juden hatten seit langem als Finanziers
und Industrielle eine führende Rolle in der Wirtschaft des
Landes gespielt. Als sich Ungarn aber Ende der 1930er Jahre
immer mehr zum Satelliten Deutschlands entwickelte und in
Deutschland der offizielle Antisemitismus immer krasser wurde,
geriet das System aus dem Gleichgewicht: Die sogenannten
Judengesetze verdrängten die Juden immer mehr von den
Schaltstellen der politischen und wirtschaftlichen Macht. Im
Schutz seiner nominellen Unabhängigkeit blieben Ungarn zwar
eine Weile die antisemitischen Schrecken erspart, die man aus
Deutschland und Polen sowie anderen von den Nationalsozialisten besetzten Gebieten kannte. Doch im März 1944 verband
sich der besessene Wille zur Endlösung, der sich auf die Juden
Ungarns richtete, mit den militärischen Rückschlägen Deutschlands auf dem Balkan und Zweifeln an der ungarischen Bundes-
treue, und Hitler sah sich veranlaßt, die Macht in Ungarn zu
ergreifen. Mit einem der ersten Züge, die jetzt aus Deutschland
kommend in Budapest eintrafen, kam auch Adolf Eichmann, und
mit ihm die Endlösung. Ende April begannen die ersten Deportationen, und Anfang Juli waren bereits fast eine halbe Million
Juden – praktisch die gesamte jüdische Bevölkerung Ungarns
außerhalb Budapests – zur Vernichtung abtransportiert worden.

Augenzeugenberichte gelangten nach Wien und führten zu
energischen Protesten des Westens sowie neutraler Personen –

jedenfalls fielen sie energischer aus als bei früheren Gelegenheiten. Zwar waren die Juden im Juni in sogenannten Judenhäusern zusammengetrieben worden, doch fühlte sich das ungarische Staatsoberhaupt, Admiral Horthy, stark genug, um Eichmann und seinen Helfershelfern Widerstand entgegenzusetzen. Im großen und ganzen gelang es ihm auch, die geplanten Deportationen wenigstens vorläufig aufzuhalten. Die Deutschen unternahmen nichts, um seine Anweisung rückgängig zu machen, da sie die Unterstützung Ungarns an der bröckelnden Ostfront benötigten. Damit endete die erste Phase der elfmonatigen Periode, und es folgte die zweite Phase, die von Mitte Juli bis Mitte Oktober dauerte: eine Zeit weiterer Ausschreitungen, aber immerhin in geringerem Umfang als zuvor. Ende August ging Rumänien zu den Alliierten über, Horthy entließ seinen Ministerpräsidenten und setzte eine etwas gemäßigtere Regierung ein, und Eichmann verließ Budapest.

Mitte Oktober begann dann die dritte, grauenhafte und chaotische Phase, als Horthy, in einem zur Unzeit unternommenen und schlecht vorbereiteten Schritt, bekanntgab, daß Ungarn Deutschland die Bündnistreue aufkündige. Binnen Stunden wurde Horthy verhaftet und eine fanatisch nationalsozialistische Regierung in Budapest installiert. Während die Russen über das Große Ungarische Tiefland näherrückten, begann eine Orgie des Tötens. Eichmann kehrte zurück und organisierte Zwangsmärsche nach Österreich, faschistische Banden machten die Straßen unsicher, und in der Stadt zog Anarchie ein. Es dauerte noch bis zum Januar, bevor die Russen, unerbittlich durch die Stadt vorrückend, zu der Wohnung gelangten, in der Tivadar, Paul und George Soros lebten, und diese zwar als Juden befreiten, als Ungarn aber zur Beute des Eroberers machten. Die Stadt lag in Trümmern. Mit der Machtübernahme der Russen endet das Buch.

Oberste und einzige Priorität der Familie Soros war das Überleben. Während viele andere Juden irgendwie mit den Behörden zu verhandeln suchten, um ihre Entbehrungen zu lindern und der Deportation zu entgehen, wählte Tivadar Soros für sich und seine Familie einen anderen Weg. Dieser ausgesprochene Familienmensch, dieser liebevolle Vater sah im Familienverband nicht eine Quelle des Überlebens, sondern im Gegenteil ein potentielles Angriffsziel für den Gegner; er plädierte dafür, sich unsichtbar zu machen, unterzutauchen. Als ungemein begabter Verhandler, der sich mit seinem unbeschwerten Auftreten leicht Freunde machte, besorgte er, wie wir gesehen haben, für jedes Mitglied der Familie falsche Ausweispapiere und machte sich dann daran, für sie Wohnungen in Budapest und anderswo zu mieten. Dasselbe tat er für viele Freunde und weitere Familienmitglieder; die hierfür erforderlichen Geldmittel beschaffte er sich dadurch, daß er in größerem Stil mit gefälschten Papieren handelte. Er selbst richtete sich in einem seiner Mietshäuser einen geheimen Zufluchtsort ein, bei dessen Ausgestaltung er die Hilfe seines Freundes, des Architekten Lajos Kozma, in Anspruch nahm; hier lebte er mit Kozma in den ersten Monaten der nationalsozialistischen Besetzung. Es war jedoch bezeichnend für ihn, daß er nicht die ganze Zeit in seinem Versteck verbrachte; vielmehr genoß er das Leben in jener relativen Freiheit, zu der ihn seine gefälschten Papiere ermächtigten. So besuchte er das örtliche Schwimmbad, frequentierte Cafés und Restaurants und ging sogar ins Theater.

Und die Familie überlebte – Elisabeth, Paul und George Soros sowie Elisabeths Mutter –, wenngleich viele entferntere Verwandte umkamen und Paul Soros und seine Mutter üble Mißhandlungen durch die siegreichen Russen zu erdulden hatten. Es war in der Tat, wie George Soros andeutet, die große Stunde des Tivadar Soros.

Soweit der unmittelbare historische Rahmen des Buches; den Hintergrund bildet freilich die gleichsam lebenslange Vorbereitung auf diese Stunde. Wie George Soros in seinem Vorwort betont, war die nationalsozialistische Besetzung Ungarns keineswegs das erste »Abenteuer« im Leben seines Vaters. Um dies zu verstehen, müssen wir beim Anfang beginnen.

Tivadar Soros kam 1894 als Tivadar oder Teodor Schwartz in der kleinen Stadt Nyíregyháza im Nordosten Ungarns zur Welt.

Er war das zweitälteste von zehn Kindern einer relativ wohlhabenden, überwiegend säkularisierten jüdischen Familie; seine
Eltern betrieben einen gutgehenden Gemischtwaren- und Groß-
handel. Tivadar besuchte zunächst eine gute Schule in Sáros-
patak und nahm dann das Jurastudium auf, das ihn wohl auch
nach Heidelberg führte. Bei Ausbruch des Krieges meldete er
sich freiwillig zur österreichisch-ungarischen Armee. Wie er im
vorliegenden Buch schreibt, tat er es vorwiegend aus Abenteuerlust: »Als der Erste Weltkrieg ausbrach, war ich gerade
zwanzig Jahre alt. Ich wollte sofort an die Front und meldete
mich freiwillig, obwohl ich noch Student war und das Studium
nicht abgeschlossen hatte. Ich tat es nicht aus patriotischer Begeisterung, sondern weil ich befürchtete, der Krieg könnte zu
früh zu Ende sein. Ich war mir sogar sicher, daß dies der letzte
Weltkrieg sein würde: Wenn ich ihn vorbeigehen ließ, würde
ich eine einmalige Gelegenheit verpassen.«

Das Leben an der Front verlief zunächst relativ reibungslos.
Der junge Mann vertrieb sich die Zeit auf allerlei Weise; so ver-
faßte er (nach Auskunft von Elisabeth Soros) gelegentlich Zeitungsartikel. Außerdem lernte er die Welthilfssprache Esperanto,
die rund dreißig Jahre zuvor von dem polnischen Juden Lazar
Ludvik Zamenhof entwickelt worden war. Zamenhof war der
Überzeugung, daß eine neutrale, leicht zu erlernende Zweit-
sprache zur Völkerverständigung beitragen könne. In Tivadar
Soros, dem jungen Mann auf der Suche nach dem Abenteuer,
steckte auch ein Idealist.

Nur allzubald sollte dieser Idealismus auf eine harte Probe
gestellt werden. Die Russen umzingelten Soros' Einheit, und er
geriet in Gefangenschaft. Er wurde in Rußland von einem Ort
zum anderen gebracht und kam schließlich nach Chabarowsk in
Ostsibiren, wo er bedauerlicherweise hängenblieb. Unterdessen
landeten die Alliierten mit einem Expeditionsheer in Wladiwo-
stok, dessen Zweck nicht so sehr die Fortsetzung des Krieges als
vielmehr die Unterstützung des Admirals Koltschak war, des
Anführers der Weißen im Kampf gegen die revolutionären
Truppen der Roten. Die Soldaten aus Österreich-Ungarn waren

für die Alliierten jetzt nebensächlich geworden. Banden marodierender Kosaken, erfüllt von einem rabiaten Antisemitismus, machten Ostsibirien unsicher. Als Koltschak von der Tschechischen Legion an die Roten ausgeliefert wurde und der Vormarsch der Revolutionstruppen nach Osten begann, waren auch diese nicht geneigt, die Überreste einer ausländischen Armee mit Glacéhandschuhen anzufassen. Nachdem Deutschland und seine Verbündeten Ende 1918 kapituliert hatten, fanden sich Soros und seine Kameraden plötzlich als kriegsgefangene Angehörige einer nicht mehr existierenden k. u. k. Armee wieder. Pläne zu ihrer Repatriierung gab es nicht: In dem riesigen Territorium, das sie von ihrer Heimat trennte, tobte ein blutiger Bürgerkrieg, und auch sonst zerbrach sich niemand über sie besonders den Kopf. Was Soros selbst betraf, so war er Jude in einem Land, das nicht eben für seine Liebe zu den Juden bekannt war, und Gefangenensprecher seines Lagers just zu der Zeit, als die Roten, wenn sie Kriegsgefangenenlager eroberten, routinemäßig deren Sprecher umbrachten. Daher flüchtete er mit einigen Kameraden aus dem Lager, gelangte über den zugefrorenen Amur nach Chabarowsk und begann den langen Weg nach Hause. Es wurde eine Reise von epischen Ausmaßen, die ihn durch ein vom Krieg zerrissenes und innerlich labiles Rußland führte. Die ersten zwei Wochen reisten sie aufs Geratewohl mit der Transsibirischen Eisenbahn und kamen in die tiefste Wildnis, die die Bahnlinie durchquert: die Gebirgskette nördlich des Amur, eine Gegend, in der es damals keinerlei menschliche Ansiedlungen gab. Wegen der Feindseligkeiten war es unmöglich weiterzukommen, und so zogen Soros und seine Kameraden zu Fuß über die Berge. Schließlich erreichten sie eine Bergbausiedlung auf der anderen Seite des Gebirges, indem sie sich auf einem Floß einen Fluß hinabtreiben ließen – der allerdings ins Nördliche Polarmeer mündete. Später pflegte Soros Scherze darüber zu machen, daß er sich auf der Suche nach der Zivilisation in die Arktis hatte treiben lassen, doch seinerzeit wußte er – wie auch sonst in den meisten Dingen – genau, was er tat.

Wie Soros nach Irkutsk gelangte, ist nicht bekannt, doch firmierte er als Teodor Schwartz aus Irkutsk, als ihn 1920 verschiedene Esperanto-Zeitschriften als Mitbegründer einer nationalen Esperanto-Vereinigung in der Sowjetunion – und anscheinend einzigen Ausländer im Vorstand – vorstellten. Zu dieser Zeit war er schon in Moskau, wo es ihm, wie er in *Maskerado* erzählt, endlich gelang, die Heimreise in den Westen antreten zu dürfen, indem er sich vor der Repatriierungskommission als österreichischer Offizier aus Linz ausgab (wie wir gesehen haben, lernte er vorher den Baedeker über Linz fast auswendig, um auf Fangfragen gefaßt zu sein).

Eine Zeitlang scheint er noch im Repatriierungslager in Csót festgehalten worden zu sein, doch konnte er Ende 1920 seinen Wiedereintritt ins bürgerliche Leben Ungarns feiern. Ungeachtet seiner vielen anderen Interessen hielt er an seinem lebhaften Engagement für das Esperanto fest – und das zu einer Zeit unmittelbar nach dem Regime Béla Kuns, als man das Esperanto mißtrauisch beäugte und dahinter sozialistische Bestrebungen witterte, zumal in der Provinz, wo die örtlichen Esperanto-Vereine manchmal sogar Scherereien mit den Behörden bekamen.

Soros war achtundzwanzig Jahre alt, als er und seine Esperantisten-Freunde Kálmán Kalocsay und Gyula Baghy die Literaturzeitschrift *Literatura Mondo* ins Leben riefen (das erste Heft datiert vom Oktober 1922). Bald brachte die Zeitschrift in Fortsetzungen Soros' Erlebnisbericht über seine Abenteuer in Sibirien unter dem Titel *Modernaj Robinzonoj* (die englische Übersetzung hieß *Crusoes in Siberia*). Später, 1924, wurde daraus ein Buch, das jüngst neu aufgelegt worden ist. Im Gegensatz zu Kalocsay und Baghy, die ihr Leben lang viel auf Esperanto schrieben, verzichtet Soros in *Modernaj Robinzonoj* ausdrücklich auf jeden literarischen Anspruch, und seine Erzählung ist schnörkellos und unprätentiös. Für politische und militärische Details ist in Soros' Geschichte wenig Platz: Den politischen Raum scheint die Erzählung zu suspendieren. Offene Kritik an der neuen Ordnung in Rußland findet sich kaum, doch hat Soros natürlich auch nichts für die bolschewistische Weltanschauung übrig. Seine eigenen internationalistischen und humanitären Ansichten machten ihm indes auch die Gegenseite, so wie sie war, nicht eben sympathisch.

Modernaj Robinzonoj war Soros' einziger bedeutsamer literarischer Beitrag zu *Literatura Mondo* in den zwei Jahren, in denen er der Zeitschrift enger verbunden war. Während Baghy und Kalocsay mit dem Inhalt beschäftigt waren, interessierte sich Soros in erster Linie für die geschäftliche Seite: Seine Subventionen als Verleger und Eigentümer des Blattes brachten das Unternehmen in Gang und erhielten es am Leben. Trotz der auf dem Papier erwirtschafteten Verluste verstand der gewitzte Geschäftsmann Soros das Unternehmen als Investition. Bei der grassierenden Hyperinflation waren ihm die Devisen aus Auslandsabonnements persönlich sehr hilfreich: Im Vertrauen auf eine langfristige Stabilisierung der Verhältnisse in Ungarn investierte er die Gelder in der Hauptsache in Immobilien. Im September 1924 gab er dann bekannt, daß er die Zeitschrift nicht länger subventionieren könne, und *Literatura Mondo* wurde vom Ungarischen Esperanto-Institut übernommen. Bis Ende 1924 wurde sein Name noch in der Liste der Mitarbeiter verzeichnet, um danach nicht mehr zu aufzutauchen.

In dieser Zeit heiratete Tivadar Soros seine um zehn Jahre jüngere Kusine zweiten Grades, Elisabeth. Begierig, die Welt kennenzulernen, unternahmen die zwei häufige Auslandsreisen: Elisabeth Soros beschreibt eine besonders denkwürdige Esperanto-Reise nach Italien im Jahre 1924, wo die beiden, es war in Padua, zum ersten Mal Rundfunksendungen hörten. Später wurde das Radio zu Soros' ständigem Begleiter. Nachdem er nicht mehr als Geldgeber für *Literatura Mondo* fungierte, zog sich Soros aus der ungarischen Esperanto-Szene zurück, da jetzt andere Interessen seine Aufmerksamkeit beanspruchten. 1926 kam Paul zur Welt, 1930 folgte sein Bruder George. Soros' einst so abenteuerliches Leben ging in eine gemächliche Routine über. Er war als Anwalt in Budapest tätig, verwaltete Grundstücke, schrieb hin und wieder einen Zeitungsartikel und versäumte keine Gelegenheit, zu reisen und insbesondere seinem

Lieblingssport, dem Skilaufen, zu frönen. Den Sommer pflegte die Familie in ihrem kleinen Sommerhaus auf der Donauinsel Lupa nördlich von Budapest zu verbringen. Das übrige Jahr lebten sie behaglich in einer Wohnung am Kossuth-Lajos-Platz am östlichen Donauufer, in der Nähe des Parlamentsgebäudes und mit Blick auf die Kalkberge von Buda. Der Ausbruch des Zweiten Weltkriegs vermochte den Rhythmus des Familienlebens zunächst kaum zu beeinträchtigen, doch nahm der Druck auf die ungarischen Juden ständig zu, da die Regierung Juden den Zugang zu den freien Berufen erschwerte und die in Ungarn schon immer gegenwärtige antisemitische Rhetorik immer heftiger wurde.

Elisabeth Soros spricht davon, wie sehr der Erste Weltkrieg ihren Mann verändert habe. Als der junge, ehrgeizige und draufgängerische Offizier, der das »Fronterlebnis« gesucht hatte, aus Sibirien heimkehrte, war er nicht mehr so wie früher auf materiellen Erfolg aus, genoß das Leben mehr um seiner selbst willen und widmete sich mehr den Menschen in seiner Umgebung. Die jugendliche Begeisterung für das Esperanto, zumindest soweit es die Zeitschrift *Literatura Mondo* betraf, bot Soros die Gelegenheit, seine unternehmerischen Talente zu entfalten und zugleich einer größeren Sache zu dienen. Zu gegebener Zeit kam dann manches von diesem Idealismus seiner Familie zugute, doch das Talent zum Geschäftemachen und die Begeisterung für Sport und Betätigung in frischer Luft sowie für die Freuden der Großstadt verließen ihn nie. Soros unternahm auch weiterhin Reisen, unter anderem zweimal in die USA, und schrieb sogar eine Reihe von Zeitungsartikeln auf ungarisch. Das war der Tivadar Soros, der den Schrecken des Nazismus die Stirn bot und überlebte.

Nach dem Krieg war das Leben in Ungarn schwer, und mit dem alten, bequemen Dasein war es vorbei. Soros machte sich seine Russischkenntnisse zunutze und erhielt dank der ihm eigenen Findigkeit fast im Handumdrehen eine Stelle als Rechtsberater bei der Schweizerischen Gesandtschaft, wo er der Sektion zugeteilt wurde, die für die Wahrnehmung der amerikanischen Interessen zuständig war. 1947 bot die Einberufung des 32. Esperanto-Weltkongresses nach Bern eine gute Gelegenheit: Soros war für die Zusammenstellung der zwölfköpfigen ungarischen Delegation verantwortlich, und es gelang ihm, nicht nur sich selbst, sondern auch seinen Sohn George auf die Liste zu setzen. Nach Abschluß des Kongresses blieb George in der Schweiz zurück und nahm nach einigen Zwischenstationen schließlich ein Studium an der London School of Economics auf. Später gelang es seinem Bruder Paul, als Mitglied der ungarischen Ski-Nationalmannschaft (und trotz einer schweren Beinverletzung, die er seinen Mannschaftskameraden irgendwie zu verheimlichen wußte), ebenfalls Ungarn zu verlassen, um an der Winterolympiade 1948 im schweizerischen Sankt Moritz teilzunehmen. Er bat um politisches Asyl und konnte, nach einem Jahr im besetzten Österreich, im Dezember 1948 mit einem Studentenvisum in die USA einreisen.

Mit der Arbeit an *Maskerado*, seinem zweiten und ehrgeizigeren Erinnerungsbuch, dürfte Tivadar Soros begonnen haben, nachdem er – acht Jahre nach seinem Sohn – selbst in den Vereinigten Staaten Zuflucht fand. Nach der gescheiterten ungarischen Revolution war es ihm 1956 gelungen, zusammen mit seiner Frau beim zweiten Versuch über die österreichische Grenze zu kommen. Sie erwogen die Möglichkeit, sich entweder ganz in Wien niederzulassen, wo Soros noch Immobilien besaß, die er in den zwanziger Jahren gekauft hatte, oder aber zwischen Wien und New York zu pendeln. Schließlich traten sie dann doch die große Reise über den Atlantik an und lebten mehr oder weniger ohne Unterbrechung in den USA, bis zu Soros' Tod 1968 beziehungsweise dem Tod seiner Frau zwanzig Jahre später. Paul Soros wohnte, wie eben erwähnt, schon seit 1948 in den Staaten; sein Bruder George zog kurz vor der Übersiedlung seiner Eltern ebenfalls von London herüber.

Kalocsay hat mir zwar schon im Sommer 1963 (im Rahmen eines Interviews, das ich als Student in Budapest mit ihm aufnahm) erzählt, daß Tivadar Soros sich mit der Absicht trage, seine Erinnerungen zu veröffentlichen, doch entdeckte ich die früheste Erwähnung des *Maskerado*-Projekts erst in einem Brief Soros' vom 23. Oktober 1963 an Juan Régulo Pérez, einen Verleger von Esperanto-Schriften. Der Brief ist mit »T. Schwartz« signiert, dem Namen, den Soros in der Esperanto-Bewegung immer benutzte. In anderen Bereichen hatte er ihn 1936 abgelegt und zur schützenden Tarnung gegen einen ungarischen Namen vertauscht, um nicht als Ausländer oder Jude apostrophiert zu werden, was in der fremdenfeindlichen und antisemitischen Atmosphäre des damaligen Ungarn durchaus riskant sein konnte. Abgeschickt wurde dieser Brief aus der Langegasse 11, einem Familienbesitz in Wien, wo Soros und seine Frau sich drei Monate aufhielten, bevor sie in die USA zurückkehrten. Im März 1964 scheint er sich mit Régulo über die vertraglichen Bedingungen der Veröffentlichung einig geworden zu sein, und 1965 erschien das Buch in einer Auflage von 1 000 Stück.

Paul Soros glaubt, daß eine erste Fassung von *Maskerado* möglicherweise auf ungarisch geschrieben wurde, doch konkrete Beweise gibt es dafür nicht. Tivadar Soros hat sich letzten Endes wohl für eine Version auf Esperanto entschieden, weil er auf die früheren, guten Erfahrungen mit *Modernaj Robinzonoj* zurückblicken und sich außerdem der Hilfe seiner – zum Teil aus Ungarn stammenden – Esperanto-Freunde aus der New Yorker Esperanto Society versichern konnte. Im übrigen war ihm aus politischen Gründen der ungarischsprachige Markt verschlossen, während andererseits der Esperanto-Markt nicht zu unterschätzen war: Damals waren mindestens mehrere hunderttausend Sprecher und Nutzer dieser Sprache über die ganze Welt verstreut. Später nahm Soros die Hilfe Sophie Bogyos, einer Freundin der Familie, für eine Übersetzung von *Maskerado* ins Englische in Anspruch, die laut Régulo 1966 abgeschlossen war. Dieser Text ist erhalten geblieben und hat mir bei der Vorbereitung meiner eigenen Übersetzung geholfen, ist jedoch von schwankender Qualität: Sophie Bogyo war keine englische Muttersprachlerin. Kurz nach Tivadar Soros' Tod 1968 erhielt seine Frau den Anruf eines Verlegers, der um ein Exemplar des englischen Manuskripts bat, die Gelegenheit dann aber doch nicht wahrnahm. Das Buch blieb daher in englischsprachigen Kreisen relativ unbekannt, so daß die vorliegende Veröffentlichung für viele Leser eine Überraschung sein dürfte.

Die Esperanto-Version des Buches mit dem Titel *Maskerado cirkau la morto: Nazimondo en Hungarujo* (»Maskerade gegen den Tod: Die Naziwelt in Ungarn«) erschien gerade rechtzeitig zum Esperanto-Weltkongreß in Tokio im Sommer 1965. Soros gehörte zu den Teilnehmern und unternahm im folgenden Jahr auch eine Reise nach Budapest zum Kongreß von 1966; es war sein erster Besuch in Ungarn seit seinem Weggang zehn Jahre zuvor. Das Buch bedeutete für Régulo ein gewisses Wagnis, da die meisten seiner damals gut fünfzig Titel Lyrikbände oder Erzählprosa waren, scheint sich aber recht ordentlich verkauft zu haben. Seine Anziehung mag für Régulo darin bestanden haben, daß es sich mit dem Hier und Heute befaßte: *Maskerado* strafte all jene Lügen, die da behaupteten, Esperanto sei eine Form des Eskapismus, eine packende, widerständige, zutiefst verstörende Geschichte über Dinge, mit denen sich viele Menschen in Europa, und nicht nur dort, noch immer nicht auseinandersetzen mochten.

Dieses Buch erschloß auf seine Weise Neuland – was in der heutigen Situation vielleicht schwer zu würdigen ist, wo die Zahl persönlicher Schilderungen des Holocaust in die Tausende geht und der Zweite Weltkrieg nicht nur ein Kapitel unserer Geschichte darstellt, sondern zu einer Art von Kulturindustrie geworden ist. »Wenn ich heute an die Jahre damals denke, fällt mir auf, wie wenig Anschauung [vom Holocaust] es eigentlich gab«, heißt es in dem Roman *Der Vorleser* von Bernhard Schlink im Hinblick auf die sechziger Jahre. »Wir kannten einige Berichte von Häftlingen, aber viele Berichte sind bald nach dem Krieg erschienen und dann erst wieder in den achtziger Jahren aufgelegt worden und gehörten dazwischen nicht in die Programme der Verlage.«[1] Dasselbe galt für Berichte über das Überleben außerhalb der Lager: So gehörte *Maskerado* tatsächlich zu

---

[1] Bernhard Schlink, *Der Vorleser*, Zürich 1995, S. 142.

den frühesten Schilderungen eines Überlebenden, die ein breites und internationales Publikum erreichten; nur blieb die Bedeutung des Buches durch die Umstände seiner Publikation – die Sprache und die geringe Auflagenhöhe – lange unerkannt.

Gewiß war 1947 das Tagebuch der Anne Frank auf holländisch erschienen und 1952 die erste Übersetzung des Buchs herausgekommen. Es erschienen auch Ende der vierziger und in den fünfziger Jahren einige andere Berichte in unterschiedlichen Sprachen, doch war in den unmittelbaren Nachkriegsjahren bei den meisten Menschen der Blick mehr in die Zukunft und das Heilen der Wunden ausgerichtet: Das Erinnern war zu schmerzlich. Zwar hatten schon die Nürnberger Prozesse der Welt etwas von der Natur der Bestie erzählt, die in den dreißiger und vierziger Jahren auf Europa losgelassen worden war, aber erst die Ergreifung, Aburteilung und Hinrichtung Adolf Eichmanns zwischen 1960 und 1962 brachten der Welt das ganze Ausmaß der gegen die Juden verübten Greueltaten zu Bewußtsein. Im Anschluß an den Eichmann-Prozeß in Israel gab es in Deutschland die Frankfurter Auschwitz-Prozesse (1963/65), bei denen insgesamt einundzwanzig SS-Offiziere, die in Auschwitz tätig gewesen waren, verschiedener Verbrechen angeklagt und achtzehn verurteilt wurden. Die Untaten des Holocaust waren endlich für jedermann sichtbar.

Während dieser Gerichtsverfahren schrieb Soros an der ersten Fassung seines Buches oder hatte sie sogar schon abgeschlossen. Régulo, der die Verfolgungen unter Franco überlebt hatte, sah in Soros vielleicht einen Waffengefährten, auf jeden Fall aber den Urheber einer Geschichte, die es verdiente, erzählt zu werden. Hierauf lassen seine Bemerkungen im Vorwort zu der 1965 erschienenen Ausgabe von *Maskerado* schließen, und der Klappentext zu dem Buch, der wahrscheinlich ebenfalls aus Régulos Feder stammt (sein Verlag war ein Einmannbetrieb), verstärkt diesen Eindruck.

Wie in seinem ersten Buch nähert sich Soros seinem Thema in *Maskerado* auf ganz unprätentiöse Weise. Es lohnt sich, seine Bemerkungen aus *Modernaj Robinzonoj* zu wiederholen:

Indem ich diesen kurzen Bericht über das vorlege, was geschehen ist, habe ich nicht die Absicht, ein bleibendes Werk der Literatur zu schaffen. Da mir diese Macht über das Wort fehlt, werde ich nur eine wahrheitsgemäße Beschreibung meiner Erlebnisse und meiner Reaktionen auf sie bieten. Mein Ziel ist schlicht das Gedenken an menschliches Leid und menschlichen Schmerz in diesem 20. Jahrhundert, dem sogenannten »Jahrhundert der Humanität«.

Modernaj Robinzonoj ist aber auch eine Geschichte über die Unbeugsamkeit des menschlichen Geistes und die Findigkeit des menschlichen Verstandes – zwei Eigenschaften, die auch in *Maskerado* erkennbar sind. Soros wäre gewiß der letzte gewesen, der behauptet hätte, *Maskerado* sei große Literatur; wohl mit Sicherheit hätte er jedoch darauf bestanden, daß auch dieses Buch dem »Gedenken an menschliches Leid und menschlichen Schmerz in diesem 20. Jahrhundert« gewidmet sei. Und wenn das sogenannte »Jahrhundert der Humanität« schon 1924 alles andere als human aussah, so war es dies dreißig Jahre später noch viel weniger, als Tivadar Soros sich niedersetzte, um seine Erinnerungen an dieses neue Unglück zu Papier zu bringen.

Die Besprechungen zu *Maskerado* bündeln wie im Brennglas die Reaktionen der sechziger Jahre auf die immer zahlreicher bekannt werdenden Einzelheiten über die Judenvernichtung. Besonders frappierte alle Leser der drastische Gegensatz zwischen den ungeheuerlichen Ereignissen, die sich rund um die Familie Soros abspielen, und ihrem indirekten Niederschlag in der Alltagschronik vom Überleben der Familienangehörigen. Die Rezensenten bemerkten Soros' Trotz, seinen Humor, seinen Kampfgeist. Einigermaßen verwirrt erkannten sie, daß Ironie und Humor wirklich die einzige Möglichkeit waren, nicht nur die Schilderung des Horrors menschenwürdiger zu gestalten, sondern auch diesen Horror überhaupt zu überleben: Mit unverwandtem Blick ins Nichts zu starren hätte bedeutet, sich ihm auszuliefern. Die Rezensenten registrierten auch den relativen Mangel an Introspektion: Das Buch konzentrierte sich auf die Handlung, nicht auf das Nachdenken, auf die Erzählung, nicht auf Gefühle, und man wunderte sich über die schiere Dreistigkeit, mit der Soros den Behörden die Stirn bot – »über die risikoreiche Art«, wie er »Schwimmbäder, Theater, Cafés und andere öffentliche Plätze frequentierte«. Diese Empfindungen klangen auch bei dem jungen deutschen Historiker Ulrich Lins an, der über *Maskerado* schrieb:

> Manchmal ist man geneigt zu vergessen, unter welchen Umständen die maskierten Teilnehmer der Maskerade tatsächlich lebten, so leichthin plaudert der Autor über seine Bemühungen, das Leben angenehmer zu gestalten... Es gelingt ihm, zehn Fässer des besten Weins in die Hände zu bekommen, wo andere sich für die einfachsten Grundnahrungsmittel abquälen; er überläßt sich der fröhlichen Nonchalance einer Gruppe von ausgelassenen Franzosen..., während er Nacht für Nacht das Ungeziefer in seinem Zimmer aufspürt und tötet, nicht ohne sich über die beste Art seiner Vernichtung zu verbreiten.

»Die Verfolgung der jüdischen Bevölkerung Budapests sowie der politische Weltbrand gegen Ende des Krieges schreien förmlich nach leidenschaftlicher Gestaltung«, schreibt ein anderer Rezensent, »aber der Autor erkennt zu Recht, daß die simple Verurteilung der einzelnen Verbrechen im größten Völkermord der Geschichte etwas Banales hat. In Zeiten eines abnormen, allgemeinen Wahnsinns... können übertriebene Solidaritätsgefühle gefährlicher sein als eine sorgfältige Analyse der Alternativen in jeder Situation, als unabhängiges Handeln, die Suche nach möglicher Vorbeugung und der Blick auf das kleinste Schlupfloch, das ein Entkommen ermöglicht.« Die große Stärke des Buches ist also gerade dieses Undramatische, gerade der Verzicht auf alles Theatralische. Diese Einfachheit – und das sollten wir nicht übersehen – ist selbst schon Kunst. Soros' Stärke im Leben wie beim Schreiben war es, den Eindruck von Mühelosigkeit zu vermitteln, während er in Wirklichkeit jeden Schritt plante, jede zufällige Begegnung kalkulierte. Und seine Schreibweise hat später anderen geholfen, den Ton für ihre Schilderung ähnlicher Ereignisse zu finden.

Nach heutiger Lektüre würde ich hinzufügen, daß mich am meisten die Augenblicke des Kontrasts und der Ruhe beeindrucken. Julias Brief vom Plattensee, in dem sie das idyllische Landleben dort (das Pilzesammeln, den Besuch im Nachbardorf) beschreibt, steht auf derselben Seite wie der unbeabsichtigte Verrat von Soros' Mandant Okányi Schwartz und seiner Familie, die von der Polizei durch das unbedachte Gerede eines Hausmädchens, das ihnen das Essen bringt, entdeckt, abgeholt und erschossen werden. Wie Lins zu verstehen gibt, zieht Soros gegen das Ungeziefer zu Felde, wie die Nationalsozialisten Menschen vernichteten – und es kommt der Tag, an dem das Ungeziefer gänzlich ausgerottet ist, wenngleich die Brandflecken an der Wand noch zu sehen sind – und notabene vor der Hausherrin versteckt werden müssen. '

Und es kommt auch der Augenblick, wo sich mitten unter den explodierenden Granaten der vorrückenden Russen ein siebzehnjähriger deutscher Soldat unversehens der Gnade Soros' und seiner Söhne ausgeliefert sieht, nachdem er durch das Badezimmerfenster in ihre Wohnung »gepurzelt« ist. Wie leicht wäre es gewesen, diesen jungen Mann für den Horror verantwortlich zu machen, den die Schandtaten des Nationalsozialismus den Juden zugefügt haben, wie leicht, ihn auf der Stelle totzuschlagen. Aber würde Rache den Schmerz vergessen machen? Das Gleichgewicht wiederherstellen? Das Gefühl für Humanität erneuern? Diese Fragen werden nicht explizit gestellt, und sie werden auch nicht beantwortet. Aber sie stehen unausgesprochen zwischen den Zeilen, und es ist an uns, den geneigten Lesern, sie zu stellen und zu beantworten. Und so gibt es keine Theatralik, keine Beschuldigungen, keine Kämpfe auf Leben und Tod – nur ein kurzes Gespräch und ein paar Zigaretten als Geschenk:

Vielleicht eine Viertelstunde redeten wir miteinander. Dann erhob sich die Frage, was wir mit ihm machen sollten.

Dem vierzehnjährigen George schienen die Tränen in den Augen zu stehen. Ich drückte dem arischen Soldaten ein paar Zigaretten in die Hand und erteilte ihm den Befehl: »Sie werden jetzt auf demselben Weg hinausgehen, auf dem Sie gekommen sind!«

Meine Söhne halfen ihm auf das Fensterbrett, und dann verließ der bewaffnete Vertreter des Großdeutschen Reiches das jüdisch besetzte Territorium.

Die abschließenden Bemerkungen des Autors überlassen das ironische Lächeln dem Leser – in dieser Geschichte von einem Krieg unter christlichen Nationen:

Vielleicht war es grob von uns, ihn seinem Schicksal zu überlassen, ohne ihm gute Ratschläge oder wenigstens ein paar Kleidungsstücke mitzugeben, damit er, als Zivilist getarnt, die Chance hatte, den Russen zu entkommen. Aber als Pseudo-Christen hatten wir eben noch nicht jene Stufe des Christentums erklommen, wo wir bereit gewesen wären, Brot für Steine zu geben…

Taten sich die Menschen in den sechziger Jahren noch schwer mit ihren Erzählungen vom Holocaust, so war Tivadar Soros' Geschichte in vieler Hinsicht ein Schritt auf dem Weg zu unserem heutigen geschärfteren Verständnis dieser Ereignisse. Gerade als ich seine Worte übersetzte, wurde in unseren örtlichen Kinos *Das Leben ist schön* gegeben, ein Film, in dem eine scheinbar unbeschwerte Slapstickkomödie mit der dunkelsten Lagertragödie kollidiert; und beim Buchhändler am Ende der Straße lag die englische Übersetzung von Victor Klemperers Tagebüchern aus den Nazijahren, die eine Geschichte erzählen, die der von Tivadar Soros nicht unähnlich ist: »Es kommt nicht auf die großen Sachen an, sondern auf den Alltag der Tyrannei, der vergessen wird. Tausend Mückenstiche sind schlimmer als ein Schlag auf den Kopf. Ich beobachte, notiere die Mücken-stiche...«[2]

Ob wir heute einer Verhütung der von Soros aufgezählten Übel näher sind, weiß ich nicht, wohl aber, daß wir viel darüber gelernt haben, wie der Listige überlebt und menschliche Werte erhalten werden können. »Das Leben ist schön«, schreibt Tivadar Soros am Beginn seiner Geschichte, »nur muß man das Glück auf seiner Seite haben.« Klugheit und blindes Glück müssen Hand in Hand gehen. Doch genau das, schreibt Inge Clendinnen in ihrer Untersuchung über die Literatur zum Holocaust,[3] »wollen wir gar nicht hören«. Und sie zitiert Lawrence Langer, für den es »eines der tiefsten Grundbedürfnisse des zivilisierten Geistes« ist, »der menschlichen Erfahrung ein Kausalprinzip ein-zuschreiben«. Dieses Prinzip erkennen wir in den Worten von Paul und George Soros wieder. Sie überlebten, weil ihr Vater es möglich machte. Doch ihr Vater, dessen Geschenk an sie genau die von Langer gemeinte Kausalität war, hält ihnen entgegen: »Man muß das Glück auf seiner Seite haben.«

2 Victor Klemperer, *Ich will Zeugnis ablegen bis zum letzten. Tagebücher 1942–1945,* Berlin 1995, Bd. 2, S. 503.

3 Inge Clendinnen, *Reading the Holocaust,* Cambridge 1999.

Anhang

Anmerkungen

Notiz zur englischen Übersetzung

Der vorliegende Text basiert im wesentlichen auf der 1965 erschienenen Esperanto-Version von *Maskerado*. Ich habe ihn jedoch um einiges Material ergänzt, das nur in der ersten, von Sophie Bogyo angefertigten englischen Übersetzung vorhanden ist. Überhaupt habe ich generell alles berücksichtigt, was sich in den zwei genannten Versionen findet, und Diskrepanzen zwischen den beiden Fassungen aufzulösen versucht (worauf an den gegebenen Stellen in den folgenden Anmerkungen eingegangen wird). Sophie Bogyo hat den Stoff der Esperanto-Fassung von 1965 neu geordnet, und ich bin im wesentlichen dieser Anordnung gefolgt. In einer Anmerkung am Ende des Buches von 1965 heißt es: »Der Verlag … hat gewissenhaft bestimmte Eigenheiten des Autors berücksichtigt, zum Beispiel die vielen Namen für ein und dieselbe Person … die unterschiedliche Schreibweise derselben Namen … die Zwitterbildung anderer … die ungewöhnliche Wiedergabe gewisser lateinischer Wörter…« Ich habe mir erlaubt, die meisten dieser »Eigenheiten« zu tilgen. Lateinische Sprichwörter werden in der üblichen lateinischen Fassung wiedergegeben. Auch bei den Namen habe ich Einheitlichkeit angestrebt. Wo immer es möglich war, wurden die üblichen ungarischen Formen verwendet; eine Ausnahme bilden nur die Brüder Soros selbst, deren ungarische Namen *Pál* beziehungsweise *Gyuri* oder *Gyurka* ich durchweg mit dem englischen *Paul* beziehungsweise *George* wiedergegeben habe.

Alle Übersetzungen aus Esperanto-Texten in den Anmerkungen und im Nachwort stammen von mir.

H. T.

1 Ein Kapitel Geschichte und Geographie

S. 13: Der Pengő, gleich 100 Fillér, wurde 1927 einge-führt. Er blieb die ungarische Währung bis 1946, als er durch den Forint abgelöst wurde. Anfang 1944 lag der Wochenlohn eines Fabrikarbeiters bei 20 bis 25 Pengő. Die billigste Kinokarte kostete 20 Fillér.

Zu der Bemerkung »Sie geben Ihr Geld her, als würde es Ihnen für alle Zeiten gehören« schreibt Soros am 4. August 1964 an Régulo: »Die Bemerkung ist ironisch gemeint: ›Sie geben diesen Betrag, weil Ihnen nicht klar ist, daß Ihnen in Kürze gar nichts mehr gehören wird.‹«

S. 14: »Wir sind wortbrüchig geworden – aus Feigheit…«, schrieb Teleki an Horthy in einem Brief, den man neben seiner Leiche fand. »Wir werden Leichenfledderer werden. Die widerlichste Nation. Ich habe es nicht verhindert. Ich bin schuldig.« Churchill forderte, in der Friedenskonferenz nach dem Krieg einen Platz für Teleki freizulassen (Lázár 1990, S. 202–203). Das berühmteste Beispiel eines »politischen« Selbstmords hatte bis dahin Graf László Teleki (1810–1861) gegeben, ein Weggefährte des großen ungarischen Patrioten Lajos Kossuth und Pál Telekis Urgroßvater: Er nahm sich lieber das Leben, als von den Grundsätzen der Revolution von 1848 abzuweichen.

Der ungarisch-jugoslawische Pakt, der am 12. Dezember 1940 unterzeichnet worden war, hielt kaum drei Monate. Er hatte den Effekt, Jugoslawien noch fester in die deutsche Machtsphäre zu ziehen, während Teleki sich von ihm die Möglichkeit erhoffte, die totale Vorherrschaft der Deutschen in Ungarn zu verhindern. Am 27. März 1941 stürzte die serbische Armee die jugoslawische Regierung. Teleki hielt daran fest, daß der Pakt auch für das neue Regime gelte, aber Anfang April marschierten die Deutschen in Jugoslawien ein, unterstützt von der ungarischen Armee, die sich den Deutschen anschloß, ohne die Billigung Telekis abzuwarten (Ignotus 1972, S. 187; Mikes 1957, S. 27–28).

Gesetze gegen die Juden gab es schon vor 1939. So war der berüchtigte Numerus clausus, der den Zugang von Juden zu Hochschulen einschränkte, bereits zur Zeit der ungarischen Unabhängigkeitserklärung in Kraft getreten. Es war die erste offizielle judenfeindliche Maßnahme im Europa der Zwischenkriegszeit und trug Horthy den Ruf des Antisemiten ein (Sakmyster 1994, S. 79f.). Dieses vom Parlament im September 1920 angenommene Gesetz sah vor, daß die Anzahl der Studierenden aus den verschiedenen »Rassen und Nationen« Ungarns ihren jeweiligen prozentualen Anteil an der Gesamtbevölkerung nicht überschreiten dürfe. Das erste der sogenannten Judengesetze in Ungarn datierte vom 29. Mai 1938 und übertrug im wesentlichen das Prinzip des Numerus clausus auf andere Berufe (Gilbert 1985, S. 56; Braham 1981, S. 122–127). Im Zusammenhang mit dem zweiten, dem ungarischen Parlament am Tag vor Weihnachten 1938 vorgelegten Judengesetz (an das der Autor hier denkt) sprach Ministerpräsident Béla Imrédy die Worte, die zu seinem Sturz führen sollten, als er erklärte, es genüge »ein einziger Tropfen jüdischen Blutes«, um Charakter und Patriotismus eines Menschen fragwürdig erscheinen zu lassen – mit dem Ergebnis, daß seine politischen Widersacher (bei etwas zweifelhafter Beweislage) eine jüdische Urgroßmutter in seiner eigenen Ahnenreihe ausfindig machten. Das lieferte Reichsverweser Horthy den erwünschten Vorwand, um Imrédy loszuwerden (Ignotus 1972, S. 185f.). Das ungarische Parlament stimmte dem zweiten Judengesetz am 4. Mai 1939 zu (Gilbert 1985, S. 79; Braham 1981, S. 147–156). Horthy weigerte sich, es zu unterzeichnen, ließ sich aber schließlich doch dazu überreden, es in leicht abgewandelter Form anzunehmen. Im August 1941 kam ein drittes Judengesetz hinzu (Braham 1981, S. 194f.). Zum ungarischen Judentum im gesamten hier behandelten Zeitraum: Lévai 1946 und 1948.

S. 15: Kamenez-Podolski liegt in der Ukraine, knapp nördlich der Grenze zu Moldawien, am Dnjestr. Die Gruppe von elftausend (oder mehr) Zwangsarbeitern bestand laut Gilbert (1985, S. 186) aus »ungarischen Juden, zumeist aus den von Ungarn 1938 und 1939 annektierten tschechischen Gebieten«. Bei einer Konferenz in Vinnitsa am 25. August 1941 verlangten die deutschen Behörden von Ungarn, die Gruppe zurückzunehmen. Als die Ungarn dies ablehnten, teilte SS-Obergruppenführer Friedrich Jeckeln von der SS der Versammlung mit, daß er am 1. September »die Liquidierung [der Gruppe] abschließen« werde. Die Morde erfolgten über einen Zeitraum von drei Tagen an einigen Bombentrichtern vor der Stadt (nicht am Fluß, wie unser Autor behauptet). Gilbert zitiert einen erschütternden Augenzeugenbericht. Siehe auch die Schilderung Gábor Mermelsteins bei Braham (1995, S. 6–8). Mermelstein erwähnt übrigens, daß zwar die SS den Massenmord systematisch vornahm, daß aber Angehörige eines deutschen Regiments hinter einem in der Nähe stehenden Gebäude eine namhafte Anzahl von Juden schützten. Eine eingehende Beschreibung des Vorfalls und seiner Hintergründe und eine Untersuchung der Frage, ob die ungarischen Behörden von der Massenerschießung wußten oder nicht, bietet Braham (1981, S. 199–207). Gilbert (1993, S. 69) erhöht seine eigene, frühere Schätzung der Zahl der Mordopfer auf 14 000.

S. 16: Miklós Kállay (1887–1967), Ministerpräsident vom 9. März 1942 bis zum 22. März 1944, war ein Patriot, der den alten Lebensstil der ungarischen Elite aufrechterhalten wollte, indem er das Land, einigermaßen naiv, zwischen den Exzessen des Nationalsozialismus und den Gefahren des Kommunismus hindurchzulavieren hoffte. Er war Doktor der Politikwissenschaft, ein persönlicher Freund Horthys und ausgesprochen konfliktscheu. Als die Deutschen kamen, suchte er Zuflucht in der türkischen Botschaft, wurde aber später von der Gestapo verhaftet und nach Mauthausen verbracht, wo er den Krieg überlebte. Trotz seiner Scheu vor Auseinandersetzungen weigerte er sich im Juni 1942 entschieden, einer Aufforderung der Deutschen nachzukommen und mit der Aussonderung und Deportation der ungarischen Juden zu beginnen. Hätte Kállay nachgegeben, so wäre, worauf Szinai (1998) aufmerksam macht, die kontinuierliche und vollständige Deportation nicht nur der ungarischen Juden, sondern auch der Juden des Balkans die Folge gewesen.

S. 17: Nikolaus (Miklós) Horthy de Nagybánya (1868–1957) war von 1920 bis 1944 Reichsverweser Ungarns. Als österreichisch-ungarischer Marineoffizier wurde er 1918 Oberbefehlshaber der österreichisch-ungarischen Flotte. Nach dem Zerfall des Habsburgerreichs am Ende des Ersten Weltkriegs wurde er Kriegsminister in der »weißen« Regierung, die das kommunistische

Regime Béla Kuns bekämpfte und es 1920 mit Unterstützung Rumäniens stürzte. Er sympathisierte mit Hitler und unterstützte die Achsenmächte. Er verlor seine Macht im Oktober 1944, als er in einem Akt der Auflehnung gegen die Nationalsozialisten das deutsch-ungarische Bündnis zu kündigen suchte und bei den Alliierten um einen Waffenstillstand bat (siehe 17. Kapitel). Während des Krieges war er in der bayerischen Festung Weilheim interniert.

Horthys Besuch im österreichischen Klessheim (bei Salzburg) zur Unterredung mit Hitler wäre komisch gewesen, hätte er nicht so katastrophale Folgen gehabt. Hitler verlor die Geduld und beschuldigte den Admiral, nach italienischem Muster Ungarns Verrat vorzubereiten, was Horthy vehement bestritt. Als Horthy die Bereitstellung seines Sonderzuges zur Rückfahrt nach Budapest anordnete, ließ Ribbentrop einen Luftangriff inszenieren, um Horthys Abfahrt zu verzögern. Als der Zug endlich losfuhr, hatten die Deutschen ihm heimlich einen Extrawagen angehängt, in dem Hitlers neuer Stellvertreter in Ungarn, SS-Brigadegeneral Edmund Veesenmayer, mit seinem Stab saß. Veesenmayer war offiziell Deutschlands bevollmächtigter Minister, in Wirklichkeit aber weit mehr. Horthy hatte Hitlers Wunsch nach Errichtung einer neuen Regierung in Ungarn im wesentlichen zugestimmt, doch war es schon zu spät: Operation Margarethe, der Deckname für die nationalsozialistische Besetzung Ungarns, war bereits im Gange. Siehe Macartney (1957, S. 221–229), Yahil (1998, S. 682–684), Braham (1981, S. 369f.)

Die Deutschen waren bestrebt, die Machtübernahme so schnell und geräuschlos wie möglich über die Bühne zu bringen. Sie hielten Horthys Zug auf, um seine Ankunft in Budapest bis zum Sonntagvormittag zu verzögern. In der Zwischenzeit überschritten deutsche Truppen aus vier verschiedenen Richtungen die Grenze, und Soldaten wurden mit Fallschirmen abgesetzt, um Flugplätze und andere strategisch wichtige Punkte zu besetzen. Trotzdem verlief dieser Sonntagmorgen so wie immer: »In Budapest selbst hatten Cafés und Restaurants wie gewöhnlich geöffnet, Straßenbahnen, Busse und U-Bahnen verkehrten fahrplanmäßig, die normalen Vergnügungsveranstaltungen des Tages waren nicht abgesagt worden. Die meisten Menschen erfuhren von der Besetzung ihres Landes erst, als sie nach ausgiebiger Nachtruhe und einem gemütlichen Sonntagsfrühstück einen Stadtbummel unternahmen.« (Macartney 1957, S. 245).

S. 21: Endre Bajcsy-Zsilinszky (1886–1944), Politiker und Redakteur, »der letzte und wahrste romantische Patriot«, war angeblich der einzige politische Führer, der den Deutschen mit der Waffe in der Hand entgegentrat. Nach mehrmonatiger Gefangenschaft wurde er schließlich freigelassen. Er übernahm dann die Führung des sogenannten »Freiheitskomitees der Ungarischen Nationalen Erhebung«, wurde zusammen mit den anderen Mitgliedern des Komitees am 21. November 1944 erneut verhaftet und am 23. Dezember hingerichtet. Seine politische Laufbahn hatte er als überzeugter Rechter (und Antisemit) begonnen; ins Parlament war er für die National-Radikale Partei eingezogen. Siehe Ignotus (1972, S. 189).

S. 22: Am 24. März gab Roosevelt eine (in Braham 1981, S. 1102 dokumentierte) Erklärung ab, in der er die Verbrechen der Nationalsozialisten verurteilte: »Aufgrund der Ereignisse der letzten Tage haben Hunderttausende von Juden, die zwar Verfolgung litten, aber wenigstens eine sichere Zuflucht vor dem Tod in Ungarn und auf dem Balkan gefunden hatten, nunmehr die Vernichtung zu befürchten, da Hitlers Truppen verstärkt über diese Länder herfallen.« In der amerikanischen Presse konnte Soros diese Stellungnahme nicht finden, weil es der »Voice of America« als einem staatlichen Auslandsdienst vom Kongreß ausdrücklich untersagt war, innerhalb der USA tätig zu werden.

2 Erste Begegnung mit den Deutschen

S. 25: Die Pfeilkreuzler-(Nyilas-)Partei, deren Emblem gekreuzte Pfeile waren, entstand 1933 aus dem Zusammenschluß mehrerer Rechtsparteien.

S. 26: Die Ministerpräsidentschaft Sztójays war ein Kompromiß; die Deutschen bevorzugten Béla Imrédy. Horthy versuchte zwar, gegen die inakzeptabelsten Kabinettskandidaten sein Veto einzulegen (Sakmyster 1994, S. 338), doch am Ende bestand die

Führungsspitze ausschließlich aus deutschfreundlichen Rechtsextremisten. Die einzige Ausnahme bildete General Lajos Csatay, den Horthy als Verteidigungsminister halten konnte.

Was die Denunziationen betrifft, so wunderten sich wohl die Deutschen selbst über die Anzahl der Hinweise, die ihnen in den ersten Tagen der Besetzung zugingen: rund 35 000 (Yahil 1998, S. 688).

3 Der Judenrat

S. 29: Gilbert (1985, S. 89) sieht die Anfänge des Judenrat-Systems in der berüchtigten Berliner Konferenz vom 21. September 1939 über die Zukunft (beziehungsweise das Ende) der polnischen Judenschaft. Siehe Gilbert (1985 *passim*) zur späteren Geschichte der Judenräte. Eine Diskussion über die Effektivität dieses Systems findet sich bei Yahil (1998, S. 284–288).

S. 30: Die Nationale Lehranstalt für Rabbinerausbildung in der Rökk-Szilárd-Straße wurde 1877 eröffnet. Ab 21. März 1944 fungierte sie als einer der »Umsiedlungspunkte«, an denen die Deutschen rund zweihundert bekannte Juden als Geiseln festhielten, wobei die Zusammensetzung der Gruppe alle ein bis zwei Monate wechselte. Wer nicht länger als Geisel benötigt wurde, kam nach Auschwitz (Frojimovics, Komoróczy 1995, S. 310).

Vorladungen gingen an Journalisten, Rechtsanwälte und andere Freiberufler. Für viele Menschen war dies »die erste Station auf dem Weg nach Auschwitz« (Braham 1981, S. 407).

S. 32: Die Geschichte mit der Hinrichtung erscheint in der *Maskerado*-Übersetzung von Sophie Bogyo, jedoch nicht in der veröffentlichten Esperanto-Fassung.

Zur Frage des Widerstandes bemerkt Yahil (1998, S. 688): »Wissentlich oder unwissentlich verhielten sie [die Juden Budapests] sich trotz des Umsturzes der Verhältnisse weiterhin so, als hätten sie es noch immer mit der ambivalenten ungarischen Haltung zu tun, an die sie durch die Jahrzehnte hin gewöhnt waren. Sie begriffen nicht, daß die Deutschen mit einem Schlag all die alten Konventionen weggewischt hatten und jetzt zusammen mit ihren ungarischen Kollaborateuren unter völlig anderen Voraussetzungen agierten.«

Soros' Besichtigung des amerikanischen Schlachthofs Swift and Armour fiel in das Jahr 1928. 1939 unternahm der Autor eine weitere Reise in die USA, um über den Verkauf von Familienbesitz in Berlin zu verhandeln. Zurück reiste er über die Schweiz, wo er mit seiner Familie zusammentraf und ernsthaft erwog, aus Ungarn in die USA auszuwandern. Die Idee wurde schließlich fallengelassen, vor allem weil die Familie sich über den Verkauf des Berliner Besitzes nicht einig werden konnte. Das beste Angebot für das Grundstück belief sich nur auf die Hälfte seines Wertes zu Friedenszeiten; die Mutter von Elisabeth Soros war jedoch nicht bereit, zu diesem niedrigen Preis zu verkaufen.

S. 33: Das lateinische Sprichwort wird Pompeius dem Großen (Gnaeus Pompeius Magnus, 106–48 v. Chr.) zugeschrieben.

S. 35: Schiller, *Wilhelm Tell*, 2. Aufzug, 2. Szene.

S. 36: »Hochmut kommt vor dem Fall« stammt aus den Sprüchen Salomos, 16, 18.

Lukacs (1997, S. 156f.) unterstützt die von Soros geäußerte Ansicht unter Berufung auf Maser (1971, S. 254): »Schon im November 1941 – das heißt vor dem Scheitern der deutschen Armee vor Moskau und vor dem Ereignis in Pearl Harbor – wußte Hitler, daß er den Krieg nicht mehr gewinnen konnte: genauer gesagt, *seinen* Krieg, den Krieg, den er zu führen und zu gewinnen gedacht hatte.«

S. 37: Kurt von Schleicher (1882–1934), Reichswehrminister unter Franz von Papen, folgte diesem als Reichskanzler nach und wurde seinerseits von Hitler abgelöst. Ernst Röhm (1887–1934) war ein früher Anhänger Hitlers und baute die paramilitärische SA auf, die half, das für Hitlers Machtergreifung im Januar 1933 nötige Klima in Deutschland zu schaffen. Beide Männer wurden wegen Hochverrats hingerichtet.

4 Auf der Suche nach einer Identität

S. 40: Das lateinische Sprichwort wird dem römischen Redner Quintilian (Marcus Fabius Quintilianus, ~30–96 n. Chr.) zugeschrieben.

S. 41: *Der Sieg von Berlin* war ein 1945 unter der Regie von Juri Raisman entstandener Dokumentarfilm. 1950 komponierte Schostakowitsch eine Filmmusik dazu.

S. 42: Über den bemerkenswerten Beitrag jüdischer Athleten zum ungarischen Sport: Handler (1985). Unser Autor mag wohl an den großen Attila Petschauer gedacht haben. Handler beschreibt, daß viele jüdische Athleten »verhungerten, mißhandelt wurden und einen schmählichen Tod starben«, und fährt fort (S. 102f.): »Am häufigsten erzählte man sich ... das Schicksal Attila Petschauers, der einer von Ungarns weltberühmten Degenfechtern gewesen ist. Der unbekümmerte Bohemien und ewige Optimist kämpfte darum, sich im Arbeitsdienst, der ihn in die ukrainische Stadt Davidovka führte, einen letzten Rest von Humanität und Würde zu erhalten. Es gelang ihm fast. Erschöpft und halbtot vor Hunger auf der Straße dahinstolpernd, passierten die Arbeitsdienstler eine Gruppe ungarischer Offiziere. Petschauer erkannte einen von ihnen: Es war Oberstleutnant Kálmán Cseh, ein Vertreter der ungarischen Reiterequipe, der wie Petschauer 1928 an den Olympischen Sommerspielen in Amsterdam teilgenommen hatte.« Aber Petschauer erhielt von Cseh keinerlei Unterstützung, sondern wurde im Gegenteil auf seine Anweisung hin verfolgt. Er erlebte zwar noch die Befreiung durch die Russen, starb aber bald danach. Daß ein Jude sich in einer so typisch aristokratischen Sportart wie dem Degenfechten auszeichnete, erschien als ein offenkundiger Fall von Hybris, die nicht ungeahndet bleiben durfte (Zeke 1995). Der Film *Sunshine* von István Szabó beruht teilweise auf Petschauers Schicksal.

Kálmán Rózsahegyi (1873–1961) war lange Zeit Mitglied des ungarischen Nationaltheaters und wirkte auch in insgesamt 59 Filmen mit. Irén Varsányi (1878–1932) war Mitglied der Budapester Komödie (Vigszínház). Legendär waren ihre Verkörperungen von Tschechow- und Molnár-Figuren (siehe *Új Filmlexikon*, Budapest 1973).

5 Etwas jüdische Philosophie

S. 45:Yahil (1998, S. 684–689) verweist auf die besonders ausgeprägte Zersplitterung der ungarischen Judenschaft, die weit über das Land zerstreut lebte und viele verschiedene Traditionen und Gesellschaftsklassen umfaßte. Die Deutschen machten sich diese Zersplitterung zunutze. Hannah Arendt (2000) verweist in ihrem Kapitel über Ungarn auf das gegensätzliche Verhältnis Adolf Eichmanns zum Judenrat einerseits und zur zionistischen Bewegung andererseits.

S. 46: Diese Beleidigung war in Mitteleuropa bei Pogromen und anderen Ausschreitungen gegen Juden oft zu hören, zum ersten Mal anscheinend bei den judenfeindlichen Krawallen in Hamburg 1819. Zu der Blutbeschuldigung: Dundes 1991, Handler 1980.

S. 47: Das kommunistische Regime wurde geführt von Béla Kun (1866–1939) und unterstützt von vielen Kriegsgefangenen, die eben erst aus der jungen Sowjetunion heimgekehrt waren. Das Regime ging in seinem revolutionären Elan zu rasch vor; das Ergebnis waren starke Widerstände in der Bevölkerung, die schließlich Anfang August zur Flucht Béla Kuns nach Österreich und zum Zusammenbruch seines Regimes führten. Bei dem konterrevolutionären Wüten, das sich anschloß und das hauptsächlich gegen Juden gerichtet war, kamen Tausende von Juden ums Leben (Braham 1981, S. 18–20). Kun selbst war jüdischer Abstammung, ebenso 32 seiner 45 Kommissare (Braham 1981, S. 35, unter Berufung auf Rothschild).

S. 49: Jules Verne, *Kéraban le têtu* (»Keraban der Unbeugsame«, 1883); Heinrich von Kleist, *Michael Kohlhaas* (1808). Fürst Nechljudow ist der Held aus Leo Tolstois Roman *Auferstehung* (1899).

S. 52: Giovanni Papini (1881–1956) veröffentlichte seine *Storia di Cristo* 1921. Martin Buber (1878–1965), der österreichisch-jüdische Theologe und Philosoph, interessierte sich besonders für die Chassidim. Der Autor denkt wahrscheinlich an die *Geschichten des Rabbi Nachman* (1906) oder an *Die Legende des Baalschem* (1907).

6 Erste Experimente

S. 53: Der Autor war von 1922 bis 1924 Chefredakteur von *Literatura Mondo*. Die Identität des unglücklichen Esperantisten hat die Zeit verschlungen.

S. 55: Der Vormarsch der russischen Armee im Laufe des Jahres 1944 führte im August zur vollständigen Eroberung Rumäniens und im September zur Kapitulation Finnlands. Doch schon zum Zeitpunkt der deutschen Besetzung Ungarns im Frühjahr 1944 betrachteten viele Beobachter den Verlust Rumäniens und Finnlands als unvermeidlich, falls es den Deutschen nicht irgendwie gelang, die politische Kriegskonstellation zu verändern.

S. 56: Der Erlaß über das Tragen des gelben Sterns wurde in Wirklichkeit am 31. März veröffentlicht und trat am 5. April in Kraft. Macartney (1957, S. 278) bezeichnet die verschiedenen Verfügungen als Kopien der Nürnberger Rassengesetze. In Kraft traten sie durch Ministerialerlaß, nicht durch parlamentarisches Gesetz, da Horthy erklärt hatte, er werde keine judenfeindlichen Gesetze unterzeichnen. Jeder, der unter die judenfeindlichen Verfügungen fiel, »mußte, sofern er sechs Jahre oder älter war, einen gelben Davidsstern auf der Brust tragen. Juden wurden aus allen Bereichen staatlicher und kommunaler Dienstleistungen und aus allen zulassungspflichtigen Gewerben, auch dem des Apothekers, ausgeschlossen. Sie durften nicht als Lehrer (außer in jüdischen Schulen), Rechtsanwalt, Schauspieler, Verleger oder Journalist tätig sein, bis auf die Belegschaft von zwei rein jüdischen Zeitungen (alle anderen jüdischen Organe wurden eingestellt). Da es jedoch einen Mangel an Ärzten gab, durften sie diesen Beruf bis Juni weiter ausüben; danach war es ihnen untersagt, andere als jüdische Patienten zu behandeln. Sie wurden von allen Börsen und aus dem Transportgewerbe vertrieben. Sie durften keine Unternehmensleiter sein, und es wurde angekündigt, daß man sie auch aus dem Bankwesen, dem ungarischen Arbeitgeberverband und überhaupt aus allen Zweigen einer auf Gewinn gerichteten Betätigung verjagen werde.«

S. 59: Wie Ignotus (1972, S. 155) erläutert, wurde der Heldenorden (Vitézi Rend) im Anschluß an die Vertreibung des roten Regimes als »eine Art niederer Adel« gestiftet. Er war zur Belohnung von Personen gedacht, »die sich im Krieg, während der

Gegenrevolution oder durch andere patriotische Dienste ausgezeichnet haben«. »Ordensmitglieder erhielten unveräußerlichen Grundbesitz: einfache Leute genug, um einer bäuerlichen Familie das Auskommen zu sichern, Offiziere jedoch das Vier- bis Fünffache«. Der Titel konnte an den ältesten Sohn vererbt werden. »Horthy … erinnerte mit Stolz daran, daß er niemals der Aufnahme eines noch so patriotischen Ungarn jüdischer Abstammung in den Orden zugestimmt habe, um diesen nicht nur moralisch, sondern auch rassisch rein zu erhalten.«

S. 65: Das Vernichtungslager Auschwitz, das von 1941 bis 1944 bestand, war der Hauptbestimmungsort jener ungarischen Juden, die im Frühjahr und Sommer 1944 deportiert wurden. Ende 1941 entstand im nahegelegenen Birkenau (Brzezinka) ein zweites Lager, ursprünglich für russische Häftlinge.

S. 66: Walters (1988, S. 289) beschreibt, wie Juden in Arbeitsbataillonen an die Ostfront geschickt wurden. »Sie befanden sich zwar hinter den Frontlinien, erlitten aber dennoch schwere Verluste durch Kälte, Unterernährung, Artillerie- und Luftangriffe und sogar Partisanenüberfälle.« Der Arbeitsdienst war keine neue Erfindung: Er war 1939 für alle diejenigen eingeführt worden, »die dienstuntauglich waren oder nicht einberufen werden konnten. […]. Diese Kategorie schloß nicht allein Juden ein, sondern alle, die als Bürger feindlicher Staaten galten: Serben, Slowaken, Ruthenen und Zigeuner. […] 1941 wurden dann 260 Arbeitseinheiten aufgestellt, in denen bis zu 52000 Juden Dienst taten« (Yahil 1998, S. 480). Braham (1981, S. 285–361) gibt eine detaillierte Geschichte des Arbeitsdienstsystems.

Das Lukács-Bad befindet sich am westlichen Donauufer, unmittelbar nördlich von der Margaretenbrücke – es ist eine der vielen Thermalquellen der Stadt (der Reiseführer spricht von insgesamt 123). Das weltberühmte Hotel »Gellért« und das gleichnamige Bad befinden sich ebenfalls nahe dem westlichen Donauufer, im südlichen Teil Budas.

S. 67: Der Eskü-Platz befand sich am östlichen (dem Pester) Ende der Elisabethbrücke, einer von mehreren Donaubrücken im Zentrum von Budapest. Diese Brücken wurden gegen Ende des

Zweiten Weltkriegs von den Deutschen gesprengt und später wieder aufgebaut. Die Rudas-Bäder, ein Gebäudekomplex mit Schwimmbad, Hotel und anderen Einrichtungen, befanden sich in Buda, vom Eskü-Platz aus direkt am anderen Ende der Brücke. Diese Bäder gehörten zu den berühmten türkischen Bädern Budas. Die Rudas-Bäder weisen noch die Kuppel auf, die von den Türken zur Zeit des Baus dieser Bäder errichtet wurde.

Der bedeutende Architekt Lajos Kozma (1884–1948), im Buch »Ozma« genannt, war ein Nachbar der Soros' auf der Insel Lupa, wo sie ein Sommerhaus besaßen. Kozma hatte eng mit dem bahnbrechenden Architekten Béla Lajta (1873–1920) zusammengearbeitet, der Art-Nouveau-Entwürfe mit ungarischen Motiven verknüpfte, um ein eigenes ungarisches Idiom in der Baukunst zu schaffen. Eine große Sensation war Kozmas (allerdings nie realisierter) Entwurf einer neuen orthodoxen Synagoge in Buda (1928). Danach entwarf er das berühmte »Glashaus«, die Zentrale der Glasfirma Weiss (1935), ein lichtdurchflutetes Gebäude, dessen glitzernde Innenräume später, als Arthur Weiss das Haus während des Krieges der schweizerischen Gesandtschaft übergeben hatte, zum Zufluchtsort für Hunderte von Budapester Juden wurden. 1941 publizierte Kozma (unter dem Namen Ludwig Kozma) *Das Neue Haus* (bei Girsberger in Zürich). 1908 war er an der Gründung der Literaturzeitung *Nyugat* beteiligt gewesen, dessen wichtigster Beiträger der Dichter Endre Ady war. (Zur Synagoge in Buda: Frojimovics 1999, S. 288 und 353; zum »Glashaus«: ebd., S. 408–411; zur Zusammenarbeit mit Lajta: ebd., S. 471–473.)

S. 69: In bezug auf Luftangriffe hatte es »[z]wischen der ungarischen Regierung und der britischen und amerikanischen Luftwaffe [...] bisher ein stillschweigendes Abkommen gegeben, wonach die Maschinen der Alliierten großenteils unbehindert Ungarn überfliegen konnten und dafür das Land nicht bombardierten. Damit war es nun vorbei. Von den ersten Apriltagen an warfen britische und amerikanische Flugzeuge ihre Bomben auf den Industriegürtel und die Bahnhöfe von Budapest.« (Lukacs 1990, S. 258) Die Übersetzung von Sophie Bogyo und die Esperanto-Version von *Maskerado* weichen hier in ihrer Akzentsetzung stark voneinander ab. Ich habe versucht, beide miteinander zu verbinden. Bezüglich der elementaren Tatsachen gibt es jedoch keine Differenzen: Viele Menschen glaubten, daß die Juden hinter den Luftangriffen steckten. Es mag einige Nichtjuden gegeben haben, die glaubten, daß die Bombardierung der Stadt durch die Alliierten aufhören würde, sobald die Verfolgung der Juden aufhörte; die meisten glaubten jedoch, wenn überhaupt, daß irgendwie die Juden mit den Angriffen zu tun hatten. Bierman (1995, S. 62) zitiert den Bericht von drei Mitgliedern des Judenrats, die im August 1944 nach Rumänien flüchteten und zu Protokoll gaben, daß jeder Luftangriff »zu den lächerlichsten Geschichten Anlaß gab, die immer nur ein Thema hatten – daß die Juden den Bomberpiloten Signale gegeben oder dem Feind drahtlose Informationen hätten zukommen lassen«. Magda Denes beschreibt in ihren traurigen, aber gewinnenden Erinnerungen an eine jüdische Kindheit in Budapest einen solchen Vorfall, bei dem Pfeilkreuzler ihre Familie beschuldigten, sie hätten alliierten Flugzeugen durch Morsezeichen Signale gegeben. (Denes 1997, S. 60–61).

Was das Programm zur Vernichtung der Juden betrifft, so verweist Braham (1998) darauf, daß Ungarn zur Zeit der Besetzung im Frühjahr 1944 das einzige Land unter deutscher Herrschaft war, dessen jüdische Bevölkerung noch relativ unbehelligt geblieben war. Das Vernichtungsprogramm der Deutschen lief in Ungarn schneller und konzentrierter ab als in den anderen besetzten Ländern.

7 Unter Fälschern

S. 73/74: Zur Herstellung und Verwendung von gefälschten Dokumenten vgl. die interessante Erörterung bei Yahil (1998, S. 833–843).

Der Westbahnhof befindet sich auf der westlichen Seite der Donau, nördlich der Altstadt am heutigen West-Platz, der damals Berlini-Platz (und zwischenzeitlich Marx-Platz) hieß.

8 Ghettos in der Provinz

Viele dieser Ghettos waren kaum mehr als bessere Bruchbuden – Kasernen, Ziegeleien, Holzplätze (Gilbert 1985, S. 670). Die erste große Judendeportation aus der ungarischen Provinz begann Ende April, die ersten Deportationen speziell nach Auschwitz in Polen am 15. Mai (Yahil 1998, S. 690). Die Aktivitäten in der Provinz führten, wie Yahil schildert, zur Errichtung von insgesamt vierzig Ghettos und drei Konzentrationslagern mit 427 400 Juden. Lukacs (1990, S. 125) verweist auf eine wichtige demographische Besonderheit: »Die meisten ungarischen Juden waren verstreut, viele mit der ungarischen Bevölkerung in den kleinen Provinzstädten verschmolzen.« Die Situation war also ganz anders als zum Beispiel in Österreich, wo die große Mehrheit der Juden in Wien lebte.

S. 79: Nyíregyháza liegt rund 250 Kilometer östlich von Budapest, am Nordrand des Großen Ungarischen Tieflandes, in einer üppigen, vor allem durch ihre Obstbäume bekannten Agrarregion. Heute hat die Stadt über 100 000 Einwohner. Braham (1981, S. 547f.) gibt eine Schilderung der Ghettoisierung und Deportation der Juden von Nyíregyháza. Die Aushebung der Juden in den Dörfern rund um die Stadt begann am 14. April; am 24. April wurden die Juden aus der Stadt selbst ins Ghetto beordert. Am 10. Mai betrug die Ghettopopulation bereits 17 580 Personen. Kurz danach wurden alle Ghettobewohner zur Vorbereitung der Deportation in drei provisorische Auffanglager außerhalb der Stadt verbracht. Wie Braham berichtet, wurden sie dabei auf besonders üble Weise auf Wertgegenstände untersucht. Die Deportation begann am 17. Mai und war am 6. Juni abgeschlossen. Susan Rubin Suleiman, deren Mutter aus Nyíregyháza stammte, beschreibt einen Besuch in der Stadt aus jüngster Zeit (1996, S. 175–181). Zwischen April und Juli 1944 wurden aus der ungarischen Provinz rund 437 000 Juden deportiert (Gilbert 1985, S. 701).

S. 81: Die Levente-Bewegung war eine Form der militärischen Ausbildung für noch nicht wehrpflichtige junge Männer und diente dazu, den Friedensvertrag von Trianon zu unterlaufen, der die Größe des stehenden Heeres in Ungarn strengen Beschränkungen unterwarf. Die Mitgliedschaft in der Levente-Bewegung war Pflicht.

S. 84: Der deutsche Physiker, Chemiker und Philosoph Friedrich Wilhelm Ostwald (1853–1932), der 1909 den Nobelpreis für Chemie erhielt, interessierte sich besonders für Elektrochemie und die sogenannte »Energetik«. Sein »energetischer Imperativ« lautet: »Handle so, daß niedere Energie unter geringstmöglichem Verlust in höhere Energie verwandelt wird.« Er erblickte darin nicht nur ein Gesetz der angewandten Physik, sondern auch ein soziales Prinzip. Ostwald interessierte sich auch sehr für Sprachwissenschaft und stiftete einen Teil seines Preisgeldes für die Entwicklung der Welthilfssprache Ido, einer Abart des Esperanto (Sikosek 1999, S. 129; siehe ferner Becker und Wollenberg 1998).

S. 85: Die Nationalsozialisten unternahmen große Anstrengungen, den tatsächlichen Zustand und den eigentlichen Bestimmungsort der Deportierten geheimzuhalten. Die erste Deportation aus Ungarn nach Birkenau fand am 29. April statt. Die Vertreter des Judentums in Budapest waren dahingehend informiert worden, man habe die Gruppe aus der Stadt Kistarcsa nach dem romantisch klingenden »Waldsee« in Deutschland gebracht. Als sie ihre Verwunderung darüber äußerten, daß keiner der Deportierten sich bei seiner Familie gemeldet habe, und wissen wollten, wo »Waldsee« liege, bekamen sie vom Stab Eichmanns ausweichende Antworten (Gilbert 1985, S. 671). Später nötigte die SS einige der Deportierten, Postkarten an ihre Angehörigen zu schreiben, worin stand: »Es geht uns gut, wir arbeiten, und es fehlt uns an nichts.« Gilbert (1985, S. 672) berichtet: »Noch in den Auskleideräumen in Birkenau schob man einigen Juden Postkarten hin, die alle dieselbe kurze Botschaft enthalten mußten: ›Es geht mir gut.‹« Mit anderen Worten: »Waldsee« war Auschwitz-Birkenau. Zum ersten Mal scheinen die Deutschen sich dieser Täuschung 1943 im Zusammenhang mit der Deportation und Vernichtung der griechischen Juden bedient zu haben (Braham 1981, S. 63).

Bei der im Büro des Judenrats liegenden »Abschrift einer Aussage mit Einzelheiten über die deutschen Greueltaten« handelte es sich wahrscheinlich um die sogenannten Auschwitz-Protokolle, die letztlich zur Einstellung der Deportationen beitrugen (Braham 1981, S. 710f.). Gilbert (1985, S. 681) schreibt: »In Birkenau war zwei Juden, die die ersten zehn Tage der Neuzugänge aus Ungarn miterlebt hatten, am 27. Mai die Flucht gelungen. Der eine, Arnost Rosin, war tschechischer Jude, der andere, Czeslaw Mordowicz, stammte aus Polen. Sie schlugen sich in die Slowakei durch, und ihr Bericht gelangte in Verbindung mit den Aussagen zweier früherer Flüchtlinge, die vor den ungarischen Deportationen geflohen waren, gegen Ende Juni in den Westen. Bei diesen Flüchtlingen handelte es sich um den jungen slowakischen Juden Rudolf Vrba und einen älteren slowakischen Juden namens Alfred Wetzler. In dem Bericht umriß Vrba Schicksal und Statistik der Deportationen nach Auschwitz-Birkenau seit Sommer 1942, als er selbst aus der Slowakei dorthin deportiert worden war.« Siehe auch Yahil (1998, S. 825–826).

S. 86: Die Stadt Győr im nordwestlichen Ungarn war im November 1944 auch der Schauplatz eines Massakers an Hunderten von Menschen auf einem Todesmarsch. Zum Ghetto Győr: Braham (1981, S. 621–623).

S. 87: Zu den leidenschaftlichen Debatten im Judenrat und anderswo über die richtige Politik der Juden siehe Braham (1981, S. 626–632 und 691–724). Nicht befriedigend geklärt ist die Frage, warum trotz der überwältigenden Beweise für die Mißhandlung und Ausrottung der ungarischen Juden Monate vergehen mußten (und zwar genau die Monate der großen Deportationen aus der Provinz), bevor die ungarische Christenheit das ganze Ausmaß des Horrors begriff und sich endlich einzuschalten begann.

9 Exodus

S. 92: Kornfeld (1882–1967), Finanzier und konvertierter Jude, gehörte dem Oberhaus des ungarischen Parlaments an und wurde mit einer Reihe seiner Kollegen beim Einmarsch der Deutschen im März 1944 verhaftet. Seine Familie gehörte zu der Weiss-Chorin-Gruppe, die im Mai 1944 mit der SS den Transfer ihrer Vermögenswerte nach Deutschland und die sichere Ausreise nach Portugal aushandelte (Braham 1981, S. 515–524; siehe unten, 16. Kapitel). 1939 gründete Kornfeld den Heilig-Kreuz-Verein (Szent Kereszt Egyesület) zum Schutz der Interessen von Juden, die zum Katholizismus übergetreten waren (Braham 1981, S. 1050f.). Die Familien Kornfeld und Weiss (oder Weisz) waren aufs engste verschwägert.

Der Gugger oder Gucker im Norden Budas hieß wegen seines 1929 errichteten Aussichtsturms offiziell Látó-Berg (Aussichtsberg).

S. 93: Die Sonderkommandos bestanden aus männlichen Juden, die für gewöhnlich zur Arbeit in den Vernichtungslagern eingeteilt wurden. Ihre normale Dienstzeit dauerte vier Monate, danach wurden sie erschossen (Snyder 1976, S. 324f.).

S. 95: Zavics ist vermutlich jener Handlungsreisende aus dem 6. Kapitel, der Papiere aus Nyíregyháza überbracht hatte.

S. 97: Die von den römisch-katholischen Piaristen geleitete Piaristenschule befand sich am Eskü-Platz. Pál Sándor Schlesinger (1860–1936) war in Wirklichkeit als großer Freund von Duellen bekannt. Er zog 1901 ins Parlament ein, wo er mit dem von unserem Autor zitierten Zuruf von seinen Freunden ermutigt und von seinen Gegnern geneckt wurde. Größere Verbreitung fand die Formulierung 1924, als sie der populäre Komponist Imre Harmat in einem Schlager verwendete.

S. 99: Der »englische Widerstand« waren wahrscheinlich die Gefährten von Oberst Charles Telfer Howie, einem Südafrikaner, der in Deutschland aus einem Kriegsgefangenenlager ausgebrochen und im September 1943 in Ungarn wieder gefaßt worden war. Durch die Vermittlung des Sohnes von Reichsverweser Horthy behielt er seine Freiheit und tauchte dann unter. Von Zeit zu Zeit trat er als Verbindungsmann zwischen der Regierung Horthy und den Alliierten wieder in Erscheinung. Bis September 1944 blieb er in Ungarn, dann ging er mit dem Auftrag, ein Eingreifen der Alliierten in Ungarn zu erörtern, nach Italien, wo er jedoch erfolglos blieb. Siehe Macartney (1957 *passim*), Szent-Miklosy (1988, S. 52f.). Was die »eine Gelegenheit« betrifft, bei welcher der Autor von Nutzen sein konnte, so vergleiche man seinen Bericht über die Todesmärsche vom November 1944 im 18. Kapitel. Zur sonstigen Infiltration durch Briten und Amerikaner: Ungváry (2001, S. 383–384).

10 D-Day: der 6. Juni 1944

S. 115: Belvárosi plébánia-templom, die innerstädtische Pfarrkirche, steht am Pester Brückenkopf der Elisabethbrücke. Aus dem 12. Jahrhundert stammend, ist sie das älteste Gebäude in Pest. Unter den Kommunisten wurde der Platz, an dem sie steht, zur Erinnerung an den Ausbruch der bürgerlichen Revolution am 15. März 1848 in Marcius-15-Platz umbenannt. Das Mietshaus, in dem der Autor sein Versteck hatte, stand an der Nordseite des Platzes.

11 Julias Abenteuer

Alag ist ein Vorort im Norden Budapests; Városliget, der sogenannte Waldpark, befindet sich im Nordosten der Altstadt. Der Vorort Érd liegt zwanzig Kilometer südwestlich der Stadt an der Donau. Der Plattensee südwestlich von Budapest ist die wichtigste Sommerfrische für die Bewohner der Stadt; Balatonalmádi (kurz Almádi) befindet sich an der nordöstlichen Seite des Sees.

12 Judenhäuser

S. 130: Endre und Baky, Mitglieder der radikalen Rechten Ungarns und »unverhohlene Antisemiten«, »wurden von Ernst Kaltenbrunner, dem Chef des RSHA, im ungarischen Innenministerium plaziert, wo sie als die beiden wichtigsten Mitarbeiter von Innenminister Andor Jaross in allen Juden betreffenden Angelegenheiten tätig waren« (Yahil 1998, S. 683). Endre wurde Staatssekretär für Verwaltung, Baky Staatssekretär für politische Angelegenheiten. Baky war außerdem für die »Gendarmerie«, das heißt die ungarische Polizei verantwortlich (Arendt 2000, S. 308). Das RSHA war das Reichssicherheitshauptamt, das Reinhard Heydrich bis zu seiner Ermordung 1942 leitete. Eine Abteilung des RSHA, das AMT VI, unterstand Adolf Eichmann. Zur Knappheit an Transportmitteln: Yahil (1998, S. 692). Zu Hintergrundinformationen über Endre und Baky sowie über die Zusammensetzung der Regierung Sztójay: Braham (1981, S. 400–417).

Die Lügen, die man der Außenwelt auftischte, um die Vernichtung der Juden zu kaschieren, waren von schwindelerregender Abgründigkeit. So erklärte Eichmann gegenüber Horthy: »Die Provinzghettos sind wie Sanatorien. Die Juden haben endlich angefangen, an der frischen Luft zu leben, und haben ihren alten Lebensstil gegen einen gesünderen ausgewechselt.« Endre schrieb in der Pfeilkreuzler-Zeitschrift, »In Wirklichkeit geschieht [den Juden] kein Unrecht. Sie dürfen unter sich leben, nach ihren eigenen rassischen und völkischen Gesetzen … Ich habe Anweisungen gegeben, daß ihre persönliche Sicherheit sorgsam geachtet wird.« (Zitiert bei Yahil 1998, S. 693).

S. 131: Zu Judenhäusern: Yahil (1998, S. 693, 700), Braham (1981, S. 732–742). Im Oktober gab es in Budapest rund zweitausend Judenhäuser. Laut Braham (1981, S. 733) tat der mit der Einrichtung der Judenhäuser beauftragte Regierungsbeamte József Szentmiklóssy, »ein außerordentlich anständiger Mann«, sein Bestes, das Projekt in Zusammenarbeit mit dem Judenrat zu Fall zu bringen. Zumindest war die Situation komplizierter, als sie aussah. Was die damalige Anzahl der Juden in Budapest betrifft, so ist die von Soros genannte Zahl von 150 000 eindeutig zu niedrig; vgl. dazu seine klarere Aussage zu Beginn des 15. Kapitels. Bei einer Konferenz des Ministerrats am 2. August 1944 veranschlagte Innenminister Andor Jaross die Anzahl der Juden, die in Judenhäusern lebten (sie dürfte Soros hier gemeint haben), auf 170 000, die der jüdischen Bevölkerung Budapests insgesamt auf 280 000 (Braham 1981, S. 742). Als der Krieg vorüber war, gab es vielleicht noch 130 000 ungarische Juden, die meisten davon in Budapest (Suleiman 1996, S. 108, zitiert die Zahl aus dem Zensus von 1949, dem letzten, bei dem nach der Religionszugehörigkeit gefragt wurde: 133 862).

Die neuen Reglements wurden in Wirklichkeit am 17. Juni veröffentlicht (Braham 1981, S. 735). Die ursprünglich vorgesehene Durchführungsfrist von drei Tagen wurde auf acht Tage verlängert. Am 25. Juni, dem Tag des Abschlusses der Umsiedlung, schränkte ein weiteres Reglement die Bewegungsfreiheit der Juden drastisch ein.

13 Vásár utca 2

Die Vásár-Straße ist eine kurze Straße an der Nordost-
seite des Rákóczi-Platzes, der seinerseits halbwegs am József körút liegt,
einem Teil des Großen Rings, der Pest auf der östlichen Seite umgibt.

S. 134: Das Dorf Tállya liegt in der berühmten Weinbaugegend Tokaj im Nordosten Ungarns. Pincehely ist eine Kleinstadt
südöstlich vom Plattensee. Budafok, ein südlicher Vorort von Budapest, war einst für seine Weinberge bekannt; sein Labyrinth von
unterirdischen Kellern und Durchgängen wird teilweise noch heute
zum Lagern von Wein benutzt.

S. 140: Der Zürcher Verleger dürfte Girsberger gewesen
sein, der 1941 Kozmas Buch *Das Neue Haus* herausbrachte. Für das
Erscheinen von *Moderne Baukunst* konnte ich keine Belege finden.

14 Das Leben auf dem Lande

Die deutschen Truppenbewegungen durch Ungarn dauerten den ganzen Sommer an, als die Russen ständig südwärts und
westwärts nach Rumänien hineindrängten. So kann die Kom-
munikation zwischen Soros und seiner Frau stark beeinträchtigt
worden sein. Nach dem Regierungswechsel in Rumänien Ende
August marschierten die Russen ins ungarische Transsilvanien ein
und kamen auch die Donau herauf, womit Budapest im Süden und
Osten von seinem Hinterland abgeschnitten war. Der von Karcsi
erwähnte Bakonywald befindet sich nordwestlich vom Plattensee.

15 Katz und Maus

S. 151: Zur Anzahl der Juden in Budapest: siehe oben,
Anmerkung zu S. 131. Die Hauptinitiative zur Auswanderung von
Juden kam im April, als Eichmann durch seinen jüdischen Emissär
Joel Brand vorschlug, die Alliierten sollten von den Deut-schen eine
Million Juden »kaufen«. Es gelang Brand nicht, die Alliierten von der
Ernsthaftigkeit dieses Angebots zu überzeugen. Siehe Braham (1981,
S. 941–951); Gilbert (1985, S. 682); Yahil (1998, S. 851–853).

S. 153: Béla Imrédy (1891–1946) war laut Ignotus (1972, S. 185) »ein frommer Katholik, der an hohe Dividenden und soldatischen Gehorsam glaubte, ein ›Salazar-Typ‹, wie seine Bewunderer sagten. Er war die große Hoffnung aller Magnaten, Bankiers, Priester und anderer achtbarer Anti-Nazis. Doch unter dem Eindruck des Münchner Abkommens wandelte er sich über Nacht zum Nazi.« Zu seinem Sturz vgl. Anmerkung zu S. 14.

S. 154: Braham (1981, S. 988–991) glaubt, daß die Aktivitäten der Kommunisten sehr begrenzt und wirkungslos waren, ungeachtet revisionistischer Lobsprüche für ihre Anstrengungen nach dem Krieg.

Was die Konversion von Juden betrifft, so zirkulierten Anfang Juli, etwa gleichzeitig mit dem Stop der Deportationen, Gerüchte, wonach Juden, die vor dem 11. Juli (dies scheint der Stichtag gewesen zu sein) zum Christentum übergetreten waren, vor weiterer Verfolgung geschützt seien. Daraufhin gab es ein wahres »Bekehrungsfieber«. Siehe Braham (1981, S. 779–781).

S. 158: Nagyvárad im nördlichen Transsilvanien (Siebenbürgen), heute die rumänische Stadt Oradea Mare, war für ihr lebhaftes jüdisches Kulturleben bekannt. 30 Prozent der Einwohner waren Juden, und das Ghetto von Nagyvárad war das größte, das die Nationalsozialisten im April und Mai in der ungarischen Provinz errichteten. Die Deportationen aus Nagyvárad begannen am 27. Mai und waren am 3. Juni abgeschlossen (Braham 1981, S. 579–583).

16 Das Gewissen der Welt

Am 24. Juni 1944 wurde die durch Augenzeugen bekanntgewordene Nachricht vom Ausmaß der Deportationen ungarischer Juden (vgl. Anmerkung zu S. 85) aus der Schweiz nach London und Washington telegraphiert. Sie führte zu Protesten nicht nur Großbritanniens und der USA, sondern auch des Königs von Schweden, des Papstes und des Internationalen Roten Kreuzes (Yahil 1998, S. 695–697, 823–828; Braham 1981, S. 754). Am 7. Juli erklärte sich Horthy zur Einstellung der Deportationen bereit, die am nächsten Tag in der Tat aufhörten. Adolf Eichmanns Plan war gewesen, mit der Deportation der Budapester Juden in der zweiten Juliwoche zu beginnen. Er war daher wütend und unternahm in den folgenden Tagen zweimal den Versuch, die Deportationen trotz Horthy fortzusetzen. Am 19. Juli gelang es ihm, die ungarischen Behörden zu düpieren und einen weiteren Zug mit Insassen des Konzentrationslagers Kistarcsa nach Auschwitz zu schicken. Eine neuerliche Deportation gab es am 24. Juli aus dem Konzentrationslager Sárvár (Braham 1981, S. 771–774). Schließlich verließ Eichmann Budapest und kehrte erst nach dem Sturz Horthys und dem Staatsstreich von Mitte Oktober zurück (siehe Gilbert 1985, S. 700f., Yahil 1998, S. 696–697).

Ein Erlaß vom 21. August gab bekannt, daß Menschen, die sich auf bestimmten Gebieten und in bestimmten Berufen – Künste, Wissenschaft und Wirtschaft – um das ungarische Volk verdient gemacht hätten, eine besondere Immunität genössen. Schon vor diesem Datum wurden »provisorische« Immunitätsbescheinigungen ausgestellt. Nach dem Sturz Horthys wurden jedoch fast alle diese Ausnahmen vom neuen Regime rückgängig gemacht. Siehe Braham (1981, S. 783–786). Während die Bescheinigungen der ungarischen Regierung ihren Inhabern den angestammten Platz in der Gesellschaft wiedergaben, unterstellten die Schutzbriefe neutraler Länder ihre Besitzer dem Schutz der Regierung des betreffenden Landes. Die Geschichte der Bemühungen neutraler Länder um die Rettung der Juden ist des öfteren erzählt worden. (Siehe zum Beispiel Bierman 1995.) Im fraglichen Zeitraum engagierte sich in Budapest der schwedische Diplomat Raoul Wallenberg. Er war am 9. Juli aus Schweden eingetroffen und hatte eine Liste mit den Namen von 630 Juden mitgebracht, denen ein schwedisches Visum bewilligt worden war. Der Einfall hierzu (laut Rosenfeld 1995, S. 26) und die einleitenden Schritte kamen im Mai 1944 von dem mutigen Valdemar Langlet (1872–1960) vom schwedischen Roten Kreuz, einem begeisterten Adepten des Esperanto (siehe Nina Langlet 1982, 1995). Zu Langlets teilweise vergessenem Heldenmut vgl. Joseph (1982, S. 105–109) und den Artikel von Nina Langlet in der Zeitschrift *Esperanto* (Langlet 1995).

Die Schweiz hatte eine ähnliche Liste wie Schweden und richtete binnen weniger Wochen unter Charles Lutz (Grossman 1986) ein eigenes Einwanderungsamt in einem ehemaligen Budapester Warenhaus ein, wo mehrere hundert Juden als unter dem Schutz der Schweiz stehende Personen registriert wurden (Gilbert 1985, S. 701f.,Yahil 1998, S. 864–870). Dieses Gebäude, das »Glashaus« (siehe Anmerkung zu S. 67), beherbergte zuletzt nicht weniger als 3 000 unter dem Schutz der Schweiz stehende Juden, was nicht verhinderte, daß Pfeilkreuzler-Banden das Gebäude immer wieder überfielen, zum Beispiel am 31. Dezember 1944. Nach dem Sturz des Horthy-Regimes verdoppelte die Schweiz ihre Anstrengungen (Gilbert 1985, S. 752f.). Laut Yahil wurden, mit zumindest still-schweigender Billigung der ungarischen Regierung, 17 198 Be-scheinigungen ausgestellt, die meisten von der Schweiz und Schwe-den, aber auch vomVatikan, von Portugal, Spanien und El Salvador. Andererseits wurden laut Yahil nicht weniger als 120 000 illegale Kopien von Schweizer Dokumenten gedruckt (Yahil 1998, S. 865).

S. 160: Die Angriffe gegen die Schutzhäuser erfolgten nach der Beseitigung Horthys während des anschließenden Szálasi-Regimes. Doch noch in dieser Phase retteten die schwedischen »Schutzpässe« Menschenleben, da Wallenberg fortfuhr, sie an viele Menschen zu verteilen, die aus Budapest vertrieben worden waren und sich aufTodesmärschen befanden.

S. 161: Göring mag sich bei derartigen Transaktionen zwar sonst gegen Himmler durchgesetzt haben – diesmal war es Himmler, der ihn austrickste: Seine Vertreter unterzeichneten eine Vereinbarung mit den Familien Weiss (Weisz) und Chorin (sowie mit den Mauthners und Kornfelds), bevor Göring von der ganzen Sache auch nur erfuhr. Die Abmachung sah vor, daß die Deutschen fünfzig Mitglieder der zwei Familien nach Lissabon transportierten und sie mit drei Millionen Mark, überwiegend in ausländischer Währung, ausstatteten. Ribbentrop versuchte ebenso wie die ungarische Regierung, das Projekt zu hintertreiben, doch ein Teil der Gruppe gelangte wirklich nach Lissabon (allerdings nur mit einem Teil des Geldes). Siehe Yahil (1998, S. 703); Braham (1981, S. 514–524). Braham bemerkt (S. 526): »Das Gerücht, daß die Weiss-Manfréd-Werke mit den Hermann-Göring-Werken vereinigt werden sollten, hielt sich nicht nur während der Verhandlungen mit der Himmler-Gruppe, sondern auch noch nach Abschluß der Vereinbarung am 17. Mai 1944.« (Zu den Familien Weiss und Chorin: McCagg 1972.) Die Vereinbarung wurde möglich, weil die Familien auch nichtjüdische Mitglieder aufwiesen, denen ein großer Teil des Besitzes überschrieben worden war, so daß sie eine gewisse Handhabe gegen die deutschen Behörden besaßen. Unter den fünfzig Mitgliedern der Gruppe befanden sich mehrere Nichtjuden.

Was die Menschen betrifft, die sich unter dem Schutz der SS neben der Synagoge in der Aréna út versammelt hatten (übrigens auch an anderen Orten: siehe Frojimovics [1999, S. 380]), so erlaubte Eichmann dieser insgesamt 1 686 Personen zählenden Gruppe, am 29. Juni Budapest mit dem Zug zu verlassen. Sie wurden zunächst nach Belsen gebracht. Am 22. August gelangten 318 von ihnen von Belsen nach Basel; die zweite Gruppe mit den übrigen 1 368 Personen kam am 7. Dezember 1944 in die Schweiz (Gilbert 1985, S. 682, 884).

S. 163: Zu Brand: Siehe Anmerkung zu S. 151. Rudolf Kastner (Rezső Kasztner) traf am 3. Juni mit Eichmann zusammen, um über die Entlassung von sechs- bis achthundert Juden aus der ungarischen Provinz in die relative Sicherheit Budapests zu verhandeln. »Ihre Nerven sind zu angespannt, Kastner«, erklärte Eichmann. »Ich werde Sie nach Theresienstadt schicken, oder vielleicht möchten Sie lieber nach Auschwitz?« (Gilbert 1985, S. 682.) Für Eichmann war Ungarn ein neues Betätigungsfeld, und so kam er mit seinen Leuten schon ganz zu Beginn der Besetzung nach Budapest und machte sich sofort an die Arbeit. Man nimmt heute allgemein an, daß die Geschichten über seine Hebräisch- und Jiddischkenntnisse übertrieben sind (siehe Arendt 2000, S. 116; Bierman 1995, S. 63). Es wurde behauptet, er sei in Palästina geboren und habe seine Kenntnisse dort erworben. In Wirklichkeit stammte er aus Solingen und wuchs in Linz auf; wissenschaftlich ausgebildet war er nicht. Einige hebräische Brocken mag er dabei aufgeschnappt haben, und er beherrschte einigermaßen das hebräische Alphabet, aber seine Jiddischkenntnisse (selbst im Verein mit der Kenntnis des hebräischen Alphabets) beschränkten sich wahrscheinlich auf jenes passive Verständnis, das jeder Deutsche für diese stark mit dem Deutschen verwandte Sprache hat. In den dreißiger Jahren war Eichmann offenkundig ein antisemitischer Zionist, der ganz leidenschaftlich daran glaubte, daß die Juden Europas in eine jüdische Heimstatt verbracht werden sollten, und wußte durch seine Überwachung der zionistischen Bewegung über diese sehr gut Bescheid. Seine leidenschaftliche Vernichtungswut gegen die Juden kam erst später.

S. 164: Der Hinweis auf die zwei an Auschwitz vorbeigelenkten Züge beruht möglicherweise auf einem Mißverständnis. Kastner ging in Wirklichkeit einen etwas anderen Handel mit den Deutschen ein: Es sollten 18 000 Juden aus Budapest direkt in ein Arbeitslager in Wien verbracht werden. 1945 waren von diesen noch 15 000 am Leben, doch kamen in diesem Jahr auch viele auf dem erzwungenen Todesmarsch nach Mauthausen um. Siehe Yahil (1998, S. 853–857). Doch wenn unser Autor mit den Zahlen auch falsch liegt, bleibt seine grundsätzliche Feststellung natürlich zutreffend, daß die SS gegen einen gewissen Preis Juden gerettet hat. Tatsächlich wurde später bekannt, daß Eichmann schon vor dem Gespräch mit Kastner die offizielle Weisung erhalten hatte, die 18 000 Juden zur Zwangsarbeit nach Wien und nicht nach Auschwitz zu schicken, doch tat er so, als könne man über die Sache reden, und forderte für diese angebliche Gunst 100 Dollar pro Passagier.

S. 167: Das kriminalpolizeiliche Ermittlungszentrum war die Zentrale der Politischen Polizei, die der unmittelbaren Kontrolle durch Staatssekretär Baky unterstand. Braham (1981, S. 406) erläutert dazu: »Ihr Name wurde in Staatssicherheitspolizei (*Állambiztonsági Rendészet*) geändert – das heißt ins ungarische Gegenstück zur Gestapo – und die Zentrale nach Svábhegy verlegt, wo auch die Gestapo und Eichmanns Sonderkommando ihren Sitz hatten.« Svábhegy liegt im Westen von Budapest.

17 Trügerische Morgenröte

S. 168: Die Verhaftung Marschall Antonescus durch König Michael, die Rumänien ins Lager der Alliierten brachte, fand in Wirklichkeit am 23. August statt. Um zehn Uhr abends wurde durch eine Proklamation des Königs der Wechsel des Regimes bekanntgegeben, und die rumänischen Truppen erhielten den Befehl, die Feindseligkeiten gegen die Russen einzustellen (siehe Georgescu 1983).

Béla Imrédy war ab 1938 Ministerpräsident, bis er von Horthy 1939 aus dem Amt gejagt wurde (siehe Anmerkung zu S. 14. Sztójay ernannte ihn zum Minister ohne Geschäftsbereich mit der Zuständigkeit für Wirtschaftsangelegenheiten. Andor Jaross war Innenminister, Antal Kunder Minister für Handel und Verkehr. Sowohl Imrédy als auch Jaross wurden 1946 als Kriegsverbrecher hingerichtet.

S. 169: Géza Lakatos galt als gemäßigt und tat viel, um den Juden ihr Los zu erleichtern. Die Veränderung wurde möglich, weil Rumänien die Seiten gewechselt hatte und sich immer mehr die Notwendigkeit abzeichnete, die bevorstehende Niederlage der Deutschen ins Kalkül zu ziehen. Es gelang Lakatos, die strammsten Nazisympathisanten aus der Regierung zu entfernen.

Die Schätzung des Autors über die Zahl der Budapester Juden ist wieder einmal zu niedrig gegriffen. Siehe Anmerkung zu S. 131.

S. 173: Innenminister Ferenc Keresztes-Fischer wurde unmittelbar nach der deutschen Machtergreifung verhaftet. Ministerpräsident Miklós Kállay suchte Zuflucht in der türkischen Gesandtschaft, wo er bis zum Sturz Horthys blieb. Danach wurde er von den Deutschen nach Mauthausen deportiert. General Bakay war Befehlshaber der Truppen, die für die Verteidigung des Raums Budapest verantwortlich waren, und wurde am 8. Oktober entführt.

S. 175: Die Deutschen hegten schon seit einiger Zeit Pläne zur Entführung des jungen Horthy. Horthy scheint in Diskussionen mit verschiedenen Leuten, darunter vielleicht auch Linken, involviert gewesen zu sein, die den Rückzug Ungarns aus dem Bündnis mit Deutschland planten. Horthy war auf dem Weg zu einer Besprechung im Büro des Freihafens Csepel, wo er mit Agenten des Marschalls Tito zusammenzutreffen glaubte. Die Entführung war von SS-Sturmbannführer Otto Skorzeny vorbereitet worden, der auch für die Befreiung Mussolinis verantwortlich gewesen war. Das Gebäude – das der Familie Soros gehörte und worin sich das erste Versteck Tivadar Soros' befunden hatte – wurde umstellt, und bei dem anschließenden Schußwechsel fand der Leiter des Budapester Sicherheitsamtes der SS den Tod (Szent-Miklosy 1988, S. 60). Reichsverweser Horthy selbst (1953, S. 284–285) spricht von zwei Toten, einem Deutschen und einem Ungarn. Der junge Horthy und Félix Bornemissza wurden gefangengenommen, in Teppiche gewickelt und in einem Flugzeug fortgebracht. Horthy landete im Konzentrationslager Mauthausen. Er überlebte den Krieg. (Fenyo 1972, S. 230f.; Braham 1981, S. 825f.; Macartney 1957, S. 399–401.)

S. 179: »Praktisch unmittelbar nach dem Staatsstreich begannen fanatisierte Banden junger Pfeilkreuzler, oft kaum den Kinderschuhen entwachsen, aber von der jahrelangen antisemitischen Propaganda vergiftet und von der Partei aufgehetzt, mit ihren anarchistischen Mord- und Raubzügen ... Ausgerüstet mit den verschiedensten Waffen, darunter automatischen Gewehren und Handgranaten, metzelten die Nyilas-[Pfeilkreuzler-]Banden in der Nacht vom 15. zum 16. Oktober in Judenhäusern und Arbeitsdienstverbänden mehrere hundert Juden nieder. Eine ihrer Ausreden war, daß wenige Stunden zuvor einige Arbeitsdienstler, die im Besitz von Waffen gewesen seien, in der Népszínháza-Straße 31 und am Teleki-Platz 4 Widerstand geleistet hätten.« (Braham 1981, S. 829f.)

18 Das Leben unter Szálasi

S. 181: In den Tagen nach dem 16. Oktober »ergriffen Nyilas-Banden eine große Zahl jüdischer Zwangsarbeiter im Vorort Óbuda, trieben sie über die Margit- und die Kettenbrücke ... und erschossen sie, während sie noch über die Brücke liefen, und warfen die Leichen ins Wasser der Donau.« (Gilbert 1985, S. 752.) Dies war augenscheinlich nur einer von mehreren ähnlichen Vorfällen. Die Kettenbrücke (Széchenyi lánchíd) überspannt den Fluß in der Stadtmitte, direkt unterhalb des Schlosses.

S. 182: Der Satz »Fogózz, Malvin, jön a kanyar!« (Halt dich fest, Malwine...), aus *Pesti Posta* vom 10. November 1944, wurde zum geflügelten Wort (Békés 1997, S. 365).

S. 185: Das Kommando Prónay, auch »die schwarze Todeslegion« genannt, war ursprünglich von Oberst Pál Prónay im Rahmen des Weißen Terrors nach dem Zusammenbruch des Kun-Regimes aufgestellt worden. Emil Kovarcz, Minister für Kriegsbereitschaft unter Szálasi und Befehlshaber der Pfeilkreuzler-Truppen, sagte bei seinem Prozeß nach dem Krieg aus, daß ihm der mittlerweile siebzigjährige Pál Prónay im Oktober 1944 vorgeschlagen habe, das Kommando Prónay wieder ins Leben zu rufen. Kovarcz, ein notorischer Antisemit, der nach dem Ersten Weltkrieg Anführer des mörderischen Kommandos Ostenburg gewesen war, kam dieser Empfehlung nach, doch scheint das neue, vielleicht 250 Mann starke Kommando Prónay nicht sehr schlagkräftig gewesen zu sein, hauptsächlich wegen der Unfähigkeit Prónays zur Zusammenarbeit mit anderen. Siehe Ungváry (2001, S. 85–87), Braham (1981, S. 998–1011). Lambert (1974) gibt in seiner Geschichte des zionistischen Widerstandes in Ungarn mehrere Beispiele für eine ähnliche Infiltration durch Juden.

Am 20. Oktober um 5 Uhr morgens begannen die Behörden, aus den Judenhäusern alle männlichen Bewohner zwischen sechzehn und sechzig Jahren herauszuholen. Geplant war, sie entweder als Zwangsarbeiter in deutsche Fabriken zu schicken oder sie beim Ausheben von Verteidigungsgräben in der Umgebung Budapests einzusetzen. Unter den Gefangenen befand sich auch der Dichter Ernöö Szép; er beschrieb seine Erlebnisse in einem Buch, das bald nach dem Krieg erschien und später auch ins Englische übersetzt wurde (Szép 1945, 1994). Szép wurde zwei Wochen später befreit, doch von den anderen wurden viele in Gewaltmärschen nach Westen, in Richtung der österreichischen Grenze getrieben. Zu diesen Märschen stießen auch sehr viele Frauen, die bei späteren Razzien festgenommen worden waren (Braham 1981, S. 838–843). Die von Eichmann organisierten Märsche begannen am 8. November und dauerten bis in den Dezember hinein. Sie zählten Zehntausende von Menschen, möglicherweise bis zu 70 000 (Yahil

1998, S. 700–701). Nachdem Auschwitz nicht mehr in Betrieb war, plante man, diese gepeinigten Menschen zur Zwangsarbeit heranzuziehen: »Man sagte ihnen, ihre Aufgabe werde es sein, einen ›Ostwall‹ zur Verteidigung Wiens zu errichten« (Gilbert 1985, S. 754). Raoul Wallenberg und andere Diplomaten pendelten zwischen Budapest und der Grenze hin und her und taten, was sie konnten, um die Marschierenden zu retten und Hilfe für sie zu organisieren. Siehe Bierman (1995, S. 81–85). Valdemar Langlet vom Schwedischen Roten Kreuz und Asta Nilsson vom Internationalen Roten Kreuz konnten zur Unterstützung dieser humanitären Anstrengung sogar einige Lastwagen auftreiben (Rosenfeld 1995, S. 62; Derogy 1994, S. 159–177). Einer dieser Lastwagen dürfte der vom Autor beschriebene gewesen sein (S. 187).

19 Neue Schrecken

»Am 15. November ... stimmten die ungarischen Behörden der Einrichtung eines ›internationalen Ghettos‹ in der Stadt zu, bestehend aus den zweiundsiebzig Gebäuden, die die unter dem Schutz der Schweiz stehenden Juden beherbergten« (Gilbert 1985, S. 761). Das war das sogenannte »Kleine Ghetto«. Gleichzeitig errichteten die Behörden jedoch ein »Großes Ghetto« oder »Allgemeines Ghetto«, das ihrer eigenen Regie unterstand. Zuletzt wurde das Große Ghetto gegen die übrige Stadt geschlossen. Ein Grundriß des Ghettos und eine genaue Beschreibung seiner Funktionsweise finden sich bei Braham (1981, S. 852). Als die Russen kamen, fanden sie im Kleinen Ghetto rund 25 000 Menschen vor, im Großen Ghetto 70 000 (Yahil 1998, S. 869). Weitere 25 000 Juden kamen aus ihren Verstecken, nachdem die Deutschen abgezogen waren (Bierman 1995, S. 115). Überfälle auf die internationalen Schutzhäuser gab es häufig; mehrere von ihnen wurden am 11. Januar von Nyilas-Banden gewaltsam geräumt, die Bewohner wurden in die Donau geworfen (Gilbert 1985, S. 767). Das Glashaus war schon am 31. Dezember attackiert worden (siehe unten). Pläne zur Beseitigung des Großen Ghettos kamen ihrer Realisierung am 22. Dezember gefährlich nahe – einen Tag, bevor Eichmann aus Budapest floh. Möglicherweise hat nur ein Mißverständnis des Pförtners in der Zentrale des Judenrats (der einen Anruf auf deutsch entgegennahm, den er nicht genau verstand) die Hinrichtung der Mitglieder des Judenrats und den Massenmord an den Ghettobewohnern verhindert. Ein zweiter Versuch im Januar, als die heranrückenden Russen nur noch wenige hundert Meter vom Rand des Ghettos entfernt waren, schlug – vor allem dank der Intervention Wallenbergs – ebenfalls fehl. Siehe Bierman (1995, S. 107f., 114–116).

S. 195: In der *Budapesti Közlöny: Hivatalos Lap* (»Budapester Gazette: Amtliches Journal«) wurden amtliche Bekanntmachungen veröffentlicht.

S. 197: Der Satz »Wer Jude ist, bestimme ich!« wird auch Hermann Göring zugeschrieben (Snyder 1976, S. 378).

20 Razzia

S. 211: Das Pfeilkreuzler-Gebäude blieb auch später berüchtigt. Suleiman (1996, S. 102) schreibt: »Ich kam am Haus Nr. 60 vorbei, einem schönen, hellgrünen Gebäude, das jüngst renoviert worden war – man erkannte kaum, daß dies jahrzehntelang einer der gefürchtetsten Orte in Budapest war, die Zentrale der Geheimpolizei, und davor (von 1939 bis 1945) die Zentrale der ungarischen Nazipartei, der Pfeilkreuzler.«

S. 211/212: In seiner Schilderung eines Vorfalls im Januar schreibt Gilbert (1985, S. 767): »Viele der ans Donauufer geführten Juden wurden zu dritt aneinandergefesselt. Dann wurde der mittlere erschossen und die drei in die Donau geworfen, so daß das Gewicht des Toten die andern zwei mit sich in die Tiefe zog.« Bierman (1995, S. 109) und Braham (1981, S. 870) beschreiben diese Methode ebenfalls. Offensichtlich wurden die Henker in ihrem makabren Handwerk mit der Zeit immer besser.

21 Abwarten

S. 214: Alle Budapester Brücken wurden von den Nationalsozialisten auf ihrem Rückzug gesprengt. Am 18. Januar hatten die Russen die Pester Seite des Flusses vollständig unter ihre Kontrolle gebracht.

S. 216: Der Esperanto-Text von *Maskerado* (nicht aber die englische Übersetzung von Sophie Bogyo) erwähnt nicht nur die Zeit des Autors als Kriegsgefangener in Rußland, sondern auch seine Schutzhaft in Csót. Siehe Nachwort, S. 252 und Anmerkung dazu.

S. 220: Diese Verordnung, eine der letzten verzweifelten Maßnahmen des Szálasi-Regimes, wurde im Rundfunk an demselben Tag bekanntgegeben, an dem die Russen in Budapest einzogen. Am 27. Dezember war die Stadt eingekesselt (Macartney 1957, S. 463).

22 Belagerung

S. 226: »Größeren Schaden als die russische Artillerie richteten die kleinen Kampfbomben der russischen Jagdflugzeuge an, die in niedriger Höhe über die Dächer flogen, da es keine Flugabwehr mehr gab. Gewöhnlich bewegte sich die russische Infanterie erst vorwärts, wenn die Jagdflieger die Lastautos und Panzer in den schmalen Gassen abgeschossen und zerstört hatten – dabei wurden natürlich auch viele der umstehenden Häuser in Brand geschossen und demoliert.« (Lukacs 1990, S. 260).

S. 234: Die Razzia im jüdischen Krankenhaus am Bethlen-Platz fand am 28. Dezember statt, der Angriff auf das jüdische Krankenhaus in der Maros-Straße etwas später, am 11. Januar. Zweiundneunzig Patienten, Ärzte und Krankenschwestern wurden mitgenommen und alle bis auf einen erschossen (Braham 1981, S. 872). Die Razzia vom 14. Januar 1945 im jüdisch-orthodoxen Krankenhaus in der Városmajor-Straße hatte den Tod von 150 Personen zur Folge (Gilbert 1985, S. 767f.; Braham 1981, S. 872). Pater András Kun war Franziskanermönch (oder war es gewesen).

Er zog in seiner Ordenstracht durch die Straßen, einen Strick als Gürtel um den Leib, verstärkt durch einen Patronengurt. Er soll persönlich fünfhundert Morde auf dem Gewissen gehabt haben. Siehe Bierman (1995, S. 109f.) und Braham (1981, S. 1049).

S. 235: Sowohl das Rote Kreuz als auch die Kirchen (ungeachtet der schwankenden Haltung mancher ihrer Führer) unternahmen große Anstrengungen, um jüdische Kinder zu schützen. Vor dem Beginn des Nyilas-Regimes richtete das Rote Kreuz für jüdische Kinder mehrere Häuser ein, die mit der Zeit immer größer wurden und schließlich mehrere tausend Kinder beherbergten. Es wurden Anstrengungen unternommen, um diese Kinder in neutrale Länder zu evakuieren, doch diese Pläne hatten keinen Erfolg und mußten ganz aufgegeben werden, als das Szálasi-Regime an die Macht kam und die schlichte Rettung des Lebens der Kinder oberste Priorität hatte. Über das Leben in diesen Kinderheimen: Denes (1997, S. 117–132). Der vom Autor beschriebene Vorfall ereignete sich in Wirklichkeit im jüdischen Waisenhaus, das dem Schutz des Roten Kreuzes unterstand. Frojimovics (1999, S. 419f.) schildert, wie die Kinder am 24. Dezember aus dem Waisenhaus geholt, vorübergehend in zwei Häusern in der Szív-Straße untergebracht und dann am 25. Dezember an die Donau getrieben wurden.

Zu den Angriffen auf geschützte Häuser: Braham (1981, S. 870f.), der sich auf Lévai (o. J., S. 129f.) beruft. Als am Nachmittag des 31. Dezember rund vierzig Nyilas-Schläger das unter dem Schutz der Schweiz stehende Glashaus (Vadász utca 29) überfielen und drei Menschen töteten, griff eine Abordnung ungarischer Soldaten ein, um die 800 jüdischen Bewohner des Gebäudes zu beschützen, welche von der Bande auf die Straße getrieben worden waren; die Pfeilkreuzler mußten sich schließlich zurückziehen (Gilbert 1985, S. 762; Braham 1981, S. 870f.). Die Transfers in das Ghetto fanden, über mehrere Tage verteilt, Anfang Januar statt (Braham 1981, S. 849f.). Insgesamt wurden rund 5000 Personen aus den schwedischen Häusern und ungefähr noch einmal so viele aus den unter dem Schutz der schweizerischen, portugiesischen beziehungsweise spanischen Regierung und des Vatikans stehenden Häusern verlegt. Auf dem Weg zum Ghetto wurden viele Juden ihrer gesamten Habe beraubt.

23 Der 12. Januar 1945

S. 241: Die meisten dieser Statistiken sind im Laufe der Zeit korrigiert worden. Friesel (1990, S. 107) greift die Einschätzung der meisten Forscher auf, jedoch auf der Basis umfassenderer historischer Aufzeichnungen, als sie unserem Autor zu Gebote standen: Er berechnet, daß fast sechs Millionen Juden ums Leben kamen, von denen etwa vier Millionen in den großen Vernichtungslagern starben (1 800 000 in Auschwitz-Birkenau).

Fünf oder sechs Tage, nachdem die Russen die Vásár utca erreichten, hatten sie die Pester Seite der Stadt völlig in ihrem Besitz. Um auch die Kontrolle über Buda zu erringen, benötigten sie weitere drei Wochen. Erst im April hatten sie das ganze Land in ihrer Gewalt. Noch am 22. und 23. März 1945 brachten die Deutschen Angehörige von Arbeitsbataillonen in Ungarn um.

Tivadar Soros schreibt, er habe »das schwerste Abenteuer unseres Lebens« überstanden. Der Ausdruck »Abenteuer« kommt in der Beschreibung seiner Kriegserlebnisse erstaunlich häufig vor. Suleiman schreibt in ihrem *Budapest Diary* (1996, S. 77) von einem »Abend bei Miklós Vajda«, dem Redakteur und Übersetzer, im Februar 1993: »Vajda ... war während des Krieges ein Halbwüchsiger, der Sohn einer griechisch-orthodoxen Mutter und eines konvertierten jüdischen Vaters. Er erzählte, daß für ihn der Krieg, auch das schreckliche letzte Jahr, ein ›Abenteuer‹ (*kaland*) gewesen sei. Daraufhin bemerkte der Herausgeber von *2000*, der das Interview machte, daß sein Gast im letzten Monat, George Soros, ... denselben Ausdruck gebraucht habe.« An anderer Stelle ihres Buches (S. 36) schreibt sie von dem »ungeheuren Abenteuer, zu dem der Krieg, jedenfalls im nachhinein betrachtet, für mich wurde«. Und sie reflektiert über diesen Sprachgebrauch: »Wenn wir glaubten, unbesiegbar zu sein, so muß das damit zu tun gehabt haben, daß wir bisher so privilegiert gewesen waren, so geliebt und umhegt von liebevollen Erwachsenen. So hat es jedenfalls Vajda erklärt. Seine Eltern hatten einflußreiche Freunde, darunter eine berühmte Schauspielerin, die seine Taufpatin war. Ich selbst war auf meine etwas bescheidenere Weise auch ein völlig verzogenes und vergöttertes Kind, das alle Schmeicheleien als selbstverständliche Huldigung entgegennahm. Vielleicht war auch das mein Glück.« Man mag sich hier an die ersten Sätze dieses Buches erinnern, in denen Tivadar Soros Abenteuer und Glück miteinander verknüpft. Nach dem Krieg erkannte Suleiman, wie wenig selbstverständlich es gewesen war, daß ihre Großmutter überlebt hatte, und sinnierte: »Ich glaube, damals habe ich begonnen, mir die Geschichte als eine Form von glücklichem Zufall vorzustellen« (S. 33).

S. 243: Dank seiner Russischkenntnisse konnte der Autor die leidende Jutka vor den Soldaten schützen. Jutka kehrte zu ihrem Vater und ihrem Bruder zurück, aber sie hatte sich eine Tuberkulose zugezogen, und da die entsprechenden Medikamente nicht verfügbar waren, starb sie wenig später. Soros' Aussage, er persönlich habe mit den Russen keine Probleme gehabt, findet sich zwar in der englischen *Maskerado*-Übersetzung von Sophie Bogyo, bezeichnenderweise aber nicht in der Esperanto-Version. Pauls Erlebnisse waren überhaupt unerfreulicher. Bei seiner ersten Begegnung mit einem russischen Soldaten büßte er seine Schweizer Armbanduhr ein. Später wurde er von der Politischen Polizei brutal verhört. Als er danach bei einer Razzia gefangengenommen wurde, konnte er nur mit Mühe entkommen.

Die Behandlung der ungarischen Zivilbevölkerung durch die Russen war grauenhaft. Nicht nur wurde in massivem Umfang geschändet und geplündert; es wurden auch Zehntausende von Menschen mehr oder weniger willkürlich zusammengetrieben und als »Kriegsgefangene« in die Sowjetunion verschleppt. Die Russen behaupteten, 110 000 dieser deutschen und ungarischen »Kriegsgefangenen« im Verlauf von Kampfhandlungen gefangengenommen zu haben; in Wirklichkeit waren jedoch viele von ihnen Zivilisten. Spätere Razzien dazugerechnet, wurden rund 280 000 Menschen nach Osten verschleppt; nur 60 000 kehrten zurück. Einer derer, die in dieses Netz gingen, war Paul Soros, von dem die genannten Zahlen stammen. Er entkam aus einer Marschkolonne, die Budapest in östlicher Richtung verließ, indem er um sein Leben rannte und sich in einem leerstehenden Bauernhaus versteckte. Auch nach Beendigung der Kämpfe waren willkürliche Gewaltakte gegen Zivilisten an der Tagesordnung. Siehe Lukacs (1990, S. 260–261), Hoensch (1984, S. 157). Was den materiellen Schaden betraf, so war Budapest schlechterdings verwüstet: Nur etwa 25 Prozent aller Gebäude waren unbeschädigt. Budapest war eine von nur drei großen Städten (die anderen zwei waren Berlin und Stalingrad), die den Häuserkampf zwischen russischen und deutschen Truppen erlebten. Einer der Gründe für das Chaos im Anschluß an die Eroberung Budapests war die Tatsache, daß auf seiten der Russen fast zwei Millionen Mann im Feld standen, von denen viele jetzt so gut wie nichts mehr zu tun hatten.

Nachwort des Herausgebers

Meine Quellen zur Familie Soros sind: unveröffentlichte und inoffizielle Erinnerungen von Paul Soros, Nachschriften von *Oral-History*-Gesprächen mit Elisabeth Soros aus dem Jahre 1985, die etwa zwanzig Dokumente umfassende Korrespondenz zwischen Juan Régulo und Tivadar Soros, welche sich unter Régulos Papieren in La Laguna fand (die frühesten Briefe von 1963 datierend, der letzte eine Notiz vom 17. Februar 1968, kurz vor Soros' Tod), Tonbandaufnahmen meiner eigenen Gespräche mit Kálmán Kalocsay, die ich 1963 in Budapest geführt habe, und der Briefwechsel mit Ervin Fenyvesi.

S. 245: Das Zitat von George Soros aus einem Gespräch mit Byron Wien: Soros (1996).

S. 249: Tivadar Soros' nächste Familienangehörigen überlebten den Krieg, doch viele andere kamen ums Leben, darunter (laut Elisabeth Soros) die drei Schwestern Tivadar Soros' sowie die Großmutter und zwei Tanten von Elisabeth Soros.

S. 251: Zur Situation von jüdischen k.u.k. Offizieren in Gefangenschaft: Deák (1991). Ervin Fenyvesi, der Soros 1966 für Radio Budapest interviewte, erzählt, es sei Pál Balkányi (1894–1977), zeit seines Lebens ein Vorkämpfer der ungarischen Esperanto-Bewegung, gewesen, der Tivadar Soros an der Ostfront Esperanto beigebracht habe. Als 1921 in Petrograd die Sowjetische Esperantisten-Vereinigung (*Sovetlanda Esperantista Unuiĝo* gegründet wurde, war unter den Mitgliedern des Zentralkomitees auch

»T. Shvarts« aus Irkutsk (siehe S. 256). Er und Ernest Drezen unterschrieben die Gründungsurkunde als Schriftführer beziehungsweise Vorsitzender; allerdings ist nicht sicher, ob Soros bei der Gründungsversammlung wirklich anwesend war (siehe *Esperanta Informilo: Monata Organo de Petrograda Societo Esperantista*, Juni/Oktober 1921, S. 3, und *Agitanto: rusa-esperanta revuo de Kronstadta grupo de Sovjetlanda Esperantista Unuiĝo*, 15. Juli 1921).

S. 252: In der Stadt Csót nördlich des Plattensees befand sich im Ersten Weltkrieg ein Kriegsgefangenenlager, aus dem später ein Auffanglager für heimkehrende ungarische Kriegsgefangene wurde, sowohl, um durch eine vorübergehende Quarantäne eine Ausbreitung ansteckender Krankheiten zu verhindern, als auch, um die politischen Verbindungen der Heimkehrer zu überpüfen: Es herrschte große Sorge über unerwünschte bolschewistische Einflüsse in Ungarn sowie über kommunistische Agenten, auch hatten viele der Heimkehrenden auf seiten der Roten gekämpft (*Révai Nagy Lexikona*, 1927; *Új Magyar Lexikon*, 1960). Zur Behandlung jüdischer Offiziere: Deák 1991.

Kalocsay publizierte einige einflußreiche Lyrikbände (in Original und Übersetzung) sowie zahlreiche Beiträge zur Stilistik und Linguistik des Esperanto. Baghy war wie Soros erst kürzlich aus der Kriegsgefangenschaft in Sibirien heimgekehrt. Als Verfasser von Gedichten, Dramen und Erzählprosa war er sehr produktiv; unter anderem schrieb er zwei literarisierte Berichte über seine Kriegsgefangenschaft in Sibirien, *Viktimoj* (»Opfer«, 1925) und *Sur sanga tero* (»Auf blutiger Erde«, 1933). »Idealismus und praktische Erfahrung, etwas Glück und viel gute Absicht standen bei der Geburt von *Literatura Mondo* Pate« (Ervin Fenyvesi). In der Anfangszeit »finanzierte Tivadar Soros alles aus eigener Tasche«, er bezahlte sogar Kalocsay und Baghy »ein bescheidenes Honorar«. »Nach zwei Jahren«, fügt Fenyvesi hinzu, »hatte Tivadar keine Lust mehr, weitere Verluste zu tragen.«

Über die verschiedenen Ausgaben von *Modernaj Robinzonoj* vgl. Schwartz 1924 und 1999 (das »j« wird im Esperanto wie im Deutschen ausgesprochen). In meiner Einleitung zu der Ausgabe von 1999 gehe ich auf die Hintergründe des Werkes näher ein.

S. 254: Die Insel Lupa, zehn bis zwölf Kilometer nördlich von Budapest, bestand laut Elisabeth Soros aus zwei Reihen kleiner

Sommerhäuser – vielleicht zwanzig an der Zahl – zu beiden Seiten der einzigen »Hauptstraße«. Die Anwohner errichteten auf Tivadar Soros' Vorschlag hin zwei Tennisplätze auf der Insel. Das 1935 fertiggestellte Sommerhaus der Familie Soros war im Bauhausstil von György Farkas entworfen worden, den Tivadar in Deutschland kennengelernt hatte, wo Farkas Architektur und Inneneinrichtung studierte und Soros bei seinem Grundstück in Berlin beriet. Farkas heiratete Elisabeth Soros' Schwester Klára.

Elisabeth Soros erinnert sich an Reisen nach Davos und Garmisch-Partenkirchen zum Skifahren, häufige Reisen nach Berlin im Zusammenhang mit dem dortigen Familienbesitz sowie an einen Besuch in Paris und London. Wie sie sagt, waren es immer einfache Reisen – »nie im Schlafwagen und nie Erster Klasse«. Als Soros 1925 den Esperanto-Weltkongreß in Genf besuchte, fuhren er und Elisabeth mit dem Zug nach Zürich und wanderten von dort nach Genf, wofür sie zehn Tage brauchten. Zusätzlich zu den Reisen mit der Familie war Tivadar auch oft allein unterwegs. Zweimal war er in den USA – einmal 1928 und dann noch einmal kurz vor Ausbruch des Zweiten Weltkriegs – und zweimal in der Sowjetunion.

S. 254: Elisabeth Soros berichtet, daß später, nachdem sich die Kommunisten in Ungarn eingerichtet hatten und die private anwaltliche Tätigkeit abgeschafft worden war, ihr Mann die juristische Arbeit aufgab und am ungarischen Sowjetinstitut mit großem Erfolg Russisch für Ungarn und Ungarisch für Russen unterrichtete.

S. 256: Die Einzelheiten über den Verlagsvertrag zu *Maskerado* entnehme ich den Briefen Soros' an Régulo vom 2. März und 5. März 1964 und von Régulo an Soros vom 12. November 1964.

Das maschinenschriftliche Deckblatt zu Sophie Bogyos Übersetzung lautet: »Maskerade im Schatten des Todes von Theodore S. Svarc / Aus dem Esperanto übersetzt / von Sophie Bogyo.« Ob Sophie Bogyo viel Esperanto verstand, ist eine offene Frage: Paul Soros erinnert sich, daß dem nicht so war. Wahrscheinlich arbeiteten sie und Soros bei dem Manuskript zusammen. Der Titel der

Esperanto-Version war zwischen Régulo und Soros längere Zeit umstritten; Régulo scheint für die Wahl des Haupttitels, Soros für den Untertitel verantwortlich gewesen zu sein.

S. 258: Wir dürfen nicht vergessen, daß sogar die Verwendung des Begriffs »Holocaust« zur Bezeichnung des Massenmordes an den Juden während des Zweiten Weltkriegs erst Mitte der siebziger Jahre allgemein üblich wurde; die ersten Beispiele für den Gebrauch dieses Wortes im Englischen datieren aus den sechziger Jahren. Frühe Schilderungen des Holocaust gab es in ungarischer Sprache wenige; zu den ersten gehörte Ernő Széps *Emberszag* (Szép 1945). Zu anderen frühen Darstellungen in ungarischer Sprache vgl. Handler (1982).

S. 260: J. Gifford Fowler moniert in *Heroldo de Esperanto* (16. September 1965) einen gewissen Mangel an Introspektion; Alec Venture hebt in *The British Esperantist* (November 1965) Soros' Dreistigkeit hervor. Die Besprechung von Ulrich Lins erschien in *Germana Esperanto-Revuo* (Dezember 1965). Das vierte Zitat stammt aus der Besprechung Ferenc Szilágyis in *Norda Prismo* (1965).

Dank

Bei der Vorbereitung der Übersetzung und der Zusammenstellung der Anmerkungen haben mir zahlreiche Personen und Organisationen geholfen. Ein Jahr als Gastdozent am Whitney Humanities Center der Universität Yale verschaffte mir die Zeit, neben meiner anderweitigen Arbeit und Lektüre an dem Projekt zu arbeiten, und ich bin den Mitarbeitern der Stirling Library in Yale und der Mortensen Library an der Universität Hartford sehr dankbar für ihre große Gefälligkeit. Detlev Blanke, Ionel Onet, Pál Felsö, Ulrich Lins, Bernard Golden, Ervin Fenyvesi, Vilmos Benczik, Peter Breit, István Ertl sen., Ferenc Kovács, György Nanovfszky, Julius Elias und andere waren mir beim Auffinden bestimmter Informationen und bei der Korrektur von Irrtümern behilflich. Antonio Ferrer spürte die Korrespondenz zwischen Soros und Régulo in La Laguna auf. István Ertl jun., mein Lektor bei der neuen Esperanto-Ausgabe dieses Textes, die ich derzeit abschließe, hat mir viele Fragen beantwortet, andere auf produktive Weise aufgeworfen und mir Lektürehinweise gegeben. Er ließ mich auch seine demnächst erscheinende Übersetzung der Erinnerungen Nina Langlets ins Esperanto lesen. Paul Soros und Flora Fraser haben geduldig meine Fragen beantwortet und mich mit Hintergrundinformationen über ihre Familie versorgt. Besonderen Dank schulde ich Simo Milojevic, der mich dazu überredet hat, dieses Projekt überhaupt in Angriff zu nehmen. Viele genaue Angaben in diesem Buch, ganz zu schweigen von nicht vorhandenen Fehlern, sind Personen wie den genannten zu danken; für die Irrtümer bin ich selbst verantwortlich.

H. T.

Literaturverzeichnis

Arendt, Hannah, *Eichmann in Jerusalem: Ein Bericht von der Banalität des Bösen* (1964), München [10]2000.

Becker, Ulrich, und Fritz Wollenberg (Hrsg.), *Eine Sprache für die Wissenschaft: Beiträge und Materialien*, Gesellschaft für Interlinguistik, Berlin 1998.

Békés, István, *Napjaink szállóigéi* [Gegenwärtige Fragen], Budapest 1997.

Bierman, John, *Righteous Gentile: The Story of Raoul Wallenberg, Missing Hero of the Holocaust*, überarbeitete Ausgabe, London und New York 1995.

Boulton, Marjorie, *Zamenhof, Creator of Esperanto*, London 1960.

Braham, Randolph L., *The Destruction of Hungarian Jewry: A Documentary Account*, New York 1963.

Braham, Randolph L., *The Hungarian Labor Service System 1939–1945*, New York 1977.

Braham, Randolph L., *The Politics of Genocide: The Holocaust in Hungary*, 2 Bde., New York: Columbia University Press 1981.

Braham, Randolph L., »The Holocaust in Hungary: A Retrospective Analysis«, in: Michael Berenbaum und Abraham J. Peck (Hrsg.), *The Holocaust and History*, Bloomington: Indiana University Press 1998.

Braham, Randolph L. (Hrsg.), *The Wartime System of Labor Service in Hungary: Varieties of Experiences*, New York: Columbia University Press 1995.

Clendinnen, Inga, *Reading the Holocaust*, Cambridge: Cambridge University Press 1999.

Deák, István, *Der k. (u.) k. Offizier, 1848–1918*, Wien und Köln 1991.

Denes, Magda, *Brennende Schlösser: Eine jüdische Kindheit*, München 1997.

Derogy, Jacques, *Raoul Wallenberg: Le juste de Budapest*, Paris [2]1994.

Dundes, Alan (Hrsg.), *The Blood Libel Legend: A Casebook in Anti-Semitic Folklore*, Madison: University of Wisconsin Press 1991.

Fenyo, Mario D., *Hitler, Horthy and Hungary: German-Hungarian Relations 1941–1944*, New Haven und London: Yale University Press 1972.

Friesel, Evyatar, *Atlas of Modern Jewish History*, New York und Oxford: Oxford University Press 1990.

Frojimovics, Kinga, Géza Komoróczy, Viktória Pusztai und Andrea Strbik, *Jewish Budapest: Monuments, Rites, History*, Budapest: Central European University Press 1999.

Georgescu, Vlad, *Istoria românilor*, Berkeley (California) 1983.

Gilbert, Martin, *The Holocaust: A History of the Jews of Europe During the Second World War*, New York 1985.

Gilbert, Martin, *Holocaust-Atlas*, Hamburg 1998.

Golden, Bernard, »Teodoro Schwartz«, in: *Budapeŝta Informilo* (April 1977), S. 4.

Grossman, Alexander, *Nur das Gewissen: Carl Lutz und seine Budapester Aktion*, Wald (Schweiz) 1986.

Handler, Andrew, *Blood Libel at Tiszaeszlar*, Boulder: University of Colorado Press 1980.

Handler, Andrew, *From the Ghetto to the Games: Jewish Athletes in Hungary*, New York: Columbia University Press 1985.

Handler, Andrew (Hrsg.), *The Holocaust in Hungary: An Anthology of Jewish Response*, University (Alabama): University of Alabama Press 1982.

Hoensch, Jörg K., *Geschichte Ungarns 1867–1983*, Stuttgart 1984.

Horthy, Nikolaus von, *Ein Leben für Ungarn*, Bonn 1953.

Ignotus, Paul, *Hungary*, New York und Washington 1972.

Joseph, Gilbert, *Mission sans retour: L'affaire Wallenberg*, Paris 1982.

Kenez, Peter, *Varieties of Fear: Growing up Jewish under Nazism and Communism*, Washington: American University Press 1995.

Klemperer, Victor, *Ich will Zeugnis ablegen bis zum letzten: Tagebücher 1933–1945*, Berlin 1995.

Lambert, Gilles, *Operation Hazalah*, Indianapolis und New York 1974.

Langlet, Nina, *Kaos i Budapest*, Vällingby (Schweden) 1982.

Langlet, Nina, »Esperantisto kontrau malhomeco«, in: *Esperanto 88* (1995), S. 82–84.

Langlet, Valdemar, *Verk och dagar i Budapest*, Stockholm 1946.

Lázár, István, *Kleine Geschichte Ungarns*, Wien 1990 (*Kis magyar történelem*, Budapest 1989).

Lévai, Jenő, *Fekete könyv a magyar zsidóság szenvedéseiről* [Schwarzbuch über die Leiden der ungarischen Juden], Budapest 1946.

Lévai, Jenő, *Zsidósors Magyarországon* [Jüdisches Schicksal in Ungarn], Budapest 1948.

Lévai, Jenő, *A pesti gettó*, Budapest o. J.

Lins, Ulrich, *Die gefährliche Sprache: Die Verfolgung der Esperantisten unter Hitler und Stalin*, Gerlingen 1988.

Lukacs, John, *Budapest um 1900: Ungarn in Europa*, Wien 1990.

Lukacs, John, *The Hitler of History*, New York 1997.

Macartney, C. A., *A History of Hungary 1929–1945*, Bd. 2, New York 1957. (In Großbritannien bei der Edinburgh University Press unter dem Titel *October 15: A History of Hungary 1929–1945* erschienen.)

Maser, Werner, *Adolf Hitler: Legende, Mythos, Wirklichkeit*, München 1971 (2. Aufl. München 1989).

McCagg, William O., Jr., *Jewish Nobles and Geniuses in Modern Hungary*, Boulder (Colorado) 1972.

Mikes, George, *Revolution in Ungarn*, Stuttgart 1957.

Pechan, Alfonso (Hrsg.), *Gvidlibro pri supera ekzameno*, Budapest ²1979.

Privat, Edmond, *Historio de la lingvo Esperanto: La movado 1900–1927*, Leipzig 1927.

Rosenfeld, Harvey, *Raoul Wallenberg*, New York und London ²1995.

Sakmyster, Thomas, *Hungary's Admiral on Horseback: Miklós Horthy, 1918–1944*, New York: Columbia University Press 1994.

Schlink, Bernhard, *Der Vorleser*, Zürich 1995.

Schwartz, Teodoro, *Modernaj Robinzonoj*, Budapest 1924 (2. Aufl., mit einer Einführung von Humphrey Tonkin, Berkeley [California] 1999).

Shirer, William L., *Aufstieg und Fall des Dritten Reiches*, München 1963.

Sikosek, Marcus, *Esperanto sen mitoj*, Antwerpen 1999.

Snyder, Louis L., *Encyclopedia of the Third Reich*, New York 1976.

Soros, George, *Soros über Soros: Börsenguru und Mäzen*, Frankfurt am Main 1996.

Soros, Tivadar, *Maskerado cirkau la morto*, 2. Aufl., hrsg. von Humphrey Tonkin, Rotterdam 2001.

Suleiman, Susan Rubin, *Budapest Diary: In Search of the Mother-book*, Lincoln und London: University of Nebraska Press 1996.

Szent-Miklosy, Istvan, *With the Hungarian Independence Movement 1943–1947: An Eyewitness Account*, New York 1988.

Szép, Ernő, *The Smell of Humans: A Memoir of the Holocaust in Hungary*, Budapest, London, New York: Central European University Press 1994. (Übersetzung von *Emberszag*, Budapest 1945.)

Szinai, Miklós, »A magyar szélsőjobboldal történelmi helyéhez [Die ungarische extreme Rechte und ihr historischer Ort]«, in: *Jobboldali radikalizmusok tegnap és ma* [Rechte Radikalismen in Vergangenheit und Gegenwart], Budapest 1998.

Ungváry, Krisztián, *Die Schlacht um Budapest: Stalingrad an der Donau 1944/45*, München ²2001.

Walters, E. Garrison, *The Other Europe: Eastern Europe to 1945*, Syracuse (New York): Syracuse University Press 1988.

Waringhien, Gaston, *Kaj la ceter' – nur literaturo*, Antwerpen und La Laguna 1983.

Wider, Ludvik, *I Promised My Mother*, New York 1984.

Yahil, Leni, *Die Shoah: Überlebenskampf und Vernichtung der europäischen Juden*, München 1998.

Zeke, Gyula, »A nagyvárosi kultúra új formái és a zsidóság [Neue Formen der Großstadtkultur und die Juden]«, in: *Budapesti Negyed* (Sommer 1995), S. 90–106.

Register

»Vergleichbar dem Tagebuch der Anne Frank.«

EVA MENASSE, F.A.Z.

Martin Doerry

»Mein verwundetes Herz«
Das Leben der Lilli Jahn 1900–1944

384 Seiten mit 32 Abbildungen
Leinen mit Schutzumschlag
€ 24,90 | sFr 43,50
ISBN 3-421-05634-X

»Ich bin gewiß, daß die Briefe der Lilli Jahn gerade auch jüngeren Lesern zeigen, daß und wie die Geschichte einzelner Menschen mit der allgemeinen ›großen‹ Geschichte verwoben ist. Ein solches Buch kann dazu beitragen, daß wir uns gemeinsam für eine ›verbesserliche Welt‹ einsetzen.«
JOHANNES RAU

»Diese Biographie ist ein erhellendes, erschütterndes Zeitdokument.«
EVA RÜHMKORFF

»Kein historischer Roman, keine Erinnerungen können es mit Originalquellen dieser Qualität, dieser Lebendigkeit und Ursprünglichkeit aufnehmen.« BRIGITTE HAMANN, DER SPIEGEL

»Ein einzigartiges und zutiefst erschütterndes Buch.«
CORDELIA EDVARDSON, DIE WELT

»Mit den Briefen der Lilli Jahn und ihrer Kinder ist ein Zeugnis aufgetaucht, das uns ergreift wie kaum ein anderes. Man muß kein Prophet sein, um vorauszusagen, daß es in der Literatur über den Holocaust künftig einen bedeutenden Platz einnehmen wird.«
VOLKER ULLRICH, DIE ZEIT

www.dva-buch.de